U0945853

国家社会科学基金（教育学）重大项目（VDA200004）阶段性研究成果
北京外国语大学“双一流”建设标志性项目（BW202018）阶段性研究成果

“一带一路”国家文化教育大系　　总主编　王定华

阿联酋
文化教育研究

التعليم والثقافة في
الإمارات العربية المتحدة

刘辰　孟炳君 著

外语教学与研究出版社
FOREIGN LANGUAGE TEACHING AND RESEARCH PRESS
北京 BEIJING

图书在版编目（CIP）数据

阿联酋文化教育研究 / 刘辰，孟炳君著. -- 北京 ：外语教学与研究出版社，2021.5（2023.2 重印）
（“一带一路”国家文化教育大系 / 王定华总主编）
ISBN 978-7-5213-2620-8

Ⅰ. ①阿… Ⅱ. ①刘… ②孟… Ⅲ. ①教育研究－阿拉伯联合酋长国 Ⅳ. ①G538.7

中国版本图书馆 CIP 数据核字（2021）第 090591 号

出版人　王　芳
项目负责　孙凤兰　巢小倩
责任编辑　巢小倩
责任校对　孙凤兰
装帧设计　李　高
出版发行　外语教学与研究出版社
社　址　北京市西三环北路 19 号（100089）
网　址　http://www.fltrp.com
印　刷　北京盛通印刷股份有限公司
开　本　787×1092　1/16
印　张　21
版　次　2021 年 6 月第 1 版　2023 年 2 月第 2 次印刷
书　号　ISBN 978-7-5213-2620-8
定　价　150.00 元

购书咨询：（010）88819926　电子邮箱：club@fltrp.com
外研书店：https://waiyants.tmall.com
凡印刷、装订质量问题，请联系我社印制部
联系电话：（010）61207896　电子邮箱：zhijian@fltrp.com
凡侵权、盗版书籍线索，请联系我社法律事务部
举报电话：（010）88817519　电子邮箱：banquan@fltrp.com
物料号：326200001

“一带一路”国家文化教育大系编写委员会

顾　　问： 顾明远　　马克垚　　胡文仲

总主编： 王定华

委　　员（按姓氏音序排列）：

常福良　　戴桂菊　　郭小凌　　金利民　　柯　静　　李洪峰
刘宝存　　刘　捷　　刘生全　　刘欣路　　钱乘旦　　秦惠民
苏莹莹　　陶家俊　　王　芳　　谢维和　　徐　辉　　徐建中
杨慧林　　张民选　　赵　刚

“一带一路”国家文化教育大系编审委员会

主　　任： 王　芳

副主任： 徐建中　　刘　捷

秘书长： 孙凤兰

委　　员（按姓氏音序排列）：

蔡　喆　　柴方圆　　巢小倩　　陈秋实　　刘相东　　刘真福
马庆洲　　彭立帆　　石筠弢　　孙　慧　　万作芳　　杨鲁新
姚希瑞　　苑大勇　　张小玉　　赵　雪

迪拜街景

迪拜河

阿联酋成立时的七位酋长照片

阿联酋传统舞蹈

穿民族服饰的阿联酋儿童

阿联酋国际学校学生

阿联酋国际学校学生活动

克雷格学校阿布扎比分校

阿联酋大学生

阿联酋学生参加科研活动

阿联酋图书馆

学校图书馆

阿联酋校车

沙迦大学

阿布扎比大学内景

组约大学阿布扎比分校

阿联酋国际社区学校

阿联酋教育部

阿联酋扎耶德大学孔子学院 2019 年理事会会议

出版说明

2013 年 9 月 7 日，国家主席习近平提出共建“丝绸之路经济带”重大倡议。2013 年 10 月 3 日，习近平主席提出共建“21 世纪海上丝绸之路”重大倡议。两者合称“一带一路”倡议。以 2013 年金秋为起点，“一带一路”倡议作为构建人类命运共同体的伟大设想，在开拓和平、繁荣、开放、绿色、创新、文明之路的非凡征程中，孕育生机和活力，汇聚信心和期待，在世界范围内广受欢迎和响应。

文化交流、文明互鉴是构建人类命运共同体的人文基础。文化发展，教育先行。作为“共和国外交官的摇篮”、文化教育的主动践行者、“一带一路”倡议的踊跃响应者和构建人类命运共同体的积极参与者，北京外国语大学在党委书记王定华教授的带领下，放眼世界，找准坐标，勇于担当，主动作为，深耕文化教育相关领域，研究、策划并组织编写了“一带一路”国家文化教育大系（以下简称大系）。国内相关高校和研究机构的众多专家学者献计献策，踊跃参加，形成了一个范围广泛、交流互动、共同进步的“一带一路”国家文化教育学术研究共同体。大系旨在填补国内相关研究领域的学术空白，实现“一带一路”国家教育研究全覆盖，为中国教育“走出去”和相关国家先进教育理念“请进来”提供科学理论和实践指导，具有重要的学术价值。同时，大系服务国家重大战略，通过分期分批出版，形成规模和品牌，向中国共产党建党一百周年和“一带一路”倡议提出十周年献礼，具有深远的意义。

作为国家社会科学基金（教育学）重大项目“新时代提升中国参与全球教育治理的能力及策略研究”、北京外国语大学“双一流”建设标志性项目“‘一带一路’国家文化教育研究”的课题研究成果和北京外国语大学党委的“奋进之举”，大系秉承学术性与可读性兼顾的原则，对“一带一路”国家文化教育理论与实践问题展开深入研究，从国情概览、文化传统、教育历史、学前教育、基础教育、高等教育、职业教育、成人教育、教师教育、教育政策、教育行政、教育交流等方面，全景擘画“一带一路”国家的教育风貌，帮助读者了解“一带一路”国家教育的历史与现状、经验与特点，为我国教育的发展和对外交流合作提供有益的借鉴、思考与启迪。

肆虐全球的新冠肺炎疫情严重影响了各国人民的生产生活，带来了二战以来人类面临的最严重的全球性危机，同时也再次阐述了人类命运共同体深刻内涵的世界性意义。在疫情防控常态化背景下，大系所有专家学者不畏困难，齐心协力，直面挑战，守望相助，化危为机，切实履行了响应和支持“一带一路”倡议的承诺。在此，特别感谢大系总策划、总主编王定华教授，以及所有顾问、编委和作者的心血倾注、智慧贡献和努力付出。

外语教学与研究出版社对大系的编写和出版工作给予了高度重视。自2019年项目启动以来，外研社抽调精锐力量成立大系工作组，多次组织相关部门和人员召开选题论证会，商建编委会，召开全体作者大会，制订周密、科学的出版计划，以保证项目的顺利开展和图书的优质出版。目前，大系的出版工作已取得阶段性成果，预计在2023年“一带一路”倡议提出十周年之前，将分期分批推出数量和规模可观的、具有相当科研价值和学术价值的系列专著。期望大系的编写和出版能为“一带一路”建设、中外教育交流及我国文化教育发展发挥基础性、服务性、广远性的作用。

外语教学与研究出版社

2021年4月

总　序

王定华

改革开放以来，中国各项事业取得了巨大成就。中国经济和世界经济高度关联，中国一以贯之地坚持对外开放的基本国策，构建全方位开放新格局，深度融入世界经济体系。2013 年 9 月和 10 月，习近平主席在出访中亚和东南亚国家期间，先后提出共建“丝绸之路经济带”和“21 世纪海上丝绸之路”的重大倡议（以下简称“一带一路”倡议），得到国际社会的高度关注。其中，“丝绸之路经济带”东边牵着亚太经济圈，西边系着发达的欧洲经济圈，是世界上最长、最具发展潜力的经济大走廊；“21 世纪海上丝绸之路”串起连通东盟、南亚、西亚、北非、欧洲等各大经济板块的市场链，发展面向南海、太平洋和印度洋的战略合作经济带，以亚欧非经济贸易一体化为发展的长期目标。

一、精准把握“一带一路”倡议的时代意蕴

“经济带”概念是对地区经济合作模式的创新。其中经济走廊涵盖中蒙

俄经济走廊、新亚欧大陆桥、中国–中亚–西亚经济走廊、孟中印缅经济走廊、中国–中南半岛经济走廊等，以经济增长极辐射周边，超越了传统发展经济学理论。“丝绸之路经济带”概念不同于历史上所出现的各类“经济区”与“经济联盟”，同后两者相比，经济带具有灵活性高、适用性广以及可操作性强的特点，各国都是平等的参与者，本着自愿参与、协同推进的原则，发扬古丝绸之路兼容并包的精神。

“一带一路”倡议是我国在新时代推进全方位对外开放的重要举措，为当今世界提供了一个充满东方智慧、实现共同发展的中国方案，也是对历史文化传统的高度尊重，凝聚了世界各国利益的最大公约数。丝绸之路是起始于古代中国，连接亚洲、非洲和欧洲的古代陆上商业贸易路线，最初的作用是运输古代中国出产的丝绸、瓷器等商品，后来成为东方与西方之间在经济、政治、文化等方面进行交流的主要通道。1877 年，德国地质、地理学家李希霍芬（F. P. W. Richthofen）在其著作《中国》一书中，把公元前 114 年至公元 127 年，中国与中亚、中国与印度间以丝绸贸易为媒介的这条西域交通道路命名为“丝绸之路”，这一名词很快为学术界和大众所接受，并正式运用。其后，德国历史学家赫尔曼（A. Herrmann）在 20 世纪初出版的《中国与叙利亚之间的古代丝绸之路》一书中，根据新发现的文物考古资料，进一步把丝绸之路延伸到地中海西岸和小亚细亚，并确定了丝绸之路的基本内涵，即它是中国古代与中亚、南亚、西亚以及欧洲、北非的陆上贸易交往通道。进入 21 世纪，海上丝绸之路也被纳入丝绸之路的涵盖范围，即从中国沿海港口过南海到印度洋并延伸至欧洲，从中国沿海港口过南海到南太平洋。随着时代的发展，“丝绸之路”成为古代中国与西方所有政治经济文化往来通道的统称。

推进“一带一路”建设既是中国扩大和深化对外开放的需要，也是加强和世界各国互利合作的需要，中国愿意承担更多责任和义务，为人类和平发展做出更大的贡献。文明交流互鉴是构建人类命运共同体的重要途径，是推动人类文明共同进步、实现世界和平发展的重要动力。共建“一带一路”要顺应世界多极化、经济全球化、文化多样化、社会信息化的潮流，秉持开放的区域合作精神，致力于推动“一带一路”各国实现经济政策协调，开展更大范围、更高水平、更深层次的区域合作，共同打造开放、包容、均衡、普惠的区域经济合作架构，维护全球自由贸易体系和开放型世界经济格局。

“一带一路”贯穿亚欧非大陆，一头是活跃的东亚经济圈，一头是发达的欧洲经济圈，中间广大腹地国家经济发展潜力巨大。根据“一带一路”走向，陆上依托国际大通道，以中心城市为支撑，以重点经贸产业园区为合作平台，共同打造新亚欧大陆桥以及中蒙俄、中国–中亚–西亚、中国–中南半岛等国际经济合作走廊；海上以重点港口为基点，共同建设通畅安全高效的运输大通道。

“一带一路”建设是有关国家开放合作的宏大经济愿景，需要各国携手努力，朝着互利互惠、共同安全的目标相向而行：努力实现区域基础设施更加完善，安全高效的陆海空通道网络基本形成，互联互通达到新水平；投资贸易便利化水平进一步提升，高标准自由贸易区网络基本形成，经济联系更加紧密，政治互信更加深入；人文交流更加广泛深入，不同文明互鉴共荣，各国人民相知相交、和平友好。

“一带一路”倡议是具有开放性和包容性的友好建议。当今世界是一个开放的世界，开放带来进步，封闭导致落后。中国认为，只有开放才能发现机遇、抓住并用好机遇、主动创造机遇，才能实现国家的奋斗目标。“一带一路”倡议就是要把世界的机遇转变为中国的机遇，把中国的机遇转变为世界的机遇。正是基于这种认知与愿景，“一带一路”倡议以开放为导向，冀望通过加强交通、能源和网络等基础设施的互联互通建设，促进经济要素有序自由流动、资源高效配置和市场深度融合，开展更大范围、更高水平、更深层次的区域合作，打造开放、包容、均衡、普惠的区域经济合作架构，以此来解决经济增长和平衡问题。“一带一路”倡议的开放包容性是区别于其他区域性经济倡议的一个突出特点。

“一带一路”倡议是超越地缘政治的务实合作的广阔平台。“和平合作、开放包容、互学互鉴、互利共赢”的丝路精神是人类共有的历史财富，“一带一路”倡议就是秉承这一精神与原则提出的新时代重要倡议，通过加强相关国家间的全方位多层面交流合作，充分发掘与发挥各国的发展潜力与比较优势，形成互利共赢的区域利益共同体、命运共同体和责任共同体。在这一机制中，各国是平等的参与者、贡献者、受益者。因此，“一带一路”倡议从一开始就具有平等性、和平性特征。平等是中国坚持的重要国际准则，也是“一带一路”建设的关键基础。只有建立在平等基础上的合作才能是持久的合作，也才会是互利的合作。“一带一路”倡议平等包容的合作特征为其推进减轻了阻力，提升了共建效率，有助于国际合作真正“落地生根”。同时，“一带一路”建设离不开和平安宁的国际环境和地区环境，和平是“一带一路”建设的本质属性，也是保障其顺利推进所不可或缺的重要因素。这些就决定了“一带一路”倡议不应该也不可能沦为大国政治较量的工具，更不会重复地缘博弈的老路。

“一带一路”倡议是政府、企业、团体共同发力的项目载体。“一带一路”建设是在双边或多边联动基础上通过具体项目加以推进的，是在进行充分政策沟通、战略对接以及市场运作后形成的发展倡议与规划。2017 年 5 月发布的《“一带一路”国际合作高峰论坛圆桌峰会联合公报》强调了建设“一带一路”的合作原则，其中就包括市场运作原则，即充分认识市场作用和企业主体地位，确保政府发挥适当作用，政府采购程序应开放、透明、非歧视。可见，“一带一路”建设的核心主体与支撑力量并不是政府，而是企业，根本方法是遵循市场规律，并通过市场化运作模式来实现参与各方的利益诉求，政府在其中发挥构建平台、创立机制、政策引导等指向性、服务性功能。

“一带一路”倡议是与现有相关机制对接互补的有益渠道。参与“一带一路”建设的国家要素禀赋各异，比较优势差异明显，互补性很强。有的国家能源资源富集但开发力度不够，有的国家劳动力充裕但就业岗位不足，有的国家市场空间广阔但产业基础薄弱，有的国家基础设施建设需求旺盛但资金紧缺。我国目前经济总量居全球第二，外汇储备居全球第一，优势产业越来越多，基础设施建设经验丰富，装备制造能力强、质量好、性价比高，具备资金、技术、人才、管理等综合优势。这就为我国与其他“一带一路”建设参与方实现产业对接与优势互补提供了现实可能与重大机遇。因而，“一带一路”倡议的核心内容就是要加强基础设施建设和促进互联互通，对接各国政策和发展战略，以便深化务实合作，促进协调联动发展，实现共同繁荣。由此可见，“一带一路”倡议不是对现有地区合作机制的替代，而是与现有机制互为助力、相互补充。实际上，“一带一路”建设已经与俄罗斯主导的欧亚经济联盟、印尼全球海洋支点发展规划、哈萨克斯坦光明之路经济发展战略、蒙古国草原之路倡议、欧盟欧洲投资计划、埃及苏伊士运河走廊开发计划等实现了对接与合作，并形成了一批标志性项目，如中哈（连云港）物流合作基地。作为新亚欧大陆桥经济走廊建设成果之一，中哈（连云港）物流合作基地初步实现了深水大港、远洋干线、中欧班列、物流场站的无缝对接。该项目与哈萨克斯坦光明之路经济发展战略高度契合。

“一带一路”倡议是促进人文交流的沟通桥梁。“一带一路”倡议跨越不同区域、不同文化、不同宗教信仰，但它带来的不是文明冲突，而是各文明间的交流互鉴。“一带一路”倡议在推进基础设施建设、加强产能合作与发展战略对接的同时，也将“民心相通”作为工作重心之一。民心相通是“一带一路”建设的社会根基。民心相通就是要传承和弘扬丝绸之路友好合作精神，广泛进行文化交流、学术交流、人才交流往来、媒体合作、青年和妇女交往、志愿者服务等，为深化双边和多边合作奠定坚实的民意基础。一是扩大相互间留学生规模，开展合作办学；国家间互办文化年、艺术节、电影节、电视周和图书展等活动，深化国家间人才交流合作。二是加强旅游合作，扩大旅游规模，联合打造具有丝绸之路特色的国际精品旅游线路和旅游产品。三是强化与周边国家在传染病疫情信息沟通、防治技术交流、专业人才培养等方面的合作，提高合作处理突发公共卫生事件的能力。四是加强科技合作，共建联合实验室（研究中心）、国际技术转移中心、海上合作中心，促进科技人员交流，合作开展重大科技攻关，共同提升科技创新能力。五是整合现有资源，开拓和推进参与国家在青年就业、创业培训、职业技能开发、社会保障管理服务、公共行政管理等共同关心领域的务实合作。六是充分发挥政党、议会交往的桥梁作用，加强国家之间立法机构、主要党派和政治组织的友好往来，互结友好城市。七是加强各国民间组织的交流合作，重点面向基层民众，广泛开展教育、医疗、减贫开发、生物多样性和生态环保等主题的各类公益慈善活动，改善贫困地区生产生活条件；加强文化传媒领域的国际交流合作，积极利用网络平台，运用新媒体工具，塑造和谐友好的文化生态和舆论环境；通过强化民心相通，弘扬丝绸之路精神，开展智力丝绸之路、健康丝绸之路等建设，在科学、教育、文化、卫生、民间交往等领域广泛合作，使“一带一路”建设的民意基础更为坚实，社会根基更加牢固。“一带一路”建设就是要以文明交流超越文明隔阂，以文明互鉴超越文明冲突，以文明共存超越文明优越，为相关国家人民加强交流、增进理解搭起新的桥梁，为不同文化和文明加强对话、交流互鉴织就新的纽带，推动各国相互理解、相互尊重、相互信任。

“一带一路”是促进共同发展、实现共同繁荣的友谊之路。共建“一带一路”旨在促进各国发展战略的对接和耦合，有利于发掘区域市场的潜力，推动经济要素有序自由流动、资源高效配置和市场深度融合，促进投资和消费，创造需求和就业，增进各国人民的人文交流与文明互鉴，从而让各国人民相逢相知、互信互敬，共享和谐、安宁、富裕的生活。共建“一带一路”符合国际社会的根本利益，彰显了人类社会的共同理想和美好追求，是国际合作及全球治理新模式的积极探索，将为世界和平发展增添新的正能量。中国政府倡议秉持和平合作、开放包容、互学互鉴、互利共赢的理念，全方位推进务实合作，打造政治互信、经济融合、文化包容的利益共同体、命运共同体和责任共同体。

“一带一路”倡议已经得到世界上众多国家和地区的积极响应，成为维护全球自由贸易体系和开放型世界经济的重要支撑。截至 2021 年 1 月 30 日，中国已经同 171 个国家和国际组织签署 205 份共建“一带一路”合作文件。[1] 特别是 2017 年 5 月第一届“一带一路”国际合作高峰论坛、2019 年 4 月第二届“一带一路”国际合作高峰论坛和 2019 年 5 月亚洲文明对话大会的成功举办，充分彰显了我国开放、包容的大国外交风范。在此背景下，我们一方面应致力于向世界介绍中国，推动中国文化“走出去”，讲好中国故事；另一方面也应加强对“一带一路”国家的历史、文化、语言、教育、艺术等方面的介绍和研究，让中国人民更多地了解“一带一路”国家的具体国情，特别是文化传统和教育体系。

“一带一路”倡议合作范围不断扩大，合作领域愈加广阔。它不仅给参与各方带来了实实在在的合作红利，也为世界贡献了应对挑战、创造机遇、强化信心的智慧与力量。

当今世界，新冠肺炎疫情带来诸多挑战，局部战争风险依然存在，经济增长动能不足，“逆全球化”思潮涌动，地区动荡持续，恐怖主义蔓延。和平赤字、发展赤字、治理赤字带来的严峻问题，已摆在全人类面前。这充分说明现有的全球治理体系面临结构性问题，亟须找到新的破解之策与应对方略。作为一个新兴大国，中国有能力、有意愿同时也有责任为完善全球治理体系贡献智慧与力量。面对新挑战、新问题、新情况，中国给出

[1] 中国一带一路网. 我国已签署共建“一带一路”合作文件 205 份 [EB/OL].（2021-01-30）[2021-02-23]. https://www.yidaiyilu.gov.cn/xwzx/gnxw/163241.htm.

的全球治理方案是：构建人类命运共同体，实现共赢共享。“一带一路”倡议正是朝着这个目标努力的具体实践。“一带一路”倡议强调各国的平等参与、包容普惠，主张携手应对世界经济面临的挑战，开创发展新机遇，谋求发展新动力，拓展发展新空间，共同朝着人类命运共同体方向迈进。正是本着这样的原则与理念，“一带一路”倡议针对各国发展的现实问题和治理体系的短板，创立了亚洲基础设施投资银行、丝路基金等新型国际机制，构建了多形式、多渠道的交流合作平台。这既能缓解当今全球治理机制代表性、有效性、及时性难以适应现实需求的困境，在一定程度上扭转公共产品供应不足的局面，提振国际社会参与全球治理的士气与信心，又能满足发展中国家尤其是新兴市场国家变革全球治理机制的现实要求，大大增强了新兴国家和发展中国家的话语权，是推进全球治理体系朝着更加公正合理方向发展的重大突破。

“一带一路”倡议涵盖了发展中国家与发达国家，实现了“南南合作”与“南北合作”的统一，有助于推动全球均衡可持续发展。“一带一路”建设以基础设施建设为着眼点，促进经济要素有序自由流动，推动中国与相关国家的宏观政策的对接与协调。对于参与“一带一路”建设的发展中国家来说，这是一次搭中国经济发展“快车”“便车”，实现自身工业化、现代化的历史性机遇，有利于推动“南南合作”的广泛展开，同时也有助于增进“南北对话”，促进“南北合作”的深度发展。不仅如此，“一带一路”倡议的理念和方向同联合国《2030年可持续发展议程》也高度契合，完全能够加强对接，实现相互促进。联合国秘书长古特雷斯表示，“一带一路”倡议与《2030年可持续发展议程》都以可持续发展为目标，都试图提供机会、全球公共产品和双赢合作，都致力于深化国家和区域间的联系。

二、深入推动“一带一路”国家的教育交流

2020年6月印发的《教育部等八部门关于加快和扩大新时代教育对外开放的意见》指出，教育对外开放是教育现代化的鲜明特征和重要推动力，要以习近平新时代中国特色社会主义思想为指导，坚持教育对外开放不动摇，主动加强同世界各国的互鉴、互容、互通，形成更全方位、更宽领域、更多层次、更加主动的教育对外开放局面。

教育为国家富强、民族繁荣、人民幸福之本，在共建“一带一路”中具有基础性和先导性作用。教育交流为各国民心相通架设桥梁，人才培养为各国政策沟通、设施联通、贸易畅通、资金融通提供支撑。各国间教育交流源远流长，教育合作前景广阔，大家携手发展教育，合力共建“一带一路”，是造福各国人民的伟大事业。推进“一带一路”国家教育共同繁荣，既是加强与各国教育互利合作的需要，也是推进中国教育改革发展的需要，中国愿意在力所能及的范围内承担更多责任和义务，为区域教育大发展做出更大的贡献。

（一）教育合作的原则

“一带一路”国家教育合作应遵循四个重要原则。

一是育人为本，人文先行。加强合作育人，提高区域人口素质，为共建“一带一路”提供人才支撑。坚持人文交流先行，建立区域人文交流机制，搭建民心相通桥梁。

二是政府引导，民间主体。政府加强沟通协调，整合多种资源，引导教育融合发展。发挥学校、企业及其他社会力量的主体作用，活跃教育合作局面，丰富教育交流内涵。

三是共商共建，开放合作。坚持共商、共建、共享，推进各国教育发

展规划相互衔接，实现各国教育融通发展、互动发展。

四是和谐包容，互利共赢。加强不同文明之间的对话，寻求教育发展最佳契合点和教育合作最大公约数，促进各国在教育领域互利互惠。

（二）教育合作的重点

“一带一路”各国教育特色鲜明、资源丰富、互补性强、合作空间巨大。中国将以基础性、支撑性、引领性三方面举措为建议框架，开展三方面重点合作，对接各国意愿，互鉴先进教育经验，共享优质教育资源，全面推动各国教育提速发展。

1. 开展教育互联互通合作

一是加强教育政策沟通。开展“一带一路”国家教育法律、政策协同研究，构建各国教育政策信息交流通报机制，为各国政府推进教育政策互通提供决策建议，为各国学校和社会力量开展教育合作交流提供政策咨询。积极签署双边、多边和次区域教育合作框架协议，制定各国教育合作交流国际公约，逐步疏通教育合作交流政策性瓶颈，实现学分互认、学位互授联授，协力推进教育共同体建设。

二是助力教育合作渠道畅通。推进“一带一路”国家间签证便利化，扩大教育领域合作交流，形成往来频繁、合作众多、交流活跃、关系密切的携手发展局面。鼓励有合作基础、相同研究课题和发展目标的学校缔结姊妹关系，逐步深化和拓展教育合作交流。举办校长论坛，推进学校间开展多层次、多领域的务实合作。支持高等学校依托优势学科和专业，建立“产学研用”相结合的国际合作联合实验室（研究中心）、国际技术转移中心，共同应对各国在经济发展、资源利用、生态保护等方面面临的重大挑战与机遇。打造“一带一路”国家学术交流平台，吸引各国专家学者、青年学生开展研究和学术交流。推进“一带一路”国家优质教育资源共享。

三是促进语言互通。研究构建语言互通协调机制，共同开发语言互通开放课程，逐步将国家语言课程纳入各国的学校教育课程体系。拓展政府间语言学习交换项目，联合培养、相互培养高层次语言人才。发挥外国语院校人才培养优势，推进基础教育多语种师资队伍建设和外语教育教学工作。扩大语言学习国家公派留学人员规模，倡导各国与中国院校合作在华开办本国语言专业。支持更多社会力量助力孔子学院和孔子课堂建设，加强汉语教师和汉语教学志愿者队伍建设，全力满足不同国家的汉语学习需求。

四是推进民心相通。鼓励学者开展或合作开展中国课题研究，增进各国对中国发展模式、国家政策、教育文化等各方面的理解。建设国别和区域研究基地，与对象国合作开展经济、政治、教育、文化等领域研究。逐步将理解教育课程、丝路文化遗产保护纳入各国中小学教育课程体系，加强青少年对不同国家文化的理解。加强“丝绸之路”青少年交流，注重通过志愿服务、文化体验、体育竞赛、创新创业活动和新媒体社交等途径，增进不同国家青少年对其他国家文化的理解。

五是推动学历学位认证标准联通。推动落实联合国教科文组织《亚太地区承认高等教育资历公约》，支持联合国教科文组织建立世界范围学历互认机制，实现区域内双边、多边学历学位关联互认。呼吁各国完善教育质量保障体系和认证机制，加快推进本国教育资历框架开发，助力各国学习者在不同种类和不同阶段教育之间进行转换，促进终身学习社会的建设。共商、共建区域性职业教育资历框架，逐步实现就业市场的从业标准一体化。探索建立各国教师专业发展标准，促进教师流动。

2．开展人才培养培训合作

一是实施“丝绸之路”留学推进计划。设立“丝绸之路”中国政府奖学金，为各国专项培养行业领军人才和优秀技能人才。全面提升来华留学人才培养质量，把中国打造成为深受各国学子欢迎的留学目的地。以国家公派留学为引领，推动更多中国学生到“一带一路”其他国家留学。坚持“出国留学和来华留学并重、公费留学和自费留学并重、扩大规模和提高质量并重、依法管理和完善服务并重、人才培养和发挥作用并重”，完善全链条的留学人员管理服务体系，保障平安留学、健康留学、成功留学。

二是实施“丝绸之路”合作办学推进计划。有条件的中国高等学校开展境外办学要集中优势学科，选好合作契合点，做好前期论证工作，构建科学的人才培养模式、运行管理模式、服务当地模式、公共关系模式，使学校顺利落地生根、开花结果。发挥政府引领、行业主导作用，促进高等学校、职业院校与行业企业深度产教融合。鼓励中国优质职业教育配合高铁、电信运营等行业企业“走出去”，探索开展多种形式的境外合作办学，合作设立职业院校、培训中心，合作开发教学资源和项目，开展多层次职业教育和培训，培养当地急需的各类“一带一路”建设者。整合资源，积极推进与各国在青年就业培训等共同关心领域的务实合作。倡议国家之间开展高水平合作办学。

三是实施“丝绸之路”师资培训推进计划。开展“丝绸之路”教师培训，加强先进教育经验交流，提升区域教育质量。加强“丝绸之路”教师交流，推动各国校长交流访问、教师及管理人员交流研修，推进优质教育模式在各国的互学互鉴。大力推进各国优质教学仪器设备、教材课件和整体教学解决方案的输出，跟进教师培训工作，促进各国教育资源和教学水平均衡发展。

四是实施“丝绸之路”人才联合培养推进计划。推进国家间的研修访学活动。鼓励各国高等院校在语言、交通运输、建筑、医学、能源、环境工程、水利工程、生物科学、海洋科学、生态保护、文化遗产保护等国家发展急需的专业领域联合培养学生，推动联盟内或校际教育资源共享。

3．共建丝路合作机制

一是加强“丝绸之路”人文交流高层磋商。开展国家间的双边、多边人文交流高层磋商，商定“一带一路”教育合作交流总体布局，协调推动各国建立教育双边和多边合作机制、教育质量保障协作机制和跨境教育市场监管协作机制，统筹推进“一带一路”教育共同行动。

二是充分发挥国际合作平台作用。发挥上海合作组织、东亚峰会、亚太经合组织、亚欧会议、亚洲相互协作与信任措施会议、中阿合作论坛、东南亚教育部长组织、中非合作论坛、中巴经济走廊、孟中印缅经济走廊、中蒙俄经济走廊等现有双边、多边合作机制的作用，增加教育合作的新内涵。借助联合国教科文组织等国际组织力量，推动各国围绕实现世界教育发展目标形成协作机制。充分利用中国–东盟教育交流周、中日韩大学交流合作促进委员会、中阿大学校长论坛、中非高校20+20合作计划、中日大学校长论坛、中韩大学校长论坛、中俄综合性大学联盟等已有平台，开展务实的教育合作交流。支持在共同区域、有合作基础、具备相同专业背景的学校组建联盟，不断延展教育务实合作平台。

三是实施“丝绸之路”教育援助计划。发挥教育援助在“一带一路”教育共同行动中的重要作用，逐步加大教育援助力度，重点投资于人、援助于人、惠及于人。发挥教育援助在“南南合作”中的重要作用，加大对相关国家尤其是最不发达国家的支持力度。统筹利用国家、教育系统和民间资源，为相关国家培养培训教师、学者和各类技能人才。积极开展优质教学仪器设备、整体教学方案、配套师资培训一体化援助。加强中国教育培训中心和教育援外基地建设。倡议各国建立政府引导、社会参与的多元化经费筹措机制，通过国家资助、社会融资、民间捐赠等渠道，拓宽教育经费来源，做大教育援助格局，实现教育共同发展。

三、精心组织“一带一路”国家文化教育大系的编著出版

在编写“一带一路”国家文化教育大系过程中，应当全面了解国内外对“一带一路”倡议的响应情况，关注进展，总结做法；应当在新冠肺炎疫情得到控制后到对象国去走一走，看一看，实地感受其教育情况和发展变化；应当广泛收集对象国一手资料，认真阅读，消化分析，吐故纳新；应当多方检索专家学者已经开展的相关研究，虚心参阅已有的研究成果。肆虐全球的新冠肺炎疫情，给人类身体健康和生命安全带来了巨大威胁，对世界格局和世界治理体系产生了重大影响，给全球各行各业带来了巨大挑战。教育置身其间，影响十分明显。因而，对“一带一路”国家文化教育进行研究时，必须观察分析疫情对相关国家文化教育和全球教育治理的深刻影响。

“一带一路”倡议提出后，中外已形成多个“一带一路”多边大学联盟。2015 年 5 月 22 日，由西安交通大学发起的新丝绸之路大学联盟成立，迄今已吸引 38 个国家和地区的 150 余所大学加盟。该联盟是海内外大学结成的非政府、非营利性的开放性、国际化高等教育合作平台，以“共建教育合作平台，推进区域开放发展”为主题，推动“新丝绸之路经济带”国家和地区大学之间在校际交流、人才培养、科研合作、文化沟通、政策研究、医疗服务等方面的交流与合作，增进青少年之间的了解和友谊，培养具有国际视野的高素质、复合型人才，服务“新丝绸之路经济带”及欧亚地区的发展建设。

2015 年 10 月 17 日，丝绸之路（敦煌）国际文化博览会筹委会文化传承创新高端学术研讨会在敦煌举行。中国的复旦大学、北京师范大学、兰州大

学和俄罗斯乌拉尔国立经济大学、韩国釜庆大学等46所中外高校在甘肃敦煌成立了“一带一路”高校战略联盟，以探索跨国培养与跨境流动的人才培养新机制，培养具有国际视野的高素质人才。46所高校当日达成《敦煌共识》，联合建设“一带一路”高校国际联盟智库。联盟将共同打造“一带一路”高等教育共同体，推动“一带一路”国家和地区大学之间在教育、科技、文化等领域的全面交流与合作，服务“一带一路”国家和地区的经济社会发展。

2016年9月，中国、中亚及丝绸之路经济带沿线7个国家的51所高校共同发起成立了中国–中亚国家大学联盟，旨在打造开放性、国际化互动平台，深化“一带一路”科教合作。

此外，高等教育合作研讨会也日渐增多，既有官方推动形成的研讨会，也有民间自发举办的研讨会。比如，中外大学校长论坛、新加坡–中国–印度高等教育论坛、“一带一路”教育对话论坛，以及北京师范大学举办的“一带一路”国家教育交流与合作高端研讨会，北京外国语大学举办的“一带一路”与行业国际化人才培养高峰论坛，北京理工大学主办的“一带一路”高等教育研究国际会议，浙江大学举办的“一带一路”背景下的工程科技人才培养国际研讨会等。这些多边研讨会的召开，不仅吸引了大量“一带一路”沿线国家的教育研究者与实践者参会，推动了研究与实践合作，而且创新了教育合作模式，促进了国际化高端人才培养，为“一带一路”建设奠定了民意基础。

“一带一路”倡议提出之后，中国学术界迅速开展了关于“一带一路”的研究活动，有关“一带一路”主题的图书主要有以下五类。第一类是倡议解读类图书，一般是梳理“一带一路”倡议的提出、发展及其理论内涵与外延。第二类是经济贸易类图书，专业性较强，主要为理论研究型图书。第三类是国情文史类图书，多为介绍“一带一路”国家国情概览、历史情况、发展概况的工具书，语言平实，部分图书学术性较强。第四类是丝路历史类图书，一般回顾古代丝绸之路的形成与发展、丝绸之路上的人物和大事记等，追古溯源，以便更好地开启“一带一路”新篇章。第五类是法律税收类图书，多为法律指引、税务规范手册等。

可以看出，国内对“一带一路”国家的研究已有一定基础，但是囿于语言翻译的障碍，已经出版的“一带一路”图书，大多是政策解读、数据报告、概况介绍等，对对象国的研究广度和深度还很不够，尤其是针对“一带一路”国家文化教育的系统研究还比较少。

在“一带一路”国家中，遴选具有代表性的对象，对其文化、教育进行系统性的研究，并在此基础上编写“一带一路”国家文化教育大系，分期分批出版，对于帮助中国普通读者和研究人员了解“一带一路”国家的文化教育情况，以及对于拓展我国比较教育研究领域、丰富比较教育研究文献，乃至对于促进中外文明互通、更好地参与推进“一带一路”建设，都具有重要意义。基于对选题背景与意义、相关出版产品调研和北京外国语大学比较优势的分析，“一带一路”国家文化教育大系坚持学术性、可读性兼顾原则，分批次推出，不断积累，以形成规模和品牌。

大系在内容上，一方面呈现“一带一路”国家的文化概貌，展示“一带一路”国家教育发展的文化背景和社会依托。大系采用专题形式，力求用简洁平实的语言生动活泼地介绍“一带一路”国家的自然地理、人文景观、历史发展、风土人情、文化遗产等内容，重点呈现对象国独有的文化现象和独特风貌，集中揭示其民族文化内涵、民族精神、人文意蕴。另一方面，大系重点研究、评价、介绍“一带一路”国家教育的基本情况、发展历史、发展战略、政策法规、现存体系、治理模式与师资队伍等，这方面内容占较大篇幅，是全书的重点和主要内容。

“一带一路”倡议正在成为我国参与全球开放合作、改善全球治理体系、促进全球共同发展繁荣、推动构建人类命运共同体的中国方案。作为国家社会科学基金（教育学）重大项目“新时代提升中国参与全球教育治理的能力及策略研究”的部分研究成果和北京外国语大学“双一流”建设重大标志性成果，“一带一路”国家文化教育大系计划在 2021 年中国共产党建党 100 周年和北京外国语大学建校 80 周年之际，推出首批图书。2023 年“一带一路”倡议提出 10 周年时，推出该项目二期成果。同时积极参与党和国家相关主题纪念活动，以及国家重大图书项目的申报评选工作。

北京外国语大学以外语见长，国际交往活跃，被誉为“共和国外交官的摇篮”，先后培养了 400 多位大使、2 000 多位参赞，以及更多的外交外事外贸工作者。凡是有五星红旗飘扬的地方，都能看到北外人的身影。北外不仅承担着培养各类国际化人才的任务，更担负着向中国介绍世界、向世界介绍中国的历史使命。迄今为止，北外已获批开设 101 种外国语言，成立了 37 个区域与国别研究中心，丰富的涉外资源正在助力“一带一路”国家的研究。

大系由外研社具体组织实施。外研社隶属北外，多年来致力于“一带一路”国家的合作交流，服务讲好“中国故事”，在中华思想文化传播、打造中外出版联盟、推动中外学术互译等方面积累了丰富经验，对于协助研究、编著、出版“一带一路”国家文化教育大系具有良好的工作基础。这也是北外及外研社的使命和担当之所在。

大系编著者以北外教师为主。服务国家重大战略，北外人责无旁贷。同时，国内有研究专长和研究意愿的专家学者也踊跃参与，他们或独自撰著一书，或与北外同仁合作。大系还邀请了驻外使领馆的同志和对象国的学者参加撰写或审稿，他们运用一手资料，开展实地调研，力图提升大系的准确性。

四、结语

“一带一路”倡议植根历史，更面向未来；源于中国，更属于世界。“一带一路”作为文明互鉴的桥梁，从亚欧大陆延伸到非洲、美洲、大洋洲，与世界各国发展战略及众多国际和地区组织的发展实现对接联通，在通路、通航的基础上更好地通商，进而开展文化教育交流与沟通，加强商品、资金、技术、文化、教育流通，达成互学互鉴的文明愿景。“一带一路”倡议的目标是中国与“一带一路”国家在互联互通基础上分享优质产能，共商项目投资，共建基础设施，共享合作成果，内容包括政策沟通、设施联通、贸易畅通、资金融通、民心相通“五通”。“一带一路”倡议肩负重大使命，它要探寻经济增长之道，将中国自身的产能优势、技术与资金优势、经验与模式优势转化为市场与合作优势，实行全方位开放，共享中国改革发展红利；它要实现全球化再平衡，鼓励向西开放，带动西部开发以及中亚、蒙古等内陆国家和地区的开发，在国际社会推行全球化的包容性发展理念，主动向西推广中国优质产能和比较优势产业，惠及沿途、沿岸国家，避免西方国家所开创的全球化造成的贫富差距和地区发展不平衡情况，推动建立持久和平、普遍安全、共同繁荣的和谐世界；它要开创地区新型合作，强调共商、共建、共享原则，超越了马歇尔计划和传统的对外援助活动，给21世纪的国际合作带来了新的理念。所以，新时代中国的教育学者应当将“一带一路”国家文化教育研究作为比较教育新的增长点，全面深入开展研究，以自己的聪明才智丰富学术，为国出力，服务国家重大发展战略；在加强与“一带一路”国家的交流合作中，推动“一带一路”建设高质量发展，努力建设高质量的中国教育体系，并积极参与全球教育治理体系改革，加快构建以国内大循环为主体、国际国内双循环相互促进的新发展格局。

2021年春
于北京外国语大学

（王定华，北京外国语大学党委书记、博士、教授、博士生导师，国家督学。历任河南大学教师、中国驻纽约总领事馆教育领事、教育部基础教育一司司长、教育部教师工作司司长等。）

本书前言

2013年，习近平主席提出建设“一带一路”倡议，得到了国际社会的高度关注和积极响应。共建“一带一路”在释放各国发展潜力、增进不同文明互学互鉴、加强国际社会团结、推动构建人类命运共同体等方面发挥了重要作用。在此背景下，中国与“一带一路”相关国家和地区教育合作的内涵不断丰富，形式不断创新，效能不断提升，在教育培训、学历学位互认、境外办学、留学基地建设等多个领域取得了丰硕的成果。可以说，教育交流与合作不仅为我国建设教育强国、实现教育现代化提供了不竭动力，也为推动“一带一路”建设的纵深发展提供了不可或缺的人才保障与智力支持。

阿拉伯联合酋长国，简称阿联酋，位于阿拉伯半岛东部，扼守连接波斯湾和印度洋的海上要冲，拥有丰富的石油和天然气资源，具有重要的地缘战略意义。阿联酋国内政局稳定，重视发展多元经济，在地区和国际事务中发挥着重要作用。自1971年建国以来，阿联酋教育事业面貌焕然一新，政府对教育事业的发展给予高度重视，不断加大对教育事业的投资，为各层级的教育机构发展提供了政策、资金、技术、人力支持，并积极引入国外先进教育体系和教学内容，打造符合本国国情的教育体系，努力提升本国青年的文化科学素质和在国际就业市场的竞争力。阿联酋政府在其《国家议程2021年愿景》中，将发展高质量的教育列为七大主题之一，将建立和完善具有包容性、竞争性、可持续性的教育制度以及现代化、国际化的教育模式视为未来国家发展战略的重要组成部分。在2030年国家高等教育战略中，阿联酋政府明确提出要大力发展国民教育体系，使更多的阿联酋高校和其他教育机构跻身世界最强行列。在2071年建国百年计划中，阿联酋政府将教育列为同经济、政府发展、社区凝聚力并列的国家发展四大支柱之一，并致力于通过教育领域的跨越式发展，推动劳动力市场的重塑、正确伦理和价值观的传播、国家竞争力的提升，将教育和知识打造成保障多元化经济可持续发展的基础，通过教育培养拥有开放理念、先进技术和丰富经验的新青年，从而将阿联酋打造成为全球最具竞争力的国家之一。

自1984年中阿建交以来，两国关系快速发展，高层互访频繁，各领域合作成果丰硕，阿联酋已成为中国在阿拉伯世界的最大出口市场和第二大贸易伙伴。2012年，中阿建立战略伙伴关系；2016年，习近平主席特使孟建柱访阿；2017年，中共中央统战部部长孙春兰访阿，外交部部长王毅同阿联酋外交与国际合作部部长阿卜杜拉在北京共同主持中阿政府间合作委员会首次会议；2018年，习近平主席特别代表杨洁篪访阿，习近平主席对阿联酋进行国事访问，两国正式建立全面战略伙伴关系，王岐山副主席访问阿联酋，阿联酋联邦国民议会议长古贝茜访华；2019年，习近平主席特别代表杨洁篪访阿，习近平主席特使王志刚赴阿出席第七届世界政府峰会有关活动，阿联酋副总统兼总理、迪拜酋长穆罕默德来华出席第二届“一带一路”国际合作高峰论坛，阿联酋阿布扎比王储穆罕默德对华进行国事访问。中阿关系呈现出全面、快速、深入的发展势头。

阿联酋是首个同中国建立战略伙伴关系的波斯湾地区阿拉伯国家，也是中国在波斯湾和中东地区推动“一带一路”建设以及中阿命运共同体建设的天然伙伴。近年来，两国在教育领域的合作蓬勃发展，为不同制度、不同模式、不同文明间的对话搭建起桥梁，而实现中阿在教育政策方面的互联互通，增进双方在教育发展方面的互学互鉴，则是实现双方民心相通、社会共同受益、国家共同发展的重要前提。本书在介绍阿联酋自然地理、文化传统等内容的基础上，着力全面展示阿联酋教育的历史沿革、法律政策、行政管理等方面的经验特点，尝试为读者提供有关阿联酋学前教育、基础教育、高等教育、职业教育、成人教育等方面的翔实信息，梳理中阿两国在教育交流合作中的典型案例并总结成功经验，以期对未来双方在“一带一路”框架下教育合作交流的进一步发展提供建议。

就分工而言，刘辰负责撰写本书的前言、第三章、第四章、第五章、第六章、第七章、第八章、附录、参考文献、结语；孟炳君负责撰写本书的第一章、第二章、第九章、第十章、第十一章、第十二章。

感谢“一带一路”国家文化教育大系总主编王定华教授、北外阿拉伯学院领导、外语教学与研究出版社编审人员给予的鼓励和指导。感谢孙丰轩、贾悦琪、宁彦、徐宇翔、胡孟佳、沈亦宁、李可、毛浚语、蒋志浩、谷子昂、王烁宇等在本书写作过程中提供的支持和帮助。

刘辰　孟炳君

2021 年 4 月于北京外国语大学

目　录

第一章　国情概览……1
第一节　自然地理……1
一、地理位置……1
二、地形地貌……1
三、气候水文……2
四、自然资源……2
第二节　国家制度……3
一、国旗、国徽与国歌……3
二、国花与国树……4
三、行政区划与主要城市……4
四、政体、政府与宪法……9
五、军队与国防……11
第三节　社会生活……12
一、人口、语言与货币……12
二、民族与宗教……13
三、农业……14
四、工业……15
五、旅游与交通……16
六、金融与贸易……17
七、医疗与科技……19
八、传媒与娱乐……21

第二章 文化传统……25

第一节 历史沿革……25

一、前伊斯兰时期……25

二、伊斯兰时期……27

三、西方殖民时期……28

四、民族独立时期……29

第二节 风土人情……30

一、饮食……30

二、服饰……32

三、民居……33

四、重大节日……35

五、国民性格……36

第三节 文化名人……38

一、传统与现代……38

二、文化名人……41

第三章 教育历史……47

第一节 历史沿革……47

一、20世纪以前的私塾教育……48

二、20世纪初至1953年的半正规教育……50

三、1953—1971年的正规教育……54

四、1971年至今的教育……57

第二节 教育人物……60

一、谢赫·阿里·本·穆罕默德·马哈茂德……60

二、谢赫·穆罕默德·努尔·赛义夫……62

三、谢赫·穆罕默德·本·阿里·马哈茂德……64

第四章 学前教育 ……67
第一节 学前教育的发展和现状 ……67
一、针对 0—4 岁儿童的护理和教育 ……68
二、针对 4—6 岁儿童的教育 ……75
第二节 学前教育的特点和经验 ……79
一、0—4 岁儿童教育特点 ……79
二、4—6 岁儿童教育特点 ……80
三、学前教育的经验 ……82
第三节 学前教育的挑战与对策 ……83
一、面临的挑战 ……83
二、应对策略 ……85
三、结语 ……87

第五章 基础教育 ……88
第一节 基础教育的发展和现状 ……88
一、历史沿革 ……88
二、发展现状 ……89
第二节 基础教育的特点和经验 ……103
一、基础教育的特点 ……103
二、基础教育的经验 ……107
第三节 基础教育的挑战和对策 ……111
一、面临的挑战 ……111
二、应对策略 ……115

第六章 高等教育 ……118
第一节 高等教育的发展和现状 ……118
一、历史沿革 ……118
二、发展现状 ……120
第二节 高等教育的特点和经验 ……125
一、高等教育的特点 ……125
二、高等教育的经验 ……132
第三节 高等教育的挑战和对策 ……136
一、面临的挑战 ……136
二、应对策略 ……137

第七章 职业教育 ……139
第一节 职业教育的发展和现状 ……139
一、历史沿革 ……140
二、发展现状 ……142
三、机构介绍 ……144
第二节 职业教育的特点和经验 ……148
一、职业教育的特点 ……148
二、职业教育的经验 ……150
第三节 职业教育的挑战和对策 ……152
一、面临的挑战 ……152
二、应对策略 ……154

第八章 成人教育 ……156
第一节 成人教育的发展和现状 ……156
一、成人教育的发展 ……157
二、成人教育的办学理念 ……157
三、成人教育的构成 ……158
四、成人教育的办学规模 ……159
五、成人教育的课程设置 ……160
六、成人教育中心 ……161
七、评估与测试 ……164
第二节 成人教育的特点和经验 ……166
一、成人教育的特点 ……166
二、成人教育的经验 ……169
第三节 成人教育的挑战和对策 ……171
一、面临的挑战 ……171
二、应对策略 ……172
三、结语 ……173

第九章 教师教育 ……174
第一节 教师教育的发展和现状 ……174
一、培训机构 ……174
二、培训项目 ……177
第二节 教师教育的特点和经验 ……180
一、特点与优势 ……180
二、经验与启示 ……186

第三节 教师教育的挑战与对策 ······ 188
一、面临的挑战 ······ 188
二、应对策略 ······ 193

第十章 教育政策 ······ 196
第一节 教育政策与规划 ······ 196
一、教育部 2017—2021 年战略计划 ······ 196
二、2030 年国家高等教育战略 ······ 201
三、高级技能战略 ······ 204
第二节 实施与挑战 ······ 210
一、教育部 2017—2021 年战略计划的现状与问题 ······ 210
二、2030 年国家高等教育战略的现状与问题 ······ 213
三、高级技能战略的现状与问题 ······ 217
四、经验与启示 ······ 218

第十一章 教育行政 ······ 222
第一节 中央教育行政 ······ 222
一、教育行政的历史沿革 ······ 223
二、现代中央教育行政 ······ 225
第二节 地方教育行政 ······ 234
一、阿布扎比的地方教育行政改革 ······ 235
二、迪拜的教育行政改革 ······ 238

第十二章 中阿教育交流……242
第一节 交流历史……242
一、背景……242
二、从建交至提出“一带一路”倡议……243
三、从提出“一带一路”倡议至今……246
第二节 现状、模式与原则……251
一、两国教育交流现状……251
二、两国教育交流模式……252
三、两国教育交流原则……256
第三节 案例与思考……257
一、案例：阿联酋将中文纳入国民教育体系……257
二、思考……261

结 语……264

附 录……269

参考文献……279

第一章 国情概览

第一节 自然地理

一、地理位置

阿联酋全称为阿拉伯联合酋长国，有“沙漠中的花朵”的美称，位于亚洲西南部阿拉伯半岛的东部，北濒波斯湾，与伊朗隔海相望，东濒阿曼湾，与阿曼接壤，西北与卡塔尔为邻，西南大部分地区与沙特阿拉伯交界，国土总面积为8.36万平方千米。阿联酋北扼霍尔木兹海峡。该海峡是各国商船从印度洋进入波斯湾的交通要道，也是波斯湾地区石油输往世界各地的唯一海上通道。独特的地理位置使得阿联酋具有重要的战略意义，在全球化的今天，阿联酋已成为东西方文化交流和经贸往来的重要枢纽。

二、地形地貌

阿联酋除东北部的半岛有山地外，其余大部分地区都是沙漠和地势低平的平原、洼地，其地表覆盖有砾石、沙丘和星罗棋布的绿洲。除此之外，阿联酋还拥有数量众多的海岛，其海岸线长达 734 千米，近年来的“填海造陆”工程使得阿联酋的海岸线长度进一步增加。阿联酋众多岛屿中有很多人造岛，它们与阿联酋的其他自然人文景观相得益彰，共同构成一个独特的旅游观光体系。

三、气候水文

阿联酋的气候为热带沙漠气候，夏季炎热，温度在 40—50℃，局部地区有沙暴，冬季干燥温和，温度在 7—20℃；全年少雨，年平均降水量约 100 毫米，降水主要集中在沿海区域，内陆干燥少雨。每年 11 月至次年 3 月，阿联酋气温较为适宜，阳光和煦，是旅游的黄金时段。

阿联酋境内无天然淡水河流或湖泊，属于“无流国”。阿联酋虽然水资源匮乏，但石油资源却优质而丰富，因此在当地有“水比油贵”的说法。自 20 世纪 90 年代以来，阿联酋通过开展海水淡化工程、完善人工降雨技术等措施，在改善水资源匮乏方面取得了一定的效果。

四、自然资源

阿联酋的石油和天然气资源十分丰富，境内已探明的石油储量约为 97.8 亿吨，居世界第 7 位[1]；天然气储量约为 6.09 万亿立方米，居世界第 7 位[2]。除此之外，阿联酋的水产资源也颇为丰富，领海范围内有丰富的渔业资源，

[1] 资料来源于环球军力官网。

[2] 资料来源于世界实时统计数据官网。

已发现鱼类和其他海洋动物 3 000 多种，沿岸海域还盛产珊瑚和珍珠。

第二节 国家制度

一、国旗、国徽与国歌

国旗和国徽都是国家的标志与象征，阿联酋的国旗和国徽就蕴含了其区别于其他国家和民族的显著特征。阿联酋国旗呈长方形，长与宽之比为 2∶1，由红、绿、白、黑四色组成。旗面左侧为红色纵向长方形，右侧是三个平行的、相等的、横向的长方形，自上而下分别为绿、白、黑三色。其中红色象征祖国，绿色象征牧场，白色象征祖国的成就，黑色象征过去的斗争与苦难，也象征丰富的石油资源。

现行阿联酋国徽于 2008 年 3 月 22 日启用，其主体构成是一只隼，隼翼黄白相间，尾毛为白色，胸前有一个绘有国旗的圆形图案，图案周围围绕着象征七个酋长国的五角星。隼爪下的绶带上用阿拉伯文书写着“阿拉伯联合酋长国”。

阿联酋国歌名为《万岁祖国》，该歌曲 1971 年建国时被选定为国歌，作曲者是萨德·阿卜杜勒·瓦哈卜，作词者是阿里夫·谢赫·阿卜杜拉·阿勒哈桑。阿联酋国歌表现了阿联酋人民务实肯干、真诚坦率、坚强勇敢的民族精神，歌颂与弘扬了民族自信心与凝聚力，以及对和平的珍视。整首歌曲带有强烈的爱国主义色彩，能够唤起人们内心深处的家国情怀。

二、国花与国树

阿联酋的国花是孔雀草，属于菊科一年生草本植物，日出开花，日落闭合，以向光性方式生长，代表着无限的生机与活力，象征着积极向上的人生态度。孔雀草花期为每年的7—9月，花冠呈黄色，瘦果线形，花叶细小却十分茂盛，大片的孔雀草簇拥在一起就像孔雀的羽毛，颇具观赏价值。孔雀草作为阿联酋的国花，代表着阿联酋多元包容的文化形象和阿联酋人民积极向上、热情活泼的品质，同时也象征着民族团结。

牧豆树是阿联酋的国树，被当地人誉为“生命之树”。牧豆树生命力极其顽强，可以存活数十年乃至上百年，它的主根系能在沙地中扎根超过30米，在极度干燥和高温的环境里也不需要任何人工灌溉水源。牧豆树的叶可以作为骆驼的食物，有时候也会被制成沙拉端上阿联酋人的餐桌。在古代，许多穷苦的人民在生活困难的时日会以牧豆树树皮充饥。

三、行政区划与主要城市

阿联酋由七个酋长国组成，按面积由大到小排列依次为：阿布扎比酋长国、迪拜酋长国、沙迦酋长国、哈伊马角酋长国、富查伊拉酋长国、乌姆盖万酋长国、阿治曼酋长国。

（一）阿布扎比酋长国

阿布扎比酋长国是阿联酋面积最大的酋长国，面积约67 340平方千米，约占全国总面积的84%，其中包括大约200个岛屿。根据阿布扎比数据中心发布的数据，2016年阿布扎比酋长国人口约为290万，2010—2016年人口平均增长率为5.6%。[1] 主要城市有首府阿布扎比市、东部省省府艾因市和西部省省府扎耶德城。

“阿布扎比”在阿拉伯语中意为“羚羊之父”。阿布扎比市是阿联酋的首都，位于阿联酋的中西部海岸，面积约116平方千米。阿布扎比市始建于1761年，最初的居民主要以采集珍珠为生。1971年阿联酋建国以后，随着石油的发现和开采，阿布扎比市发生了翻天覆地的变化，昔日荒凉落后的景象一去不复返。到20世纪80年代末，阿布扎比市已建设成为一座环境优美的现代化都市。市内修建了公园、现代化购物中心、星级宾馆、民俗村、石油展馆、海滩游泳场等，同时也保留了一些传统古堡式建筑，并在各居民区建有清真寺。现代与传统的结合使阿布扎比市成为一座独具魅力的城市，主要景点包括扎耶德清真寺、酋长皇宫酒店、法拉利主题公园、阿布扎比卢浮宫等。

随着城市现代化建设的发展，阿布扎比市的植树造林工程也取得了令人瞩目的成就。城市绿化在阿布扎比市建立伊始便受到重视，城市建设与绿化工作同步进行。阿布扎比城市规划局规定，任何公司、单位和个人在申请建房时，必须规划出绿化的面积，否则不予批准。不仅政府大力弘扬植树造林，每个市民也自发植树，绿化环保的观念深入人心。每年的3月6日为阿布扎比市的植树节，这一天，无论政府官员还是平民百姓，都会动手种上几棵树，为城市绿化做出贡献。这也是阿布扎比市虽地处热带沙漠气候却仍然能保持优美环境的重要原因。

在水资源稀缺的地区开展绿化工程，灌溉技术至关重要。阿联酋人民深信，通过开采石油获得的巨大利益必须归还给土地，而最合适的方式就是给沙漠增添绿色和生机。阿布扎比酋长国投入了巨大的人力、物力、财力栽种热带植物，政府为此尝试了多种灌溉技术，如无灌溉种植、管道灌

[1] 资料来源于阿布扎比数据中心官网。

溉种植、喷洒灌溉等。如今，阿布扎比酋长国已经有了滴灌、管道灌溉等多种方式相结合的较为成熟的灌溉系统。

（二）迪拜酋长国

迪拜酋长国是阿联酋面积第二大的酋长国，位于霍尔木兹海峡内湾出入波斯湾的咽喉地带，面积约为 4 114 平方千米，约占全国总面积的 5%。人口 340 万，约占全国总人口的 36.6%。[1]

迪拜酋长国的首府迪拜市是阿联酋人口最多的城市，坐落在面朝波斯湾的一片平坦沙漠之上。迪拜市是中东地区的经济和金融中心，也是中东地区旅客和货物的主要运输枢纽。石油收入促进了迪拜的早期发展，使之积累了大量的财富，但由于石油储量有限且生产水平较低，2010 年以后，迪拜酋长国的石油产业产值占其全年生产总值比重不到 5%，到 2014 年这一数据更是降到了 1%。自 1980 年以来，迪拜大力推行多元化产业类型的经济政策，重点发展第三产业，以基础设施建设带动旅游业、房地产业和金融服务业等行业发展，逐步成为中东乃至世界的贸易、旅游、金融中心。迪拜不仅文化、教育、医疗卫生等事业欣欣向荣，还有世界领先的航空基础设施，高度发达的地面交通基础设施，先进的智能化电信设施，精细优越的金融和服务部门，行业领先的展览和会议场地，高品质的办公和住宿场所，可靠的电力和供水设施，以及一流的酒店、医院、学校、商店、公园和娱乐设施等。此外，迪拜还通过大型建筑项目和体育赛事吸引全世界的目光，如迪拜拥有世界上最高的人工建筑哈利法塔和世界上面积最大的人工岛棕榈岛。

[1] 资料来源于迪拜数据中心官网。

（三）沙迦酋长国

沙迦酋长国是阿联酋的第三大酋长国，面积 2 600 平方千米，约占全国总面积的 3.1%。沙迦酋长国西临波斯湾，东靠阿曼湾，与阿联酋其他几个酋长国都有交界，是七个酋长国中唯一在波斯湾和阿曼湾均有海岸线的酋长国。

首府沙迦市是该酋长国的政治、经济和文化中心，也是酋长国王室及主要政府部门所在地。沙迦市地处阿联酋的东北部，在迪拜市发展以前，是重要的国际交通枢纽。沙迦市也是著名的文化旅游城市，文化底蕴深厚，是中东地区的文化名城，丰富的旅游资源使之成为本地区和国际重要的旅游胜地。沙迦黄金海岸西接波斯湾，东邻印度洋、阿曼湾，拥有独特的自然美景，市内有古兰经纪念碑广场、自然历史博物馆、艺术馆、古迹博物馆、科学馆等人文景点，每年吸引来自世界各地的游客 10 多万人次，旅游业因此成为沙迦支柱产业之一。

（四）哈伊马角酋长国

哈伊马角酋长国又称拉斯海马酋长国，哈伊马角市是哈伊马角酋长国的首府。哈伊马角酋长国位于阿联酋的东北角，临近霍尔木兹海峡，扼守波斯湾的咽喉地带。哈伊马角酋长国面积为 1 684 平方千米，约占全国总面积 2%，海岸线长 64 千米。哈伊马角酋长国战略位置极其重要，是中东地区主要的转口港。得益于良好的地理位置，该酋长国的企业得以享受东西方贸易交汇点带来的诸多好处。

由于降水量相对丰富，可耕地面积较大、含盐量低，地下水储藏丰富，哈伊马角酋长国的农业发展水平在阿联酋居首位，农产品可向其他酋长国、波斯湾沿岸国家以及南亚国家出口。目前，该酋长国种植面积达 1 万公顷，主要种植蔬菜、水果等作物，饲养骆驼、牛、羊等牲畜。除种植业和畜牧业之外，哈伊马角酋长国还有世界闻名的捕鱼业、珍珠采集业。哈伊马角酋长国蕴藏丰富的矿产资源，工业产品主要有建材、药品、矿泉水等，是阿联酋境内唯一有多家制造白水泥、普通水泥、油井水泥、陶瓷制品、炸药和抛光石料等企业的酋长国，其工业代表了阿联酋最高水平。

（五）富查伊拉酋长国

富查伊拉酋长国位于阿联酋东部，是唯一濒临阿曼湾的酋长国，面积约为 1 450 平方千米，分为南、北两部分。与阿联酋其余六个酋长国不同，富查伊拉酋长国地势多山，降雨较多。

富查伊拉市是富查伊拉酋长国的首府，经济发展较为缓慢。由于雨水较多，富查伊拉酋长国远离海岸的丘陵地区农业也得以发展，出产蔬菜和烟草。富查伊拉酋长国境内有富查伊拉港，港口地理位置优越，是阿联酋东部沿海的重要转运港口，处于世界三大输油港之间，是该地区供应船的中心港，同时，富查伊拉港也是中东各国通向印度和其他地区市场的主要通道。

（六）乌姆盖万酋长国

乌姆盖万酋长国，又称欧姆古温酋长国，是波斯湾地区最古老的酋长国之一，也是阿联酋人口最少的酋长国。乌姆盖万酋长国位于阿联酋东北部，东接哈伊马角酋长国，西临沙迦酋长国，面积为 770 平方千米。[1]

乌姆盖万酋长国在农作物种植方面有较为成功的经验，栽培的作物包括

[1] 资料来源于维基百科“阿拉伯联合酋长国”词条。

谷物、黄瓜、茄子、红辣椒、青椒、西瓜、甜瓜、烟草等，但最主要的还是椰枣、西红柿和柠檬；种植业和渔业是乌姆盖万酋长国重要的经济支柱。乌姆盖万市是乌姆盖万酋长国的首府，市内各种人造景观、娱乐设施正在不断完善，以促进该地区旅游业的发展。

（七）阿治曼酋长国

阿治曼酋长国位于波斯湾沿岸，面积为260平方千米，是阿联酋最小的酋长国，经济相对落后，发展较慢。其大部分经济来源为来自阿布扎比酋长国的资助。阿治曼酋长国由三个部分组成，主体部分在波斯湾沿岸，首府为阿治曼市。

阿治曼酋长国经济以中小型加工工业为主，建有经济自由贸易区并制定了投资法为投资者提供便利，以此吸引投资。阿治曼的造船业在波斯湾地区名列前茅，以此带动的捕鱼业在经济中占重要地位。此外，种植业、商业也占一定比例，市场呈多元化发展。

四、政体、政府与宪法

阿联酋的政治活动是在民主选举的君主立宪制框架内进行的。按照惯例，阿布扎比酋长国的统治者实质上也是阿联酋的总统和国家元首，迪拜酋长国的统治者是阿联酋的国家总理。阿联酋各酋长国拥有较高的自治权：各酋长国拥有自己的海、陆、空军，酋长国国旗，以及法律；各个酋长国之间、酋长国与其相邻酋长国的地方政府经联邦最高委员会批准后可以自由签订有限的地方性行政决议。

阿联酋是一个拥有完全主权的独立国家。根据《阿拉伯联合酋长国宪法》(简称《宪法》)规定，阿联酋国家政府机构包括联邦最高委员会、联邦总统和副总统、联邦部长会议（内阁)、联邦国民议会（议会)、联邦最高法院。

联邦最高委员会是阿联酋最高权力机关，由七个酋长国的酋长组成。联邦最高委员会每年召开两次会议，讨论并决定国内外重大政策问题，如制定国家政策、审核联邦预算、批准法律与条约等。

联邦总统为国家元首，从联邦最高委员会成员中选出，任期 5 年，但实际情况多为由阿布扎比酋长担任。总统兼任武装部队总司令，其职能包括行使联邦最高委员会主席权力、召开联邦最高委员会会议，以及行使免刑、减刑的权力等。

联邦部长会议由总理、副总理及部长组成，总理负责主持召开每周一次的例会。联邦部长会议以联邦执行机关的名义，在联邦最高委员会及其主席的监督下，负责处理联邦宪法、法律规定权限内的一切内外事务，如起草并监督执行联邦法律、法令、决议及条令，以及监督联邦各部门行使管理职能等。

联邦国民议会成立于 1972 年 2 月 13 日，是立法咨询机构，每届任期 4 年，负责审议联邦政府提出的法律、法规草案、年度预算、财政收支状况、国际条约和协定等，并有权提出修改意见，同时负责讨论内阁会议提出的法案，并提出修改建议。阿联酋颁布的议会选举法规定联邦国民议会成员为 40 名，其中 20 名由各酋长国酋长提名、总统任命，其余 20 名通过选举产生，议长和两名副议长均由议会选举产生。

总体来看，各个酋长国紧密连接在一起，七个酋长共同组成阿联酋的政府高层，同时国家政权又与部落家族紧密结合，部落家族在国家政权中起着极大的作用。阿联酋虽然借鉴了西方行政、立法、司法三权分立的政治体制，但是在各酋长国内部，仍然实行家族或部落统治，所以不少酋长具有联邦最高委员会委员和地方酋长的双重身份，行使双重权力。这种方式既有利于对各酋长国进行领导和管理，又使得各个部落家族可以将国家的最高领导权牢牢地掌握在自己手中，有利于巩固家族的权力和统治。这是阿联酋国内形势保持稳定、和谐的重要因素之一。

阿联酋不存在任何政党，阿联酋政府也不允许党派斗争现象存在。事实上，阿联酋在行政管理上，中央集权与地方分权的关系十分明晰，因此各类党派没有生存空间与可能。

1971 年 7 月 18 日，阿联酋联邦最高委员会通过临时宪法，12 月 2 日宣布临时宪法生效。1996 年 12 月，联邦最高委员会通过决议，宣布临时宪法为永久宪法。《宪法》规定由 40 人组成的联邦国民议会是阿联酋的立法咨询机构，联邦最高委员会为国家立法机构，负责审查各项法律和监督其执行情况。

阿联酋的宪法秉承“三权分立”的原则，并据此将权力机关划分为行政、立法和司法三大部分。《宪法》规定总统和副总统在酋长国的统治者中选举产生，并明确了其权力及义务。虽然阿联酋各个酋长国拥有较大的自主权，但中央政府仍然处于统率各方、协调全局的地位。《宪法》第 47 条规定了联邦最高委员会在制定决策时的权力行使规则与细节，决策取决于多数票的立场，涉及比较重大的实质问题时，多数票中必须包括阿布扎比酋长和迪拜酋长的票，该决策才能生效。[1]

五、军队与国防

无论从军队人数还是武器装备来看，阿联酋都算不上波斯湾地区军事实力最强的国家。根据“全球火力”发布的 2020 年军事实力排行榜，在

[1] 资料来源于阿联酋内阁官网。

列入名单的15个中东国家中，阿联酋排在第8位。[1] 现代阿联酋军队成立于1971年12月20日，称为阿联酋联邦武装部队，实行志愿兵役制。阿联酋设立武装部队总司令部，联邦总统任武装部队总司令。阿联酋的武器装备主要来自法国、美国，是波斯湾地区唯一以法式装备为主的国家。武装部队中30%的兵源来自本国，其余70%的兵源来自阿曼、巴基斯坦等国家，武装部队的教官多为英国人和巴基斯坦人。2019年，阿联酋的军队人数达到78 790人，军事开支约为144亿美元。根据斯德哥尔摩国际和平研究所的研究数据显示，2014年阿联酋的军事支出占国内生产总值的5.6%。[2]

第三节 社会生活

一、人口、语言与货币

阿联酋人口总数为9 906 178人，其中男性占72%，女性占28%，年龄在25—54岁的人口约占人口总数的66%。外籍人口约有845万人，其中约47%的人口来自南亚国家（27%为印度人，13%为巴基斯坦人，7%为孟加拉人）。这47%的南亚籍人口主要从事餐饮服务行业，也有一些作为技术或管理人才，活跃在阿联酋社会各界。除此之外，阿联酋境内有5%的菲律宾人，这些人多从事家政行业。[3] 由于具有相对发达的经济、较为开放的投资环境，以及相对多样的工作机会，阿联酋还吸引了许多其他阿拉伯国家的

[1] 资料来源于环球军力官网。

[2] 资料来源于 Fanack 官网。

[3] 资料来源于世界实时统计数据官网。

人在此工作生活。值得一提的是，阿联酋也是海外华人华侨分布较多的阿拉伯国家之一，目前阿联酋约有 20.2 万中国人[1]，他们活跃在阿联酋的商界和教育界，为中国与阿联酋的交流做出了巨大贡献。

阿拉伯语是阿联酋的官方语言，英语为通用语。乌尔都语、旁遮普语、波斯语、印地语等语言也被不同程度地使用，但这些语言的使用范围主要集中于外来务工群体内部。

阿联酋的通用货币是阿联酋迪拉姆（简称迪拉姆），由阿联酋中央银行负责发行。值得注意的是，阿联酋的辅币进位与大多数阿拉伯国家不同，采用的不是十进位制而是百进位制，即 1 迪拉姆等于 100 费尔。阿联酋迪拉姆纸币面额有 8 种，分别是 5、10、20、50、100、200、500、1000 迪拉姆；其余面额都为硬币，包括 1 迪拉姆以及 1、5、10、25、50 费尔。阿联酋迪拉姆首次正式使用是在 1973 年 5 月。

二、民族与宗教

阿联酋人多为阿拉伯民族。早期的阿拉伯民族仅指阿拉伯半岛境内的游牧民及其后裔，但其主体规模随历史上的征服扩张不断地扩大，后来凡是说阿拉伯语、信仰伊斯兰教、生活在阿拉伯国家，且认同自身阿拉伯身份的人都可以被视为阿拉伯人。阿拉伯民族在同其他民族的长期交往和交融中实现了本民族的发展。阿拉伯民族的身份属性和对伊斯兰教的虔诚信仰，是所有阿拉伯国家实现相互理解、信任、支持的重要纽带。

阿联酋的国教是伊斯兰教，阿联酋绝大部分居民是穆斯林，多数属逊尼派。阿联酋政府不干涉公民的宗教信仰，给予其信仰自由。阿联酋除建

[1] 资料来源于全球媒体洞察力官网。

有数量众多、规模大小不一的清真寺外，还建有许多基督教堂等。值得注意的是，和许多阿拉伯国家一样，阿联酋明文禁止除伊斯兰教以外其他宗教的公开宣教行为，这展现了伊斯兰教在阿联酋的重要地位。

阿拉伯民族的形成与伊斯兰教的发展是相辅相成的。一方面，伊斯兰教把闪米特系游牧民族团结起来，使他们成为一个团结在伊斯兰教旗帜下的、强大且坚忍的民族；另一方面，阿拉伯民族通过对外扩张和传教活动，逐步扩大伊斯兰教的影响力，突破部落、种族、语言、地域等因素的限制，使伊斯兰教成为世界三大宗教之一。

三、农业

阿联酋地处阿拉伯半岛，属热带沙漠气候，恶劣的沙漠气候和稀缺的淡水资源一直限制着阿联酋农业的发展。全国可耕地面积仅有 32 万公顷，已耕地面积 27 万公顷。[1] 由于自然条件的限制，阿联酋以饲养单峰驼和山羊为主，种植业非常不发达，仅生产单一少量的椰枣满足国内需求，粮食、蔬菜、水果几乎全部依赖进口。枣椰树也是阿联酋颇具特色的植被景观，境内种植超过 4 000 万棵，种类有 120 余种，其果实椰枣年产量可达上百万吨，是阿联酋为数不多的出口农作物。椰枣富含极丰富的维生素和天然果糖，既能够为人体提供充足的能量，又富含天然抗氧化剂，可以降低胆固醇和罹患癌症、心脏病的风险。[2] 历史上，游牧民族视椰枣为主食之一，称之为“沙漠面包”。椰枣作为波斯湾地区历史悠久的传统食物之一，深受波斯湾地区人民的喜爱。

[1] 中华人民共和国外交部．阿拉伯联合酋长国国家概况 [EB/OL]. [2020-09-30]. https://www.fmprc.gov.cn/web/gjhdq_676201/gj_676203/yz_676205/1206_676234/1206x0_676236/.

[2] 资料来源于世界实时统计数据官网。

近来，阿联酋在农业方面投入大量资金用以开发恶劣环境下农作物种植的技术，从而使用更少的水并实现农产品商业化。2020年，在新冠肺炎疫情肆虐的背景下，许多国家的国际贸易产业链被迫中断，这加剧了阿联酋的食品供应压力，阿联酋政府迫切需要投入更多来发展本国农业。

四、工业

阿联酋的工业以石油化工业为主，纺织服装业、玻璃塑料加工业、包装业等也在其工业结构中占有一定比重。总体来说，阿联酋的轻、重工业比重比较均衡，多元化的工业使其能够顺应经济全球化的趋势。

1958年，阿联酋石油生产业起步，政府通过控股逐渐实现石油国有化。1962年，阿联酋开始出口石油，成为阿拉伯国家中第二大原油生产国、世界第五大原油出口国。1988年，阿联酋成立最高石油委员会，负责制定油气相关政策和颁布相关决议。2016年，阿联酋的原油日产量达377万桶，居世界第八位。[1]

随着科技的发展，石油不再仅仅作为燃料活跃在人们的视线里，它也作为衣物、食品包装、药品等产品的必要原料深入人们的日常生活。虽然阿联酋的石油主要用于出口，但自进入21世纪以来，阿联酋国内对石油衍生品的需求不断增加，推动了相关产业的发展，其中最突出的是纺织服装业。近年来，阿联酋逐渐成为世界自动化纺织工业中心，良好的经济贸易环境为阿联酋的服装业发展打下基础，西方先进纺织机械提高了生产效率，降低了生产成本。目前纺织服装业占阿联酋国内生产总值的10%，为第二大出口产业，其中以迪拜的规模为最大，年产值达24亿美元。据估计，迪拜

[1] 资料来源于世界实时统计数据官网。

目前约有 325 家成衣厂、4 家纺织厂，另有约 582 家成衣批发商、9 000 家零售商及 13 000 家成衣服饰店；迪拜 76% 的成衣外销，主要销往欧洲和美国。阿联酋的纺织服装业涵盖业务范围广泛，从纺织、无纺，到编织、针织，各个领域都颇具规模。目前，沙迦约有 150 家服装制造公司，每年成交的服装纺织品交易额占全世界交易总额的 5.5%，沙迦因而成为全球第四大时尚与服饰交易中心。[1]

为适应世界范围内对环境保护、可持续发展的更高要求，阿联酋开始重视利用非传统资源，以摆脱波斯湾地区各国共有的、过度依赖油气资源的现状，蓄积力量对经济结构进行转型升级，以发展多元经济。在海湾阿拉伯国家合作委员会（海合会）六国中，阿联酋是对外开放程度最高、非石油经济最发达的国家。自 20 世纪 80 年代阿联酋政府实施经济多元化战略以来，阿联酋通过加强基础设施建设、设立自由贸易区、鼓励投资贸易等一系列措施，为贸易经济高速发展提供便利条件。同时，阿联酋在建筑材料、服装、塑料制品、海水淡化、炼铝、食品加工工业等方面加大投资力度，并积极开拓农、牧、渔业和旅游、会展、信息技术等产业发展空间，不断提高非石油收入在国内生产总值中的占比。近几年，阿联酋的非石油领域经济成分对国内生产总值的贡献一直保持在 60% 以上，是波斯湾地区相关国家经济成功转型的典范。

五、旅游与交通

得益于完善的基础设施和较为丰富的旅游资源，20 世纪 80 年代旅游业在阿联酋悄然兴起，旅游业逐渐成为阿联酋国民经济的重要组成部分和

[1] “一带一路”工业和信息化产业资源平台．阿联酋-特色产业 [EB/OL].（2017-08-30）[2020-06-18]. http://www.ydyliit.com/index.php?m=content&c=index&a=show&catid=167&id=784.

经济多元化发展战略中的核心支柱。由于迪拜酋长国石油资源相对匮乏，迪拜人率先认识到迪拜石油将在几十年后枯竭的事实以及多元化经济发展的重要性，于是开始重视旅游业的发展，成为第一个走出石油经济模式的酋长国。有了迪拜酋长国的先例，其余 6 个酋长国也相继效仿，通过加强基础设施建设、加大资金投入力度等举措，将旅游业作为经济发展的支柱产业。

阿联酋的陆上交通十分便利，其境内虽然没有铁路，但各酋长国之间均有高速公路相连。阿联酋共有 14 个现代化的港口，泊位超过 200 个，其中 9 个港口有集装箱货运码头，仓储及相关设施先进。迪拜港是全球第三大转口中心，是中东地区重要的贸易枢纽。阿联酋境内现有 39 个机场，其中包含 7 个国际机场，全球共有 110 家航空公司有定期飞往阿联酋的航线。[1] 迪拜机场是中东地区最大的航空枢纽，也是国际上重要的航空中转站之一。

六、金融与贸易

阿联酋是阿拉伯世界第二大经济体，也是全球较为开放的经济体之一，2018 年国内生产总值为 4 140 亿美元，其中三分之一来自石油收入。[2] 近年来，阿联酋增加税收项目，提高税率，增加国库收入。在阿联酋，外汇可在符合法律法规的情况下自由汇进汇出。个人出入境携带超过 10 万迪拉姆或其他等额货币需要提前申报。一般情况下，外商投资资本和利润回流不受限制，但外资银行在将其利润汇至境外前，必须事先获得阿联酋中央银行的同意，并将其纯利润的 20% 缴纳给阿联酋政府作为税收。外资企业在

[1] 中华人民共和国外交部．阿拉伯联合酋长国国家概况 [EB/OL]. [2020-09-30]. https://www.fmprc.gov.cn/web/gjhdq_676201/gj_676203/yz_676205/1206_676234/1206x0_676236/.

[2] 资料来源于《海湾时报》官网。

阿联酋开立外汇账户无特殊规定，但须提交在阿联酋注册的工商执照、母公司营业执照、财务报表、母公司签字授权人信息等材料。

此外，阿联酋也具备较为完整的金融体系，其最显著的特点是阿联酋每家伊斯兰银行都有一个判断商业活动是否符合伊斯兰教义的伊斯兰委员会，银行通过提供符合伊斯兰教义的金融方案，兼顾商业活动的正常运行和伊斯兰价值观的体现。除了金融体系中的伊斯兰银行，阿联酋也拥有非伊斯兰性质的本地银行与外资银行。本地商业性银行有阿布扎比商业银行、迪拜商业银行等。阿联酋政府对于外资银行的进驻持鼓励与支持的态度，因为外资银行的入驻对阿联酋来说意味着阿联酋金融业的覆盖范围扩大，能使其资本在全球范围内更具流动性与竞争力。近年来，随着中阿经济交流的不断深入，特别是"一带一路"倡议的提出，阿联酋的许多金融组织逐渐开通了人民币结算业务，出现了人民币结算中心。与此同时，中国的许多银行也在阿联酋开设了分行，为中资企业在阿联酋投资提供便利条件。

阿联酋是世界贸易组织成员，与 179 个国家和地区保持着贸易关系。阿联酋主要出口石油、天然气、石油化工产品、铝锭和少量土特产品，主要进口粮食和机械等。阿联酋被认为是全球最具活力的市场之一，该国是世界第 16 大商品出口国和第 20 大商品进口国。2014 年，阿联酋 5 个最重要的贸易合作伙伴国家分别是伊朗、印度、沙特阿拉伯、阿曼和瑞士。

近年来阿联酋积极参与多个国家及地区的自由贸易区谈判，出口商品总额大幅增加，出口贸易发展迅速。阿联酋原油出口在其出口总额中占比最大，其他石化类产品、食品和工业产品等也占有一定比重的份额。但阿联酋的石油出口占出口总额的比例，在波斯湾地区的国家中仍为最低。

阿联酋多沙漠、物产不丰富，大量基本生活资料依赖进口，因此，阿联酋政府鼓励、支持和引导商品进口，为各国商品进入阿联酋市场营造良好的氛围，从而使阿联酋人可以在市场上以较为适宜的价格购得世界各地的商品。

除阿布扎比酋长国外，其余 6 个酋长国都设有自由贸易区，目前在阿联酋共有 14 个比较活跃的自由贸易区，其中迪拜酋长国有 8 个，沙迦酋长国有 2 个，其他 4 个酋长国各有 1 个。设立自由贸易区的主要目的是为了实施经济多元化战略，提高对外开放程度，促进本国产品出口。自由贸易区提供完备的基础设施、现代通信设施、优美的工作环境和充足的能源供应。除此之外，自由贸易区还向投资者提供免所得税、免进口税、货币自由兑换、简化注册手续等诸多优惠和便利。

在投资方面，阿联酋政府成立相关机构，以规范投资市场秩序、提高投资环境的竞争力。这些机构包括阿布扎比投资局、阿布扎比投资委员会、穆巴达拉发展公司、国际石油投资公司、迪拜投资公司等。[1] 阿联酋在对外投资全球竞争力指数排行榜中居第 17 位，其投资领域的竞争力来源于“高质量的基础设施”和“高效、信用良好的市场”。[2]

七、医疗与科技

阿联酋拥有政府支持的综合医疗服务，其医疗体系完善，境内所有城市甚至较为偏僻的山区村落都有公立的医院和诊所。同时，私营医疗机构也覆盖了阿联酋的各个地区。目前，全国共有医院、医疗中心、诊所等 1 162 家。[3] 阿联酋的医生来自不同国家，整体素质较高，大部分医生都在欧洲和美国、印度、巴基斯坦、黎巴嫩等地接受过培训。阿联酋的医疗服务是免费的，只收取很少的挂号费和每年更换医疗卡的费用。阿布扎比和

[1] 资料来源于阿联酋驻美国大使馆官网。

[2] 资料来源于世界经济论坛官网。

[3] 中华人民共和国外交部．阿拉伯联合酋长国国家概况 [EB/OL]. [2020-09-30]. https://www.fmprc.gov.cn/web/gjhdq_676201/gj_676203/yz_676205/1206_676234/1206x0_676236/.

迪拜均实施强制医疗保险制，阿布扎比甚至为外籍人士及其家属引入强制性医疗保险，以实现医疗政策落实到全民。

随着医疗水平的提高与医疗服务的落实，阿联酋的婴儿死亡率已降至1.17%，公民平均寿命已达到发达国家的平均水平。[1] 目前来看，心血管疾病是导致阿联酋人死亡的主要原因，这类疾病的致死人数约占其死亡总人数的 28%；其他的致死原因包括事故、伤害、恶性肿瘤等。肥胖也是目前影响阿联酋国民健康的较大问题之一。根据世界卫生组织 2016 年的数据，阿联酋有 34.5% 的成年人患有肥胖症，体重指数（BMI）得分为 30 或更高。[2]

阿联酋是全球热门的医疗旅游目的地之一，最受欢迎的医疗项目为整形外科，除此之外还有骨科和运动医学、眼科、生育治疗、心脏科、牙科、皮肤科、预防医学和皮肤护理等。阿联酋医疗旅游业的优势之一是与其他很多医疗旅游目的地相比，阿联酋的治疗费用较低，但医疗系统的质量却不逊色于全球一流标准。另外，阿联酋的疗养服务与设施也非常成熟、完善，在医疗旅游业界有良好的信誉。

充足的资金虽然为阿联酋的科技发展提供了可靠保障，但其科技自主创新能力有待提高，特别是在军事与工业领域，阿联酋仍然要依赖引进西方国家的科技。为了应对这种情形，阿联酋将每年的 11 月 22—28 日设为国家创新周，鼓励阿联酋人在健康、能源、交通、水资源、机器人、生物科技等领域创新发展，研发新产品、新技术，从而不断提高阿联酋的科技创新水平。

近年来，阿联酋在太空科技领域也取得了一定的成绩。2020 年 7 月 20 日，阿联酋的火星探测器“希望号”从日本种子岛宇宙中心升空，预计在 2021 年 2 月进入绕火星运行轨道，探测火星大气层。这是阿拉伯国家历史上首次执行星际任务。阿联酋政府表示，这将开启阿联酋的“太空黄金时

[1] 资料来源于阿联酋驻美国大使馆官网。

[2] 资料来源于世界卫生组织官网。

代”。[1] 自 2009 年发射第一颗卫星“迪拜 1 号”以来，阿联酋已有 13 颗卫星成功发射入轨。阿联酋制定的 2030 国家太空战略中包括科学研究、工程制造、试验和商业应用等 79 个太空项目计划，为阿联酋航天工业提供了发展总框架。2030 国家太空战略涉及与空间活动有关的政府活动、商业活动以及公共和私营部门、学术机构和研发中心开展的科研活动，旨在通过投资基础设施、创造适宜的融资环境吸引更多的太空项目，把阿联酋打造成全球太空科学研究和商业应用的中心之一。2019 年，阿拉伯国家太空合作组织在阿联酋成立，首个任务是由 14 个阿拉伯国家共同参与研发的“813”卫星项目，目前该项目已顺利进入第二阶段。此外，AIT 卫星中心 [2] 计划开发重量在 50—250 公斤的通信和高光谱卫星，该项目 2021 年年初开始运行。

八、传媒与娱乐

（一）传媒

阿联酋的新闻传播业较为活跃，发展较为自由，政府管制相对宽松。在 20 世纪 70 年代，伴随国家经济实力的快速增长，阿联酋传媒业迅速崛起，阿联酋成为中东地区的传媒业中心。2001 年，迪拜政府建立迪拜媒体城，如今迪拜媒体城已成为 1 000 多家国际媒体公司中东地区总部所在地。

阿联酋有三大报刊出版发行机构，分别是国家报业出版发行机构、宣言报业印刷出版机构、海湾报业印刷出版机构。主要的阿拉伯文报纸有

[1] 腾讯网．阿拉伯世界第一次，阿联酋成功发射火星探测器！ [EB/OL].（2020-07-20）[2020-07-21]. https://new.qq.com/rain/a/20200722A00BXU00.

[2] AIT 即英文单词 assembly、integration、test 的首字母缩写，意为“组装”“集成”和“测试”。AIT 卫星中心为具有上述三种能力的、功能较为全面的、技术较为成熟的卫星中心。

《联邦报》《宣言报》《海湾报》等，英文报刊有《海湾新闻报》和《今日海湾》等。此外，一些民间社会机构也会发行涵盖经济、教育、社会等多元主题的报刊，丰富了阿联酋的期刊市场。

阿联酋通讯社是国家通讯社，直属阿联酋新闻文化部，成立于 1976 年 11 月，在阿联酋境内各主要城市以及伦敦、巴黎、华盛顿、纽约、莫斯科、东京、开罗、突尼斯、贝鲁特等外国城市派有常驻记者。通讯社使用阿拉伯语和英语发稿。阿联酋目前在阿布扎比、迪拜、乌姆盖万、哈伊马角共有 4 家电台，在阿布扎比、迪拜、沙迦和阿拉比亚有 4 家电视台。

阿联酋出版业较为活跃，潜力巨大，全国约有 160 家出版社、150 家较大型书店。阿联酋出版的图书中，翻译类图书和外文出版物占很大比重，其中约有 40% 的图书是从英语或其他语言翻译而来的。为缩小与出版业发达国家之间的差距，阿联酋政府近年来格外重视开展全民阅读活动，以提升民众阅读兴趣、振兴文化。[1]

阿联酋是波斯湾地区互联网覆盖率最高、电子商务最发达的国家之一。2018 年，阿联酋互联网普及率达 98%，排名世界第一。[2] 此外，阿联酋也是波斯湾地区和全球宽带市场最发达的国家之一。2019 年，“阿联酋的光纤到户、智能手机渗透率和移动宽带用户数三项指标均获得满分，4G 覆盖率指标提升 2 分，在对高新使能技术的关注度方面，物联网分析经验有所提升”。[3]

随着网络的不断升级和 5G 时代的来临，阿联酋的新媒体行业也得到了发展，很多传统媒体、政府机关都纷纷开通社交媒体账户，以更好地与大

[1] 中国图书对外推广网．阿联酋出版业与传媒业 [EB/OL].（2016-04-28）[2020-07-21]. http://www.chinabookinternational.org/2016/0428/119075.shtml.

[2] 中华人民共和国商务部．过去 5 年阿联酋互联网普及率增长 20.1%[EB/OL].（2019-02-24）[2020-07-23]. http://www.mofcom.gov.cn/article/i/jyjl/k/201902/20190202837346.shtml.

[3] 华为全球联接指数 . 国家详情 [EB/OL]. [2020-08-03]. https://www.huawei.com/minisite/gci/cn/country-profile-ae.html###.

众进行互动交流。同时，阿联酋境内也涌现了数量众多的自媒体，涵盖音乐、游戏、生活、饮食、科技等各个领域。多元宽松的社会氛围为新媒体的创作提供了广阔的素材和自由的环境，阿联酋的自媒体在阿拉伯世界也颇具影响力，逐渐成为引领阿拉伯世界潮流的风向标。

（二）娱乐

阿联酋人的娱乐休闲活动丰富多彩，较受欢迎的娱乐项目有赛骆驼、足球、赛车、水上项目等。

赛骆驼是阿联酋的一项传统娱乐项目，也是阿联酋国内最受欢迎的娱乐活动之一，经常吸引不同阶层、不同背景、不同职业的人齐聚竞赛场。在阿联酋，每年 10 月至次年 4 月都会举行不同规模的赛骆驼比赛，吸引本国以及波斯湾地区其他国家的人们带上自己驯养的骆驼前来参赛，同时也吸引许多慕名而来的游客前来观赛，近距离体验阿联酋当地特色传统文化。通常，一匹成年骆驼在比赛中的奔跑速度每小时可达 32—40 千米，获得第一名的骆驼的主人可以获得丰厚的奖品。

和其他阿拉伯国家一样，足球是阿联酋的国民运动项目。阿联酋足球协会成立于 1971 年，多年来一直通过投入大量的物力、财力，推行青年球员培养计划，提高球员以及教练、管理人员的综合实力，进而提升足球队伍的整体实力。阿联酋曾在 1990 年获得国际足球联合会世界杯的参赛资格。阿联酋国家足球队曾在 2007 年、2013 年两次获得海湾杯足球赛冠军。2019 年，阿联酋主办亚洲足球联合会亚洲杯，并进入半决赛。

阿联酋社会虽然是较为保守的伊斯兰社会，但是对于流行文化并不抵触。阿联酋国民，尤其是很多年轻人在各类社交媒体平台上非常活跃，展现出阿联酋社会的勃勃生机。阿联酋的年轻人既对欧美流行音乐与文化感兴趣，也对韩国电视剧和日本动漫充满兴趣，很多阿联酋年轻人不仅掌握英语，而且可以熟练地使用法语、朝鲜语、中文等。除此之外，阿联酋人也很喜欢玩电子游戏。根据相关游戏平台每年统计的世界在线玩家密度图可以发现，阿联酋所在的波斯湾地区始终是电子游戏用户非常活跃的地区之一，阿联酋国民优渥的经济条件足够他们支付玩游戏的相关费用。[1]

[1] 资料来源于 STEAM 官网。

第二章 文化传统

第一节 历史沿革

阿联酋于 1971 年 12 月由阿布扎比、迪拜、沙迦、富查伊拉、乌姆盖万和阿治曼 6 个酋长国合并而成。翌年 2 月哈伊马角酋长国加入。纵观阿联酋成立前后的历史，总体上可以分为以下四个时期。

一、前伊斯兰时期

出土的石器显示阿联酋境内人类迁徙与居住的历史可以追溯到 125 000 年以前。有学者认为该地区曾经是苏美尔人所记载的马干人的家园，苏美尔人在这里与沿海或内陆村镇居民通商。同时，诸多文献以及阿联酋境内的出土文物显示该地文明与地中海东岸、阿富汗地区，乃至印度河流域文明都有着悠久的贸易往来历史。

距今约 125 000 年以前的时代被称为阿联酋的史前时代。阿联酋境内现存最早的、最具代表性的史前时代遗迹是 2011 年发现的杰贝尔·法亚（Jebel Faya）遗迹，这里发掘出了除东非之外最早的原始工具。

公元前 3200 年至公元前 2600 年为哈菲特文明时期。在这一时期，阿联酋境内出现了圆形墓葬设施、水井等灌溉系统，以及用于防御、居住和开展经济活动的泥砖建筑。在艾因绿洲还出现了早期的农业，但尚无证据表明该地在这一时期形成了相对成熟的区域文化。

公元前 2600 年至公元前 2000 年的乌姆·纳尔文明是青铜时代的象征文明，崛起并繁荣于今天阿联酋和阿曼所在地区。乌姆·纳尔文明以其圆形的陵墓而为人熟知，陵墓四周齐整地铺上石头，体现出了该地区文明早期朴素的建筑风格。乌姆·纳尔文明与同时期的苏美尔王国、阿卡德王国以及印度河流域的文明保持着一定的往来。乌姆·纳尔时期的人们还掌握了牲畜驯养、作物种植等一些朴素的生产技术。

在乌姆·纳尔文明消亡之后，瓦迪·苏克文明（公元前 2100 年至公元前 1400 年）崛起。骆驼和其他动物的驯化在该时期得以实现，同时，人们开始向内陆定居，小麦、大麦等农作物的种植也得到普及。在瓦迪·苏克时代，当地人掌握了一定的冶金、制陶和石雕技术，具有较高艺术水平的陶器、彩绘、软石器皿成为体现该时期阿联酋文化艺术的重要载体。

公元前 1200 年至公元 600 年为铁器时代，其内部可再分为三个发展阶段和一个希腊化的穆列哈（Mleiha）时期。

从公元前 1200 年开始，阿联酋进入铁器时代的第一阶段。在这一阶段，当地人民的饮食仍然以鱼类和贝类为主，同时，羚羊、绵羊、山羊、牛等驯养的家畜和广泛种植的小麦和大麦，也为人们提供了新的饮食选择和较为完善的饮食结构。虽然该阶段的陶瓷制造技术并不成熟，制品颇为粗糙，但已经形成了基本风格，同时，铜矿藏也得到了一定程度的开发与利用，彩饰美工技艺也有所发展。[1]

从公元前 11 世纪起，该地区的铁器时代文明进入第二个发展阶段。在这一阶段，青铜技术得到了更为广泛的应用，青铜农具和兵器等得到普及，

[1] ABED I, HELLYER P. United Arab Emirates: a new perspective[M]. London: Trident Press, 2001: 49.

但冶铁技术发展尚不成熟，铁器在生活生产领域发挥的作用仍较为有限。在这一阶段，城镇规模进一步扩大，并出现了许多完备的城防设施，如塔楼、石砖围墙等。

在公元前600年，该地区进入铁器时代的第三阶段，并成为重要的区域贸易枢纽。冶铁技术开始普及，并用于生产农具、武器等。在农业领域，灌溉技术取得了一定进步。

从公元前330年起，中东和近东地区开始进入希腊化时代，阿拉伯地区成为亚历山大帝国及其继业者王国控制东方的据点之一。

二、伊斯兰时期

公元632年后，阿联酋境内既有生活在沿海地区的定居人口，也有生活在沙漠的游牧人口，以小型港口、绿洲为依托的城镇也有一定发展。与此同时，伊斯兰教成为该地区居民的共同信仰，以伊斯兰文化为内核的地区文化逐渐成形。

13世纪初期，崛起的奥斯曼帝国占领并统治了阿联酋，奥斯曼帝国的典章制度开始在阿联酋推行，同时，奥斯曼帝国的艺术风格也深刻影响了当地文化，集中体现在建筑、书法和音乐领域，许多宫廷文化也逐渐普及到了民间。

奥斯曼帝国统治下的阿联酋处于帝国的边缘地带，是奥斯曼商人通往印度洋的一个集结点。在这一时期，因远洋贸易的需求，该地区的商业得到发展，其中最具特色的便是采珠业，并由此衍生出采珠文化，在阿联酋步入现代社会前，采珠业一直是区域经济的支柱产业。

三、西方殖民时期

（一）葡萄牙人统治时期（1498 年至 17 世纪初）

从 15 世纪开始，葡萄牙帝国逐步垄断印度洋的航海权，控制了该地区的贸易链。一方面，葡萄牙的入侵使阿联酋地区首次全面受到西方文化的影响和冲击，乐器、火枪，以及西方世界的许多最新科技成果被带到了这里；另一方面，欧洲殖民者由此接触到中东地区的特产与新奇事物，欧洲的艺术风格也变得多元。

（二）荷兰人统治时期（1622 年至 19 世纪初）

1622 年后，葡萄牙人逐渐丧失对霍尔木兹海峡的管辖权，荷兰开始进入阿联酋地区建立堡垒、工厂，介入采珠业、渔业等主要经济领域。荷兰统治时期，阿拉伯地区出现民族主义和反殖民主义性质的活动，逼迫荷兰殖民者妥协。19 世纪初，荷兰人未能抵挡住新兴的英法殖民势力，丢失了除了巴达维亚地区之外的印度洋大部分地区的控制权。

（三）英国人统治时期（1819—1971 年）

早在 18 世纪，英国的殖民势力便开始谋求在印度洋地区获得新利益。1820 年，英国殖民者与沿海地区的所有酋长签署协议，使各酋长国沦为英国的保护国。此后，英国殖民者不断凭借增订条约、威胁挑拨等手段，进一步巩固自身在该区域的航海特权。

四、民族独立时期

（一）独立早期（1971—2000 年）

第一批石油公司团队于 20 世纪 30 年代来到阿联酋勘探考察，在 20 世纪 60 年代，阿联酋境内勘探出巨量石油，但相关利益被英国人垄断，这激起了阿拉伯人争取独立的呼声。1966 年，谢赫·扎耶德·本·苏尔坦·阿勒纳哈扬（Sheikh Zayed bin Sultan Al Nahyan）成为阿布扎比酋长国的统治者，1968 年 1 月 16 日，时任英国首相哈罗德·威尔逊（Harold Wilson）宣布终止与阿联酋地区、巴林、卡塔尔的条约关系。1971 年 3 月，英国重申了其关于撤军的决定。

在扎耶德收到英国撤军的消息之后，阿布扎比和迪拜两个酋长国牵头，于 1968 年 2 月提出，七个酋长国以及巴林、卡塔尔共同组建一个阿拉伯酋长联盟，并商定了联盟原则。但是，各个酋长国在确定首都、副总统职权、机构分权等问题上出现分歧，最终九国联盟未能组建。巴林于 1971 年 8 月独立建国，卡塔尔于 1971 年 9 月独立建国，而哈伊马角因为准备不充分，也未能在 1971 年加入联盟。

1971 年 7 月，阿布扎比酋长国、迪拜酋长国、沙迦酋长国、阿治曼酋长国、富查伊拉酋长国、乌姆盖万酋长国在迪拜举行会议，六国制定了临时宪法，决定成立阿联酋，以阿布扎比为临时首都。12 月 2 日，阿联酋正式建国。1972 年 2 月，哈伊马角酋长国加入阿联酋。1996 年，阿联酋的临时宪法经过各酋长国表决，被通过为永久性宪法，阿布扎比成为正式首都。

民族独立后，阿联酋经济获得空前发展。石油带来的巨大收益为其文化产业的发展提供了良好的经济基础，阿联酋政府不遗余力地推进城市化建设，提升阿联酋城市竞争力与吸引力，吸引外国资本与人才入驻。阿联酋凭借良好的城市化水平与市场环境和开放包容的社会氛围，使世界各国的文化在这里都有了生存、展示、发展的土壤。阿联酋成了一个世界文化的大熔炉。

同时，阿联酋政府立足本民族文化传统，积极发展旅游业，成立相关机构，以保护阿联酋的历史文化遗产，并致力于在更广阔的领域内展示出阿联酋文化的独特魅力。

（二）21 世纪的阿联酋（2000 年至今）

2004 年 11 月 2 日，阿联酋首任总统、阿布扎比酋长扎耶德去世。11 月 3 日，其子谢赫·哈利法·本·扎耶德·阿勒纳哈扬被选为新一任总统。

2005 年，联邦国民议会中的议员产生办法改变，即一半议员将通过选举产生，另一半仍然通过任命产生，这体现阿联酋不断将民主落实到政治行为中的努力。2006 年 12 月，阿联酋第一次通过选举来产生国民议会的部分议员，这次选举同时也是阿联酋历史上女性第一次得以参与的选举。

进入 21 世纪以来，阿联酋在政治、经济、文化等领域都取得了长足的进步。政治层面，阿联酋实现了一定程度的民主，政治成为百姓生活的重要组成部分；经济层面，阿联酋逐渐摆脱对石油的过度依赖，形成了一套较为稳定成熟的国民经济体系；文化层面，阿联酋在传统文化的基础上，吸纳外来的优秀文化成果，营造出相对开放有序、和而不同的社会文化氛围。

第二节 风土人情

一、饮食

作为伊斯兰国家，阿联酋人的饮食习惯严格遵从伊斯兰教饮食禁忌，如禁食猪肉，自死物，动物血及其制品，甲鱼、螃蟹等外形奇异的活物，酒精饮料等。

在部落时期，居住在沿海地区的民众主要依靠捕鱼为生，海洋中丰富的水产资源是他们主要的食物来源；居住在沙漠地区的人们则主要依靠捕猎鹿、野兔等获得食物，贝都因人还使用训练有素的猎鹰捕杀野雁以食用。在今迪拜地区考古发现了用来屠宰骆驼、野牛等大型动物的屠宰场遗迹。在这个时期，部落的生存主要依赖牲畜，骆驼不仅可以作为运输工具，还可以提供奶、肉、皮毛等，因而被认为是最宝贵的财富。沙漠中的绿洲用来发展种植业，除小麦等常见农作物之外，人们也种植枣椰树等。

而到了现代，阿联酋美食体系中包含众多他国的美味佳肴，这从侧面反映了阿联酋社会的包容性。例如，来自沙姆地区的鹰嘴豆和塔布勒传统开胃菜、来自印度的香料、来自伊朗的酸柠檬和玫瑰水等，都是现代阿联酋百姓餐桌上的美味。同时，来自世界各地的美食餐厅和连锁品牌也是阿联酋社会国际化的有力证明，它们为当地百姓提供了多元化的就餐选择。

阿联酋有种类繁多的传统菜品，不同菜品会与特别的节庆和重大场合相配。阿联酋传统食物包括发面饼、脆面饼、小麦肉碎、蔬菜炖肉浸面饼、烂肉泥、阿拉伯传统咖啡和椰枣等。

在主食方面，据史料记载，小麦、大麦和玉米等在几千年前就已经成为波斯湾地区的主要农作物，并被制作成多种多样的主食，即不同种类、做法各异的阿拉伯饼，如发面饼和脆面饼。

在肉食方面，牛羊肉是阿联酋人饮食的重要组成部分。由牛羊肉制成的传统菜品包括小麦肉碎、蔬菜炖肉浸面饼、烂肉泥等。

对于烹饪传统类菜品，尽管出现了新的技术以及多样化的口味选择，但绝大多数阿联酋家庭的餐桌依然保持了传统特征，如烹饪过程中喜欢使用肉桂、藏红花、姜黄、肉豆蔻、香菜、薄荷、百里香等香料，并添加杏仁、开心果等干果。

在其他特色农作物方面，咖啡和椰枣在阿联酋人生活中极为重要。半岛上的阿拉伯人很早就有饮用咖啡的习惯，人们在阿联酋的考古遗址中发现了距今 1 000 年的咖啡豆。时至今日，供应传统的阿拉伯咖啡已经成为阿联酋的一种社交习惯，本地制作的咖啡通常会与豆蔻、藏红花等一同烹煮，并装在无柄的阿拉伯小咖啡杯中饮用。

枣椰树的果实——椰枣，有较高的营养价值，是沙漠中各部落在游牧时期主要的食物来源之一，枣椰树的茎秆则可用于建筑和制作手工制品等。同时，椰枣还是重要的文化象征，每年 7 月，阿联酋都会在阿布扎比酋长国的利瓦市举办利瓦椰枣节。在利瓦椰枣节上，各大椰枣种植场竞争最佳生产者的头衔，种植户也能交流种植经验、学习现代种植技术。除此之外，活动中还会对品质上乘的椰枣进行竞拍，展示种植设备和产品，举办诗歌之夜等。该活动是阿联酋著名的传统节庆活动之一，它既能够让民众了解国家的发展史以及椰枣在阿联酋历史文化中的重要地位，也能够让世界各地的游客了解阿联酋的特色农业。

二、服饰

每个国家的民间传统服饰都是其身份与属性的象征，也体现了当地百姓的生活状况。阿联酋的民间传统服饰兼具伊斯兰宗教特色和波斯湾地域特色，且体现性别特色。

阿联酋的女性服饰款式多样，以其精美的装饰、金线或银线的刺绣而著称，服装多使用棉织物制成，根据穿着场合的不同而选用不同样式和种类的棉布。一般来说，女士的传统服饰包含以下几个部分：头巾，多使用较轻薄的棉布制成；大袍，设计宽松，多为黑色；外罩，多为透明布料，配有用红色、白色或银色丝线缝制的精美刺绣，穿在大袍外面；披风，多使用黑色丝绸制成，配有手工刺绣，可以盖住头和身体，一般为已婚女性所穿着，不同品类的丝绸可以体现女性不同的社会地位；遮面，多使用从印度进口的、柔软的特殊棉织物制成，遮住双颊、鼻子、嘴巴，富裕家庭女性一般选择质量上乘的红色布料，中产阶级女性选择黄色布料，普通家庭女性则多使用绿色布料。

阿联酋男性传统服饰的最大特点是，选用的布料多为轻质棉织物，颜色多为白色，适合当地炎热干燥的气候。男性服饰主要包含以下几个部分：由羊毛或皮棉制成的长绳，缠在头上，垂在左肩而形成的头箍，多为黑色；用头箍固定而缠在头上的头巾，多为布料轻薄的白色或白底小红方格方巾，用于挡风沙、防虫和防烈日照晒；作为阿联酋男士正式服饰的大袍，无论贫富、年龄，人人都会穿着，设计舒适、宽大，配有三个口袋，使用的面料因季节而不同，以适应温度的变化；外罩，为男性传统服饰中质地最讲究且价格最为昂贵的衣服，通常为纯手工制作，颜色多样，有黑色、棕色、金黄色、灰色和白色等，外罩多在婚礼等庆典场合上穿着，外交官出席正式场合必须着此服饰。

三、民居

阿联酋传统民居依据建造地点的自然特征设计，同时也受到历史发展和社会条件的影响。经济条件的改善、同邻国的沟通与交流，以及新出现的建造技术等，也会对传统民居的发展产生不同程度的影响，带来新的变化。这种变化体现在建筑材料、房屋样式、功能等方面。通过了解不同时期民居的样式和风格，可以一窥不同时代的阿联酋社会发展面貌。阿联酋传统民居主要包括以下三种。

帐篷是阿联酋社会最为原始的民居样式。山羊毛和绵羊毛缝制、捻紧后折叠成球形，再用绳索、木桩等较为结实的材料搭建为成型帐篷。帐篷多用于沙漠地区，是游牧时期贝都因人主要的居所，其最大的特点是便于转移和运输。

草房也是重要的民居样式之一，这种房屋多使用枣椰树的叶子建造，房屋通常呈正方形或长方形，门窗很小，在冬季使用由棉和尼龙制成的宽布覆盖，以防止雨水泄漏进房屋。虽然不同草房的形状、占地面积有所不同，但房屋的建筑材料和房屋的基本功能都大同小异。建造过程中，首先要根据所需面积开挖一条小沟，放入枣椰树的叶子并压实，然后在沟中装满小石头和泥；接着再横着压入一层叶子，并装满石头和泥作为地基。房屋的主体结构一般由木头和树叶构成，再盖上厚厚一层用绳索捆扎好的枣椰树叶作为屋顶，密实紧致，可以遮挡阳光。

除此之外，还有泥土房和石制房。泥土房多为百姓居住，由水、土、泥、稻草和轻质砖建造而成；石制房则一般为统治者居住。泥土房和石制房在修建思路、房间布局等方面十分相似，但石制房屋更坚固耐用。

在 20 世纪初，阿联酋的传统民居基本形成了自己的特点，民居内包括几个必不可少的组成部分和一些基本设施，其中最重要的是主会客厅、内院、浴室、用于洗涤器皿和餐具的盐水井、水井、位于角落远离起居室的厨房。在 20 世纪 20—30 年代，阿联酋传统民居中出现了一个标志性的特征——巴拉耶莱，阿拉伯语意为空中通道或空气收集器，是阿联酋人为应对炎热气候而设计的本地“空调”。具体来说，它是屋顶的一座高大的矩形塔，由四根支柱撑起，四个侧面封闭，保留几处孔洞，空气通过孔洞进入塔内部，热空气升至顶部，随着进入的空气增加，空气流动增强，冷却效率提高，空气穿过垂直通道进入到下面的房间，一定程度上能够降低房间内的温度。这种空气调节塔一般都需要修建到一定高度，使上方的空气流通速度更快，且无论风从哪个方向吹来，都不会影响其发挥作用。一般来说，一个民居至少需要一个空气调节塔，但也会根据房间数、房屋面积大小以及家庭的经济实力而有所变化。后来，随着时代的发展，塔的形状和塔外墙装饰都有了变化。

总体来说，阿联酋的传统民居是体现其地域特色和承载历史文化的一个重要载体，其呈现出的独特建筑风格与美感体现了阿拉伯传统文化的精髓，尤其是那些由珊瑚岩建造的房屋，由棕榈叶或木料制成的屋顶，以及外立面和内墙装饰的经文铭文，都使阿联酋民居别具一格。

四、重大节日

每年 12 月 2 日是阿联酋的国庆日。1820 年，英国入侵波斯湾地区，同当时的 7 个酋长国签订协议，阿联酋沦为英国的保护国。1971 年 3 月 1 日，英国宣布于年底终止条约。同年 12 月 2 日，六个酋长国组成联邦国家，阿联酋宣告成立，这一天被定为国庆日。国庆节通常会放假两天，各个酋长国也会举行相应的庆典活动。

开斋节为伊斯兰教重要的宗教节日，时间为伊斯兰教历的十月一日。伊斯兰教规定每年伊斯兰教历九月为斋月，在此期间，每天从日出到日落，穆斯林都要禁食，病人、孕妇、哺乳妇女、战士、旅行者等可以例外，当地非穆斯林也尽量不在公开场所用餐，以示对宗教教规的尊重。斋戒为期 1 个月，斋月期满前寻看新月，若次日见月则开斋，即为开斋节。开斋节的节日传统包括进行开斋节礼拜、走亲访友、制作并品尝地方传统食物等。通常来说走亲访友时，最先拜访的是家族成员中年龄最长者。每个家庭一般都会准备“节日法沃莱”，它是指专门为节日准备的一桌宴席，包含阿联酋当地最为著名的各式菜肴和甜点。开斋节不仅是一个增进社会交往、强化人际关系的欢庆节日，也是一个行善、践行高尚道德的节日，富人关心穷人，长者关心后辈，亲友、邻里互道节日问候，共享食物，互赠礼物。

宰牲节为阿联酋十分重要的宗教节日，时间在朝觐仪式之后，即伊斯兰教历的十二月十日。宰牲节要遵循一定的仪式要求，如进行节日会礼、宰牲口等，宰后的肉通常会分为三份，一份留为自用，一份赠送亲朋好友，一份施舍给穷人。

五、国民性格

（一）殷勤好客

殷勤好客是阿拉伯人的传统美德，阿联酋人也不例外。传统的阿联酋民居都设有会客厅，用来接待亲朋好友。贵客来访时，主人会亲自迎接，与客人握手、拥抱或贴脸。若是本国人来访，同性之间多拥抱和行吻礼。在阿联酋社交礼仪中，吻礼有很多讲究：同辈之间一般互吻对方脸颊三下，以示友好，若关系亲密则会多吻几下；长辈一般吻晚辈额头，表示对他的美好祝福；王室成员之间多互碰鼻尖。贵客入座后，主人会拿出一个装有烧燃檀香木的铜制小香炉给客人，客人可以将飘出的香烟扇向自身，并向主人表示感激和祝福，随后将香炉还给主人，这便是熏香迎客之礼。临别前，主人会再为客人熏香一次，或在客人手中洒香水。在阿联酋市场上，檀香木多为进口产品，价格昂贵，因此，一般多为富有或具有一定社会地位的大家族才能行该迎客之道。主人通常会用丰富的餐食招待客人，用餐后会为客人端上现煮的阿拉伯咖啡，以及各式甜品、水果等，宾主边饮边畅聊，以示友好。客人饮完一杯咖啡，主人会及时续满，客人若不想再饮，可以摇晃咖啡杯，主人便不再继续提供。

（二）热衷慈善

自建国以来，阿联酋经济呈现出繁荣发展的局面，今日的阿联酋社会福利和人均财富水平位居世界前列。在这样的背景下，阿联酋国民乐于投身慈善事业，阿联酋不仅有各酋长国官方背景的慈善机构，还有很多私人的慈善基金会。强调奉献与行善是阿联酋政府自成立以来始终坚持的原则与价值观之一。阿联酋副总统兼总理、迪拜酋长谢赫·穆罕默德·本·拉希德·阿勒马克图姆于 2015 年颁布 3 号法令，建立非营利组织“阿联酋水援助基金会”，后又颁布 8 号法令，成立该基金会的董事会。基金会主要寻求通过使用太阳能、淡化和净化水等可持续发展方式来解决水资源短缺问题，推动改善全球最贫困地区的用水基础设施，为人们提供安全、卫生的生活用水。此外，阿联酋政府将 2017 年定为“美好年”，旨在进一步宣传公民的社会责任，提倡奉献精神。

（三）享受生活

阿联酋公民的社会负担整体较轻，这主要有三个原因：一是社会的高福利；二是大批外籍劳工和外籍精英阶层涌入阿联酋，承担了部分行业的工作；三是国家为了保障公民地位而推出的一系列政策（如在阿联酋注册公司的员工组成中，阿联酋公民的占比须达到规定水平）。这些因素一定程度上减轻了阿联酋公民在经济和工作上的负担，因此，他们更喜欢去享受生活，而不是为了生活和财富而过分辛劳。同时，阿联酋政府近年来出台了一系列政策，使阿联酋公民成为各项工作的中心，并保障社会福利，以保障公民的幸福和社会的稳定。例如，阿联酋政府的“国家幸福与积极计划”就包含一系列针对政府和私营企业的倡议和举措，协调国家颁布的发展计划、政策、法律法规等，旨在将一般的服务型机构转变为“实现幸福”

的中心，全方位为民众创造幸福，实现对幸福生活的期望。2016 年，在全球幸福指数报告中，阿联酋全球排名第 28 位，居阿拉伯国家首位，该指数除了参考工作、家庭稳定等传统衡量标准外，还纳入身心健康、网络支持水平等指标。

第三节 文化名人

一、传统与现代

（一）传统文化

阿联酋传统文化以阿拉伯伊斯兰文化为基础，并受到波斯、印度等文化的影响，带有鲜明的区域特色。阿联酋传统艺术的代表是诗歌，其主题多种多样，如针砭时事、讴歌爱情、伸张正义、爱国主义、豪侠义气和骑士精神等，话题涵盖宗教、家庭、爱情、美德、政治等。很多阿联酋人会在生活闲暇之时一展赋诗之才。

纳巴蒂诗歌，即贝都因风格的诗歌，是较为流行的传统诗歌形式。在伊斯兰教诞生之前，这类诗歌是该地区记录历史事件的唯一方式。纳巴蒂诗歌包含多种主题，如豪侠精神、游牧民族之骄傲等。阿联酋副总统兼总理、迪拜酋长谢赫·穆罕默德是纳巴蒂诗人的杰出代表之一，他创作过很多诗歌，其纳巴蒂诗集《沙漠之诗》在阿联酋国内畅销。

音乐与舞蹈也是阿联酋传统文化的重要组成部分。阿联酋的民间传统音乐源于早期的游牧生活与航海生活，在阿拉伯帝国统治时期，也融入了很多其他的音乐风格，如吸收了印度与波斯音乐的特点。人们通过音乐表达对自然的敬畏、对爱情的追求等。在很多重大庆典活动中，音乐通常与传统舞蹈相搭配，共同营造热闹的氛围。阿雅拉，也被称为棒舞，是阿联酋的一种特色民间舞蹈，在古代一般作为战争胜利的庆祝仪式。这种舞蹈通常伴有鼓点声，由两队舞者面对面进行表演，象征着部落成员之间的团结与合作。尤拉也是阿联酋特色民间舞蹈之一，最早是非洲大湖地区班图人的部落艺术，后来传到阿拉伯半岛。在表演过程中，女性表演者摆动自己的长发，并晃动自己的身体来舞蹈；男性表演者则站成一行，象征性地挥舞刀剑或步枪。

陶器、编织物和刺绣也是颇具特色的阿联酋传统艺术门类，其中，萨杜的传统编织技术已经被列入联合国《急需保护的非物质文化遗产名录》。萨杜是指将骆驼毛或山羊、绵羊的皮毛编织成毯子、地毯、枕头、帐篷、骆驼鞍和皮带的传统纺织手工技艺，其特点在于能够最大程度地节约布料，这对于艰苦的游牧生活来说具有实用价值。萨杜作为一种传统文化的象征，体现了贝都因人的创造力与环境适应能力，在阿联酋社会中享有殊誉。同时，萨杜也在阿联酋传统妇女的社会生活中扮演重要角色，织布女工通常会聚在一起编织，并在编织的过程中聊天，分享生活轶事，念诵《古兰经》或朗诵诗歌等。萨杜的设计样式多参考了沙漠地区的环境元素，常见的图案包括棕榈树、花、骆驼、绵羊、猎鹰等。

阿联酋政府一直为保护传统文化而努力，其初衷不仅在于保护传统文化，还在于提高国民整体对传统文化的保护意识。阿联酋主要通过举办各种文化节日和活动、成立文化遗产俱乐部、设立文化保护村、修缮博物馆等来保护传统文化。较为知名的文化节日和活动包括胡斯尼宫节、谢赫·扎耶德遗产节、苏尔坦·本·扎耶德遗产节、沙迦遗产日等。这些文化节日和活动非常受欢迎，令阿联酋的传统文化重焕生机，也让新一代阿联酋人感受到本民族传统文化的非凡意义。文化遗产俱乐部在保护传统文化过程中也发挥了一定的积极作用。俱乐部不仅对各类文化遗产进行深入研究，也负责组织各种活动来宣传文化遗产保护的社会意义。文化遗产村是传承文化的重要载体之一，它是由传统房屋、学校、市场等构成的建筑群，生动还原了旧时村落的相貌。阿联酋各酋长国都拥有至少一个文化遗产村，这些古迹村落能够让参观者一窥古往今来阿联酋人生活的各个方面。除此之外，阿联酋的博物馆也为保护传统文化做出了贡献，对外展出阿联酋历史上的各类文物，如器皿、军械、货币、服饰等。这些博物馆多以曾经的要塞或宫殿的原始结构为基础修建而成，以独特的方式再现阿联酋社会的传统风貌。

（二）现代文化

阿联酋社会开放包容，在近几十年的发展中，该国的文化事业根植于本民族的传统文化，同时吸收了世界各国的优秀文化成果，形成了丰富多彩、特色鲜明的现代文化。

阿联酋现代潮流文化中最具代表性的是音乐文化，丰富多样的音乐流派和形式呈现出勃勃生机与发展活力。阿联酋的现代音乐将阿拉伯传统音乐与现代音乐技术有机结合，融入时代元素，如将阿拉伯传统音乐风格搭配现代摇滚，或使用西式乐器演奏阿拉伯古典音乐等。同时，许多西方流行的音乐文化形式也纷纷传入当地，并迅速本土化，如阿联酋已经出现许多非常成熟专业的乐队和说唱组合。此外，阿联酋境内活跃着大量外籍艺术家，为阿联酋人和来自世界各地的游客奉献多样化、专业的音乐表演。

阿布扎比音乐节是阿联酋重要的音乐类文化活动，也是阿联酋现今规模最大的艺术盛事，该音乐节由阿布扎比音乐与艺术基金会主办，自 2004 年起，每年举办一次，自 2007 年起，该活动一直由阿布扎比王储赞助。迪拜沙漠摇滚节也是阿联酋较为著名的音乐节，在摇滚节当天，来自阿联酋以及世界各国的音乐人齐聚在沙漠中心地带，共襄盛会，大量摇滚乐队前往助阵。[1]

阿联酋开放包容的社会文化环境的形成得益于开明的文化政策。阿联酋文化政策的首要目标是发展一种特定的文化机制，使其能够在三个层面上体现阿联酋文化事业的需求：其一，立足本地文化，保护当地传统，体现文化的阿拉伯伊斯兰属性，避免因文化交融带来的文化同质化现象；其二，发展阿联酋文化，使其在阿拉伯世界的传统文化竞争中展现出优势；其三，致力于成为世界文化中心和教育中心，吸引外来人才与资本，减少对传统优势资源的依赖，进一步实现经济多元化，促进服务业进步与科技创新的可持续发展。阿联酋的文化政策非常适宜该国的文化生态，这种开放高效的文化政策，主要通过适当引导和支持文化产业以及国民教育来发挥作用。面对西方文化的影响，阿联酋一方面积极加强自身文化建设，另一方面，在破除保守的时代浪潮中，阿联酋没有故步自封，把选择权交给了国民。

二、文化名人

（一）谢赫·扎耶德·本·苏尔坦·阿勒纳哈扬

阿联酋文化领域的空前繁荣，得益于其开明的文化政策与人民的不懈努力，同时也与阿联酋首任总统谢赫·扎耶德·本·苏尔坦·阿勒纳哈扬密切相关。阿联酋今天的繁荣，离不开扎耶德勾勒的蓝图与愿景，也离不开他谦逊淡泊、开放包容的个人表率。

扎耶德将石油带来的财富投入民生事业，并以开放的心态迎接来自世

[1] 资料来源于 Last.fm 官网。

界各地的人才在阿联酋工作和生活，让世界多元文化的种子在这里生根、发芽，人民的视野因此变得更加宽阔。以扎耶德为代表的阿联酋领导阶层始终对文化事业保持着高度的关注与支持，坚持为国民营造一个开放的学习氛围，一方面发放津贴，鼓励国民去发达国家留学；另一方面，对于外国的文化事物，只要有利于国民并且符合伊斯兰教价值观念的，都会积极引进。

（二）文学家

1. 欧莎·宾特·哈利法·苏薇蒂

欧莎 1920 年出生于阿布扎比酋长国的艾因城，是阿联酋当代家喻户晓的杰出女诗人，诗作享誉阿拉伯世界，被认为是最好的纳巴蒂诗人之一。她的作品风格对阿联酋纳巴蒂诗歌的发展产生了至关重要的影响，很多新生代的阿联酋女性诗人的创作风格深受其影响。[1] 她常以“阿拉伯女孩”作为笔名，其诗作是阿联酋女性心路历程的生动写照。

2. 希哈卜·加尼姆

希哈卜是阿联酋的著名诗人，2012 年成为首位获泰戈尔和平奖（Tagore Peace Award 2012, Kolkata, India）的阿拉伯人，2014 年获阿联酋“2013 年度文化人物”荣誉称号，2015 年获日本创价大学名誉博士学位。他主要使用英语和阿拉伯语进行创作，是 20 世纪阿联酋诗坛的代表人物之一，作品被翻译成十二种语言。[2]

[1] 资料来源于阿联酋国家新闻官网。

[2] 资料来源于 Jagran Josh 官网。

3. 穆罕默德·穆尔

穆尔 1955 年出生于迪拜，阿联酋短篇小说作家。他出版了超过 15 卷短篇小说，并有两本小说作品被翻译成英文，分别是《迪拜故事》和《蒙娜丽莎的眨眼》。穆尔毕业于美国雪城大学，2011 年被任命为阿联酋国民议会迪拜酋长国代表，并当选议长。

穆尔擅长对波斯湾地区日常生活做细致描绘，在对人物喜怒哀乐的勾勒之中，表达对时事和人生的戏谑与调侃。他的作品有时充满幽默感和讽刺意味，有时毫不避讳地呈现严肃而痛苦的话题，这种细腻而生动的文笔使得他的作品引起了波斯湾地区人民乃至阿拉伯世界人民的精神共鸣。

4. 哈马丹·本·穆罕默德·马克图姆

哈马丹 1982 年出生于迪拜，2008 年被任命为迪拜王储，通常以“Fazza”作为笔名，意为“助他者”。他的诗歌以浪漫的词句和爱国主义情怀而闻名。[1] 他经常在社交媒体平台更新诗作，截至 2020 年 6 月，哈马丹的社交媒体个人账号已拥有超过一千万的关注者。

（三）歌手和乐队

1. 艾赫拉姆·宾特·阿里·本·哈兹姆·夏姆斯

夏姆斯 1968 年出生于阿布扎比，阿联酋著名女歌手，以其独特的嗓

[1] 资料来源于阿联酋 24/7 新闻官网。

音和高超的唱功闻名于阿拉伯世界，迄今已发行十张专辑。2011 年，夏姆斯加盟中东广播中心，连续四年作为评审团成员参与录制节目《阿拉伯偶像》，并在电视节目《阿拉伯好声音》中担任导师和裁判。[1]

2. 侯赛因 · 贾斯米

著名钢琴家、作曲家、音乐家和歌手，在阿拉伯世界家喻户晓，2008 年获得“最佳阿拉伯男歌手”金奖。[2] 贾斯米曾在梵蒂冈举行的圣诞节音乐会中表演，成为第一个在此表演的阿拉伯人。[3] 他多次在阿联酋、沙特、科威特以及中东其他国家举办音乐会。贾斯米在相关媒体平台上的账号浏览量已超过 7.3 亿。[4]

3. 哈姆丹 · 阿布里

阿布里 1981 年出生于阿联酋，有非洲和印度的血统，著名的歌手和作曲家，也是乐队“ABRI”的创始人之一。[5] 阿布里擅长弹奏吉他、贝斯、钢琴和法国手风琴，其作品因混合了阿拉伯音乐与印度音乐的风格而独具特色。阿布里的作品被认为是阿拉伯本土音乐与西方潮流文化相互融合的成功范例之一，其摇滚风格的音乐作品在阿联酋非常受欢迎，每次专辑更新都会引起当地媒体的热议。

[1] 资料来源于 Al Bawaba 新闻官网。

[2] 资料来源于 Daytranslations 官网。

[3] 资料来源于阿联酋国家新闻官网。

[4] 资料来源于 youtube 侯赛因 · 贾斯米个人频道。

[5] 资料来源于哈姆丹 · 阿布里个人网站。

（四）传媒界人士

1. 内拉·哈加

内拉生于 1978 年，是阿联酋历史上第一位女性电影导演和制片人，是内拉·哈加影视公司的首席执行官，导演了多部电影并获得国际奖项。[1] 内拉从 1993 年开始拍摄电影，第一部指导的电影是《甜蜜的十六岁》，该影片全部在沙漠拍摄完成。

内拉不仅仅是电影人，还是著名的演说家、文化顾问、投资人、慈善家，经常就阿联酋传统文化、青年成长以及中东地区妇女权益等话题在国际上发声。内拉强调女性在电影业中的重要作用并致力于帮助其他电影人与电影创业者，从而推动振兴阿联酋电影业。

2. 亚西尔·哈利卜

亚西尔是著名作家和主持人，2016 年被授予阿拉伯社会媒体影响力“积极性和宽容”板块的奖项，曾担任谢赫·穆罕默德·本·拉希德·阿勒马克图姆基金会的首席执行官兼文化和教育副总管，其文学代表作是小说《脱下鞋子》。[2] 亚西尔和他的合伙人共同创办了穆斯林长者理事会和促进穆斯林社会和平论坛，以集合穆斯林专家学者的意见，寻求解决伊斯兰国家内部冲突的方案。此外，亚西尔还发起“TARJEM”和“OKTUB”计划。“TARJEM”在阿拉伯语中意为“翻译”，该计划旨在推动阿拉伯国家的图书翻译和出版事业，在它的影响下，共有 1 000 多本外文书被翻译成了阿拉伯语。此外，该计划还培养了大量阿拉伯语翻译人才，并将许多从事书籍翻

[1] 资料来源于《海湾新闻》官网。

[2] 资料来源于《海湾时报》官网。

译的出版社联合在一起。“OKTUB”在阿拉伯语中意为“书写”，这是一项阿拉伯青年发展计划，其目的是寻找具有文学潜质的阿拉伯青年，支持他们的创作事业，帮助他们实现作家梦。

此外，亚西尔还是阿联酋电视节目《言简意赅》的主持人。该节目旨在通过研究个人、社会的不同发展途径，为每个人提供发展方案，为观众提供第一手信息，给予发展意见与实践指导，为个人提高技能、开阔眼界提供必要的帮助，从而推动社会进步。[1]

3. 郑元浩

郑元浩是喜剧演员和脱口秀明星，1980 年出生于沙特吉达，父亲是韩国人，母亲是越南人，他在约旦安曼长大，旅居阿联酋。20 世纪 70 年代，许多韩国人选择出国劳务，郑元浩的父亲成为韩国政府的外派劳工，进入沙特工作。郑元浩在阿拉伯国家出生成长，熟练掌握了阿拉伯文和英文。[2]作为阿联酋娱乐界为数不多的东方面孔，郑元浩的喜剧和脱口秀节目非常有吸引力，他凭借熟练地道的阿拉伯语吸引了大量观众，在韩国国内也得到了广泛关注，一度成为阿联酋政府与韩国政府文化交流的重要桥梁。[3]

---

[1] 资料来源于 ADtv 电视台官网。

[2] 资料来源于 GQ 中东地区官网。

[3] 资料来源于韩国新闻官网。

第三章 教育历史

第一节 历史沿革

阿联酋教育史与阿拉伯民族文化以及伊斯兰宗教文化都有着极其紧密的联系。在伊斯兰教创立前，生活在阿拉伯半岛的人们主要通过自我教育的方式来发展自身，人们通过模仿他人或者彼此交流来获取技能和知识。伊斯兰教创立后，宗教教育在半岛各个部落的教育体系中占据重要位置。伴随着各部落的发展以及酋长国的出现，教育工作通常由掌握了某门知识或者某几门知识的专门人士来承担。同时，学徒制成为一种常见的教育手段，使基于技能的知识得以传播，并使许多信息通过口头和书面的形式世代相传，因而学徒制成为半岛诸国独立前在推动教育发展进程中主要依赖的基本教育手段。[1]

进入20世纪后，当代阿联酋所处地区的各酋长国教育体系经历了几次重要的变革。教育起初是由穆塔维在家中或清真寺里进行私塾教育。随着珍珠产业的兴起和贸易的发展，在20世纪初至1953年，一些商人开始投资兴办学校，于是阿联酋出现了不同于传统私塾教育的半正规教育体系，教育模式开始以专门的教学机构和课堂为载体。1953年，在以科威特使团为

[1] 资料来源于阿联酋教育部官网。

代表的诸多阿拉伯国家使团的帮助下，该地区建立起了正规教育体系，自此开始步入正规教育体系阶段。来自科威特、埃及等国的宗教学者在阿联酋建立和发展正规教育体系的过程中做出了卓越的贡献。各酋长国仿照科威特划定教育阶段，使用科威特的教学大纲和教材，学校的教师也有很大一部分来自科威特教育使团。1971 年阿联酋成立后，阿联酋领导阶层对教育给予了极大重视，教育根据各酋长国当地特色而发展，并对所有阿联酋人免费，所有阿联酋孩童都必须接受初等教育，在政府的大力支持下，当代阿联酋教育进入快速发展时期。

一、20 世纪以前的私塾教育

在奥斯曼帝国时期，阿拉伯半岛的教育活动通常在私塾中由穆塔维组织进行。私塾是一个特定场所，可以在穆塔维的家中，也可以在清真寺里，在一些富庶的社区，人们也开办学堂作为私塾教育的地点。重复是主要的教学方法，穆塔维通过让学生重复自己说的话来教导学生。今天，阿拉伯世界一些不太发达的地区仍采用这种教学方法。

（一）穆塔维

穆塔维一词是清真寺伊玛目[1]的另一个名称，最初是指帮助他人阅读《古兰经》的人。穆塔维通常教男孩和女孩阅读伊斯兰教经典，宣扬伊斯兰教义，向他们普及伊斯兰教先知穆罕默德的生平，也讲授一些简单的算数

[1] 阿拉伯语单词的音译，意为领拜者，最早是对穆斯林祈祷时主持人的尊称。伊玛目通常由学识渊博、具有崇高威望、有突出功勋和良好道德修养的人担任。该词后来引申为学者、领袖、表率、楷模，也可理解为伊斯兰教法学权威。

法则。通过教他人阅读伊斯兰教经典，穆塔维向他人宣扬伊斯兰教所倡导的道德价值观，使其遵从伊斯兰教所倡导的生活方式，不背离道德和宗教要求。[1] 穆塔维通常被认为是本地区最聪明的人，穆塔维通晓伊斯兰教经典，对教法学问题有所研究，具有极高的威望。因此，人们有纷争的时候会寻求穆塔维的意见或请他根据伊斯兰教经典进行裁决，遇上婚丧嫁娶等重大事件，也请穆塔维主持。

（二）穆塔维与学生的关系

穆塔维为了教育呕心沥血，他们起早贪黑，但是没有固定收入，其经济来源主要是每个学生家庭根据自身经济能力支付一定的报酬。穆塔维同学生的联系不是仅局限在私塾之中，而是延伸到了学堂之外。教学间隙，穆塔维会到学生家里拜访，以了解学生的家庭情况，知晓学生的优缺点，以及学生平时的举止行为。一些穆塔维甚至用自己的钱来帮助贫困的学生。

（三）穆塔维的特点

可以说，穆塔维是其所在地区的宗教领袖，他们具有坚定的信仰、端正的品行和高尚的道德。他们虔诚地信仰伊斯兰教，通晓伊斯兰教经典，致力于教授学生，因此受到家长们的尊敬与赞扬，这也使得穆塔维同所在街区的人们建立了兄弟般的友谊，穆塔维常常同百姓们促膝而谈，分享他们的欢乐，分担他们的忧愁。现代教育体系建立前，穆塔维在传播知识与信仰、沟通各阶层人士、引领社会主流价值等方面发挥着重要作用。在性

[1] 资料来源于阿联酋教育部官网。

别方面，穆塔维不局限于单一性别，男性和女性均可加入这个行业来传播知识，育人子弟。

（四）私塾教育的意义与兴衰

阿联酋建国前，教育的目的并非是培养担任市政职务的人，因为当时阿联酋社会还没有这种需求，当时的教育是为了塑造个体的宗教和社会价值观。因此，以穆塔维和私塾为显著特点的教育，成为一种普遍实施的教育制度，在构建阿联酋社会价值体系中发挥了重要的作用。此外，私塾教育并未采取男女分校的授课制度，男女学生可以同坐在一个教室上课。

以穆塔维为主导的私塾教育主要在那些种植着很多枣椰树的地区和沿海居民聚居区流行。因为这些地区繁荣富庶，特别是沿海地区的珍珠产业十分发达，珍珠贸易获利不菲，高收入推动了商人出钱兴办学堂或资助已建成的学堂。然而，第一次世界大战、波及世界的美国大萧条和日本兴起的珍珠养殖业都使得阿联酋珍珠贸易逐渐衰落，受其影响，学堂的资金也捉襟见肘，办学条件每况愈下，一些学堂甚至关门倒闭。

二、20 世纪初至 1953 年的半正规教育

20 世纪初至 1953 年为半正规教育阶段。这一时期，出现了一种与穆塔维私塾教学相比讲授内容更系统、组织更规范的教学模式。在穆塔维私塾教育模式中，教学内容全由穆塔维来决定，上下学时间也不固定，因而具有很大随意性；而半正规教育阶段的教学则在规模更大、组织更规范的学校中进行，学校对于教学大纲和教学内容有较为明确的规定，教师人数也增多，不再只由单个穆塔维担任。但由于这一时期教育工作没有政府部门进行管理，

尚不能称为完全意义上的“正规教育”，因而该阶段被称为“半正规教育”阶段。

（一）历史背景

19世纪后半叶阿拉伯民族主义运动在中东地区兴起，这一运动号召重新定义阿拉伯民族的文化身份，推动阿拉伯民族觉醒并联合起来反对奥斯曼帝国政权和西方国家的殖民，呼吁人们重返伊斯兰经典所构筑的世界观和价值观。[1] 该运动的一项重要号召就是坚持使用阿拉伯语，并放弃那些与伊斯兰信仰不相符的行为。这一运动推动阿拉伯人开始重视教育。因此，整个阿拉伯半岛都开始开设学校。1914年第一次世界大战爆发，该运动有所消退，但一战结束后，阿拉伯半岛许多大城市学校的发展再次受到人们的重视，这些学校也经常从邻近国家请来学者作为教师和行政管理人员。

（二）发展沿革

20世纪初，阿联酋开始开设不同于传统私塾的半正规化学校。半正规化学校是指一些没有政府部门统一管理，但已初具现代化特点的学校。这些学校组织更加规范，有相对明确的教学大纲，学校课程不再局限于宗教方面，教学内容逐渐多元化，开始有了特定的教育模式[2]，教师相较于过去的穆塔维也更专业。这一时期的半正规化学校大多是由当地的商人或有名望的部落酋长出资建立的。例如，1907年在沙迦建成的提米亚·马哈茂德学校被认为是阿联酋最早的半正规化学校。它的建立者珍珠商人阿里·本·穆罕默德·马哈茂德的祖辈伊本·提米亚是一位坚定的本土化教

[1] 希提．阿拉伯通史：下[M].马坚，译．北京：新世界出版社，2008：686-689.

[2] 资料来源于阿联酋教育部官网。

育支持者和推崇者，他自青年时期就对教育事业给予高度关注，并立志降低所在地区文盲率，扩大教育参与者的数量。受祖辈影响，阿里建立了学校，并用祖辈名字命名学校以示纪念。阿里建立的提米亚·马哈茂德学校开创了为平民提供免费教育的模式。这所学校不仅不收学费，反而免费为学生提供食宿、衣物、必要的书籍和学习用具。学校采用了埃及的部分课程。教育内容分为伊斯兰教法学和初等教学两个部分，后者主要包括教授伊斯兰教经典、写作、书法、阅读、数学、贸易和社会研究等。除此之外，该校还派遣许多学生到卡塔尔和埃及学习。

随着各个酋长国对教育重视程度的不断增加，多家学校得以建立，仅在迪拜就有四所半正规化学校在短期内建立，谢赫·艾哈迈德·本·达尔穆克于 1912 年在迪拜建立的艾哈迈德学校便是其一。艾哈迈德学校开设了不同的科目，如教法学、经注学、文学、语法学等，但总体均分为宗教与语言两方面。这些学科通常是为已经接受过教育、有一定基础的知识分子开设的，比如演说者或者进修的伊玛目。而教授这些科目的教师则是来自埃及、沙特阿拉伯、伊拉克等地的学者。艾哈迈德学校同当时的其他学校一样，在 19 世纪下半叶遭受了珍珠产业崩溃带来的经济危机，该校一度因资金不足而停办，1957 年，该校在当地商人和部落领袖的资助下恢复办学。

此外，还有萨利姆·本·穆斯巴赫·阿勒马哈茂德于 1924 年在迪拜建立的萨利姆学校、穆罕默德·本·阿比杜·贝杜尔和尤素福·本·阿卜杜拉·萨尔卡勒于 1926 年在迪拜合作开办的赛阿达学校、谢赫·穆罕默德·阿里·宰纳勒于 1927 年在迪拜开办的法拉赫学校。法拉赫学校开设的课程有《古兰经》教义、宗教原理、先知传记、算术法则（加减乘除）、书法、思想品德等。相较于其他学校，法拉赫学校课程更加多样化。且该校在阿联酋其他酋长国甚至在沙特阿拉伯都开设有分校，通过广泛开设分校，法拉赫学校颇有名气，这一定程度上推广了教育，因而该学校在阿联酋现代化学校的发展进程中扮演了重要角色。

（三）半正规教育的特点

在半正规教育的出现及发展中，本地富商发挥了重要作用。阿联酋出现了一批以珍珠贸易商人为首的教育先驱，他们主动出资修建学校、招聘老师，甚至为学生提供免费的教育服务。这一阶段的学校都是由个人倡导建立的，虽然得到了统治阶级的支持，但并没有被政府部门直接或间接管理。这些半正规化学校的建立为国家的文化继承和知识传播做出了重要贡献。学校的教师是穆塔维或者有学识的长者，通过在学校执教，他们的社会地位得以提升，整个阿联酋社会对教师充满了敬仰和爱戴之情。

在教学上，这个时期教学大纲初具雏形，为阿联酋之后走上正规教育的道路奠定了基础。但学校中开设的具体课程因教师所掌握的知识而有所不同。教育方式也开始由学生重复私塾教师（穆塔维）的话，逐渐转变为学生被启发思考和引导提出问题、解决问题从而获取知识的模式。这一时期的教育虽然比私塾阶段的教育更加系统、规范，但是仍具有很强烈的宗教色彩。这个时期的教育重视向下一代人传授伊斯兰价值观以及阿拉伯社会基本的传统价值观，这促使一大批具有虔诚宗教信仰和爱国主义精神的社会精英出现，如众多的伊玛目、演说家和教法学家等。

从 20 世纪开始，受阿拉伯民族主义运动的影响，在各酋长国的土地上，学校如雨后春笋般建立起来。学校的兴办吸引了更多的普通大众送子女入学接受教育。尽管这种教育受这一时期国家经济、政治影响，而在一些时期关闭过，但整体而言，学校的兴办反映了 20 世纪初到 1953 年政治环境的稳定以及民众主动接受教育意识的增强。同时，随着学校的兴办，教育民主化开始在社会上出现，所有人都可以享受均等的入学机会、均等的教育资源，甚至居住在阿联酋地区的外籍人员也享有同等的权利。此外，这些学校也展现了本地区同其他阿拉伯国家间建立起的教育合作关系，因为学校的教师很多来自其他阿拉伯国家，如沙特阿拉伯、伊拉克、埃及等。

三、1953—1971 年的正规教育

（一）发展沿革

1953 年在阿联酋的教育历史上是具有重要意义的一年。在这一年，由谢赫・穆罕默德・本・阿里・马哈茂德 1930 年在沙迦酋长国开设的伊斯拉赫・卡希米亚学校，在科威特教育使团的帮助下采用了科威特课程，并为学生提供了科威特的书籍、材料，聘用了科威特的教师，这标志着阿联酋的沙迦酋长国率先迈入了现代化正规教育。1953—1954 学年因而被视为阿联酋现代化正规教育模式下的第一学年。伊斯拉赫・卡希米亚学校只为男性学生开设，而次年，便出现了一座以同一个名字命名的专门为女性学生开设的学校，之后这所专门为女性学生开设的学校更名为法蒂玛・扎赫拉学校。在这一年，沙迦的教育无论是在学校班级的划分上，还是在课程设置和教学计划上，都更有组织、有规划。学生们开始要参加期末考试，学校也要在每一学年末为学生颁发年度学习证明。沙迦的伊斯拉赫・卡希米亚学校，不仅接收沙迦当地的学生，还接收来自迪拜和阿治曼等其他酋长国的学生。学校中开设的课程有伊斯兰教、阿拉伯语、英语、数学、社会文化、体育、艺术等。1962 年，科威特帮助沙迦开设了阿斯玛小学，同年，卡塔尔也帮助沙迦开设了两所学校——欧路巴学校和阿里・本・艾比・塔利卜学校。1968 年，科威特又帮助沙迦建立了阿卜杜拉・萨利姆学校。

1956 年，随着科威特教育使团的到来，迪拜酋长国也开始了其现代化正规教育的进程。科威特使团帮助迪拜的艾哈迈德学校丰富了教学大纲，

引进了数学、地理等学科。[1] 此后，迪拜出现了一些分别为男女学生开设的正规学校，如人民男子中学、马克图姆学校，以及一些具有宗教色彩的学校，如马季德学校、赛阿达学校和哈黛雅学校。

阿布扎比酋长国现代化正规教育则出现于1958年，巴忒尼小学和纳哈耶尼小学等基础教育机构在阿布扎比成立，之后，学校的数量不断增长。1966年，阿布扎比的教育取得了巨大的发展，这一年谢赫·扎耶德·本·苏尔坦·阿勒纳扬担任阿布扎比酋长国的领袖，在他的领导下，阿布扎比成立了专门的教育管理机构。

这一时期，阿联酋其他的酋长国也开始开设正规学校，一些学校专门为男生开设，另一些则专门为女生开设。1962年是阿联酋教育历史上的重要时间节点，因为在这一年，阿联酋按照科威特的模式将教育划分为了小学—初中—高中三个阶段，小学阶段为六年，初中阶段和高中阶段各三年。[2]1967年之前，阿联酋地区高中三年级学生需要到科威特参加结业考试，合格后才能获得中学文凭。而1967年阿联酋地区举办第一次高中结业考试后，学生们就不再需要到科威特参加考试了。

这一时期，阿联酋正规教育的飞速发展，很大程度上归因于其他阿拉伯国家，尤其是科威特的援助。1956年，第一批科威特使团到来，使团团长艾布·欧麦尔直接管理科威特使团的各项行政工作，同时还兼任迪拜艾哈迈德学校校长，科威特驻阿联酋使团的总部也设立在艾哈迈德学校。使团中还有一位成员法忒鲁·穆尔希德·艾尔阿绥弭，他是科威特驻阿联酋的代表，并在1956—1962年监管当时阿联酋教育的财务和行政工作。1963年，科威特又一批使团到达阿联酋并建立专门的办事处监管迪拜及其以北的所有酋长国的教育工作，包括学校的组织规划、学生的健康状况和安全保障等方面。1956—1972年科威特向阿联酋派遣了许多教育使团，帮助阿

[1] 资料来源于阿联酋教育部官网。

[2] ALNABAH N. Education in the United Arab Emirates[M]. Abu Dhabi: Alflah, 1996: 142.

联酋划分教育阶段，丰富教学内容，制定教学大纲，提供师资、教材，甚至提供每学年两次考试等制度参考，这反映了阿拉伯国家之间的团结与互助。1972 年哈伊马角酋长国加入阿联酋之后，科威特教育使团的办事处以及其监管的众多学校转交给阿联酋政府进行统一管理。

（二）1953—1971 年阿联酋正规教育的特点

这个时期的阿联酋教育之所以被划为正规教育，是因为教育工作开始由政府主管。阿布扎比的学校隶属于当地政府，教育工作由各级地方政府的教育部门主管。而在阿联酋北方的一些酋长国，教育工作则由来自其他阿拉伯国家（科威特、卡塔尔、巴林、埃及等）的代表团运行管理。

在学校中担任教学工作的教师除了少部分本地人之外，很大一部分都来自科威特、卡塔尔、埃及，还有一部分来自约旦和巴勒斯坦。这些来自科威特、卡塔尔、埃及和巴勒斯坦的外籍教师被分配到阿联酋的各个地方。但阿布扎比是个例外，阿布扎比的大部分外籍教师来自约旦，但后来约旦的教育模式撤出了阿布扎比的教育体系，阿布扎比改用科威特的教学模式。

这个时期的阿联酋正规教育强调依靠科学的、全方位的规划来发展和运行。课程多种多样，教学内容紧跟时代。这些课程不仅包括知识性的内容，还包括体育活动课和辅修技能课。此外，阿联酋正规教育还按照科威特的模式，被分为小学—初中—高中三个阶段。

阿联酋的大部分学校都集中在三大酋长国，即阿布扎比、迪拜和沙迦。20 世纪 50 年代末到 60 年代初，阿联酋发现了石油，石油开采及相关产业快速发展，大量的外来务工人员涌入该地区寻找工作机会，这使得阿布扎比、迪拜和沙迦三个酋长国的人口增长，经济发展，因而一定程度上进一步推动了这三个酋长国教育行业的发展。

四、1971 年至今的教育

（一）发展沿革

1971 年是具有划时代意义的一年。这一年，六个酋长国组成阿拉伯联合酋长国，正式成为一个国家，第七个酋长国哈伊马角于 1972 年正式加入阿联酋。建国后，阿联酋成立了联合政府，并设立了教育和青年部（后改为教育部）负责主管各个学段的教育工作。阿联酋的公立学校不断增多，覆盖全国。学校配备了先进的教学设备，还从其他阿拉伯国家聘请了教师以增强师资力量。由此，阿联酋的教育取得了飞跃式的进步，受教育人数不断增多，全国文盲率逐渐降低。据联合国教科文组织和世界银行的数据，阿联酋 1975 年、1985 年、2005 年和 2015 年的各年龄阶段不同性别的人受教育程度如表 3.1 所示。[1]

表 3.1 1975 年、1985 年、2005 年和 2015 年
阿联酋各年龄阶段不同性别的人受教育比例

年份	15—24 岁两性	15—24 岁男性	15—24 岁女性	25—64 岁两性	25—64 岁男性	25—64 岁女性	65 岁（含）以上两性	65 岁（含）以上男性	65 岁（含）以上女性
1975	63.05%	65.51%	56.28%	51.40%	56.95%	31.88%	8.75%	12.78%	3.66%
1985	82.47%	81.01%	84.51%	69.46%	71.27%	64.00%	17.37%	23.00%	10.80%
2005	95.01%	93.63%	97.00%	89.38%	89.03%	90.46%	42.07%	51.78%	28.09%
2015	99.46%	99.64%	99.12%	92.17%	91.94%	94.47%	72.31%	79.54%	51.55%

1975—2015 年，阿联酋 15—24 岁受教育青年的比例从 63.05% 上升到 99.46%，可以说，阿联酋在消除青年文盲的问题上取得了明显成绩。此外，

[1] 资料来源于联合国教科文组织官网和世界银行官网。

在建国初期，阿联酋各年龄阶段的女性受教育的比例均低于同年龄段男性，并且差距很大，但是随着教育的不断发展，女性受教育的比例与男性受教育比例之间的差距逐渐缩小，在有的年龄阶段中，女性受教育比例甚至超过了男性。这不仅反映阿联酋建国以来教育事业的不断进步，也一定程度上反映了阿联酋在推动两性平等方面取得的成就。

在 21 世纪头 20 年，阿联酋在高等教育领域取得了巨大的发展。根据 2020 年 QS 世界排名，阿联酋已有 8 所大学跻身全球前 3%，其中有 2 所大学在 2019 年首次上榜泰晤士高等教育亚洲大学排名榜前 50。[1] 截至 2020 年，阿联酋拥有超过 70 所经阿联酋教育部认证的高等教育机构。此外，阿联酋还是世界上拥有最多国际大学分校的国家，如阿布扎比巴黎索邦大学、纽约大学阿布扎比分校等，仅在迪拜就有 33 所国际大学分校。近年来，国际学生的人数大幅增长，并有继续增长的态势。

阿联酋建国后教育的飞速发展很大程度上得益于阿联酋开国总统谢赫·扎耶德对于教育的极大关怀。谢赫·扎耶德极富远见卓识，在教育方面推行积极的政策，他坚信只有通过发展教育，民族才能振兴，国家才能不断进步。他曾经说，福祉只会降临在那些勤勉奋斗的民族身上，因此国家统治者的首要任务是塑造人。谢赫·扎耶德说过："所谓革命，不是金钱的革命，而是人的革命，因为人才是一个国家应该重视的坚实力量，只有塑造好了人，国家才能受益。"谢赫·扎耶德教育先行的理念极大地提高了阿联酋整个社会对于教育的重视程度，阿联酋付出了巨大的努力来发展教育，并致力于改善阿联酋的人文交流环境。我们今天看到阿联酋的包容、开放与繁荣，其重要原因之一就是对于教育的重视。

[1] 资料来源于阿联酋教育部官网。

（二）1971 年至今的阿联酋教育发展特点

阿联酋建国后，国家教育经历了由引进和借鉴西方教育模式到重回本土文化的转变。阿联酋教育的核心理念是建设以知识和创新为基础的经济社会，传承并发扬充满活力的阿拉伯文化，让阿拉伯语重新活跃在日常交流和学术平台，展现阿联酋不断发展的阿拉伯伊斯兰文化。在培养符合国内外劳动力市场需求的人才的同时，阿联酋教育改革体现了知识素养和创新精神并重的理念，并指出年轻一代既要学习国际先进知识，也要尊重传统文化。

教育体系趋向智能化和现代化。2012 年，阿联酋副总统兼总理、迪拜酋长谢赫·穆罕默德·本·拉希德·阿勒马克图姆发起了穆罕默德·本·拉希德智能学习项目（Mohammed Bin Rashid Smart Learning Program）。该项目由电信监管局信息和通信技术基金资助，由教育部和总理办公室指导，经过五年的大力投资，使阿联酋的学生、教师在课堂中使用上最先进的智能设备。同时，教育部、中小学、高等院校纷纷推出网站和用户终端应用，提高学生的学习热情，方便家长参与和监督教学过程。教育技术的革新为课堂教学带来了全新的模式，这一智能学习项目将学生的学习体验置于教育的中心，将传统教学方法与现代科技相结合。此外，智能系统的应用也为教师节省了大量时间，自动批改作业、展示板书和教案等功能大大提高了课堂教学效率。

阿联酋高等教育出现国际化趋势。在经济全球化背景下，阿联酋依托波斯湾国家的地理和资源优势，经济迅速发展，政府对教育领域的投入逐年增加，高等教育领域的国际化水平不断提升。在教师国际化方面，阿联酋高等教育机构中的外籍教师数量逐年增加，较高比例的外籍教师促进了阿联酋高等教育的飞速发展。而学生国际化，则体现为阿联酋国家的学生赴世界各地学习，同时世界各地的学生也前往阿联酋学习。从数量上看，前往阿联酋学习的留学生远多于阿联酋的出国留学生，且赴阿联酋和出阿联酋的留学生数量均呈逐年增加的趋势，由此反映出阿联酋在人才供给上较少存在人才流失的可能性。从地区分布来看，赴阿联酋学习的留学生生源地分布广泛，主要生源地区是南亚、西亚和北非地区。阿联酋的出国留学生在选择留学目的地时偏好北美、西欧等发达地区。

第二节 教育人物

阿联酋的教育历史悠久，并且在20世纪发生了几次重要的变革，在变革的过程中涌现出一大批商人，他们为兴办学校投资出力，当然也出现了一批有学识、有文化、品德高尚的杰出学者和教育家，他们为阿联酋的教育事业倾注了大量心血，他们的前瞻性思想为阿联酋教育的发展与变革铺垫了道路。其中就有谢赫·阿里·本·穆罕默德·马哈茂德和他的儿子谢赫·穆罕默德·本·阿里·马哈茂德。他们分别于1907年和1930年建立了提米亚·马哈茂德学校和伊斯拉赫·卡希米亚学校。前者是阿联酋半正规教育时期建立的第一所学校，具有划时代的意义。而后者则在1953年受到科威特教育使团的指导后，成为阿联酋采取现代化正规教学模式的第一所学校。此外，迪拜的一位教师为迪拜的教育事业，乃至整个阿联酋的教育事业做出了巨大的贡献，他就是谢赫·穆罕默德·努尔·赛义夫。

一、谢赫·阿里·本·穆罕默德·马哈茂德

（一）生平经历

谢赫·阿里·本·穆罕默德·马哈茂德1852年出生于沙迦酋长国，育

有六个儿子（本节第三部分将介绍的谢赫·穆罕默德·本·阿里·马哈茂德是他的第二个儿子）。谢赫·阿里·本·穆罕默德·马哈茂德曾是阿联酋沿海地区最著名的珍珠商人之一，他与国王阿卜杜拉·阿齐兹·本·苏欧德有着良好的私人关系。他不仅做珍珠生意，还致力于传播文化知识，发展教育。他有学识、有文化，因而在阿联酋享有很高的威严，深受人们的喜爱和尊敬。

（二）主要成就

谢赫·阿里·本·穆罕默德·马哈茂德的第一个重要贡献是于 1907 年在沙迦建立了提米亚·马哈茂德学校。它被认为是阿联酋半正规教育阶段建立的第一所学校。学校名字的前半段名字来自谢赫·伊斯兰姆·伊本·提米亚。谢赫·伊斯兰姆·伊本·提米亚是阿拉伯世界的一位著名学者，他对于教育、社会制度改革以及引导人们的信仰都有着重要的影响，因而该学校的校长阿卜杜·克里姆·本·阿里·伯克利便按照谢赫·伊斯兰姆·伊本·提米亚的理念来管理学校。而学校名字的后半部分“马哈茂德”，则是取自这所学校的建立者谢赫·阿里·本·穆罕默德·马哈茂德。谢赫·阿里·本·穆罕默德·马哈茂德还拨专款派遣了学校访学团到卡塔尔学习。

谢赫·阿里的第二个重要贡献是在 1909 年建立了提米亚图书馆，这个图书馆就位于提米亚·马哈茂德学校的一间教室里。谢赫·阿里深知书籍对于学生学习的重要性，于是建校两年后就建立了这个图书馆，他还派专人去巴林、科威特、波斯、伊拉克购买了许多书籍来扩充图书馆的藏书。馆藏书籍涵盖了教法学、宗教学、文学、诗歌等诸多领域。

自 1820 年起，阿联酋各酋长国沦为英国的保护国。谢赫·阿里通过兴办学校、弘扬教育、恢复阿拉伯语、传播民族文化等一系列活动，在反对英国殖民统治阿联酋的运动中发挥了重要作用。

二、谢赫·穆罕默德·努尔·赛义夫

（一）成长经历

1905 年，谢赫·穆罕默德·努尔·赛义夫出生在迪拜一个虔诚信教、热爱知识的保守家庭，并在迪拜度过了他的童年。赛义夫的父亲是一位有学识、有虔诚信仰的学者，他沿袭当地人的生活方式，从事潜水行业。穆罕默德·努尔小时候就常常和父亲一起钻研知识，并被引导着学习，在童年的时候被送到当地一所有名的学堂学习伊斯兰教经典。

1916 年，12 岁的穆罕默德·努尔随家人迁居到麦加。在麦加，穆罕默德·努尔跟从几位杰出的宗教学者学习，如谢赫·穆罕默德·阿拉比·塔巴尼、谢赫·欧麦尔·哈姆丹尼、谢赫·艾哈迈德·纳兹林等。

刚到麦加，穆罕默德·努尔就进入法拉赫学校学习。这所学校是由慈善家和著名商人谢赫·穆罕默德·阿里·宰纳勒创办的，后来在沙特的吉达、阿联酋的迪拜、也门的亚丁、巴林和印度都出现了受其资助而建立的学校。这些学校在伊斯兰文化、阿拉伯语语言与文学等诸多学科领域堪称一流。法拉赫学校是麦加最大的学校之一，约有 1 800 名学生，他们来自伊斯兰世界的诸多国家。从这些学校走出过许多杰出的、具有崇高地位的学者和教法学家。

由于自身对知识的热爱和父亲的不断鼓励，谢赫·穆罕默德·努尔·赛义夫勤奋努力，加之其超凡的智慧，他学业精进，远超同龄人，成绩长期居于学校榜首。教师们对谢赫·穆罕默德·努尔·赛义夫的学术前途给予厚望。于是他更加勤奋地求学，在麦加求学期间，他能够将《古兰经》全文背诵下来，除了在法拉赫学校学习，他还去麦加的禁寺听一些学者讲学，参加座谈。

（二）从教经历

谢赫·穆罕默德·努尔·赛义夫在法拉赫学校完成学习后，短暂地留校任教。之后，学校创始人谢赫·穆罕默德·阿里·宰纳勒到访，并表达了希望穆罕默德·努尔回到迪拜，在迪拜新开的法拉赫学校任教的愿望。想到可以回到家乡，参与到发展家乡教育的事业中，谢赫·穆罕默德·努尔·赛义夫毫不犹豫地答应了这个提议。1927 年，迪拜法拉赫学校建成，谢赫·穆罕默德·努尔·赛义夫独自一人回到迪拜在法拉赫学校任教，谢赫·阿拉玛·阿卜杜·拉赫曼·本·哈菲兹时任学校校长，穆罕默德·努尔一边从事教学工作，一边协助校长管理学校。1929 年，前任校长离开迪拜后，穆罕默德·努尔开始接管学校。谢赫·穆罕默德·努尔·赛义夫从教 40 多年，担任法拉赫学校校长 22 年，在此期间他培养出了一大批优秀学生。谢赫·穆罕默德·努尔·赛义夫的学生深受其言行和思想的影响，后来也大多成了教师，在法拉赫学校、艾哈迈德学校等任教。这一大批教师，在阿联酋进入正规教育阶段后，成为阿联酋教育一线的中流砥柱，他们在阿联酋教育事业的延续、现代教育的发展中功不可没，而他们都曾师从于穆罕默德·努尔，因此穆罕默德·努尔也被视为阿联酋教育事业的先驱。

穆罕默德·努尔专注于教学工作，他在从教生涯的后期辞去了校长职务，目的是为了不受行政工作干扰，专心教学。他还因为通晓伊斯兰教经典，在伊斯兰教法学上造诣很深，从教期间多次受政府邀请去担任法官职务，但他都委婉拒绝。穆罕默德·努尔对学生十分慈爱，他多次赠送书籍给学生，以鼓励他们求知，每当学生取得了成就他都为之庆贺。谢赫·穆罕默德·努尔·赛义夫为人和善、品行高尚，他以伊斯兰宗教道德约束自己，也同样以此约束学生。他治学严谨、坚持追求真理、敢于承认自己的错误，这些品德对他的学生都产生了深远的影响。

三、谢赫·穆罕默德·本·阿里·马哈茂德

（一）成长经历

谢赫·穆罕默德·本·阿里·马哈茂德于1911年出生于沙迦。他天资聪颖，从小就对语言之美情有独钟，对语言所具有的表达思想的能力感到震撼，并对诗歌产生了极大的兴趣，其自身的文学创作风格深受阿拉伯经典诗歌作品的影响。谢赫·穆罕默德·本·阿里·马哈茂德的家庭很重视教育，家中良好的知识文化氛围使其在童年时就极具探索和研究的精神，对于一切可以丰富和发展自我的知识他都充满了热忱。他热爱阅读，博览教育、宗教、文学和语言学等方面的书籍。

谢赫·穆罕默德·本·阿里·马哈茂德曾就读于迪拜的艾哈迈德学校，随后在阿比杜·本·阿伊斯·纳布达先生开设的学校中学习，这所学校与艾哈迈德学校类似，但是规模稍小一些，且只开设了两年，谢赫·穆罕默德·本·阿里·马哈茂德在这里上了一年学，之后就转到了萨利姆学校，谢赫·穆罕默德·本·阿里·马哈茂德在萨利姆学校学习了三年。1928年，他跟随父亲去了巴林，进入巴林的哈黛雅·哈里发学校学习了四个月。

谢赫·穆罕默德·本·阿里·马哈茂德从小师从许多优秀的学者，跟从这些学者完成学习后，他开始通过阅读大量书籍的方式自主学习。此外，沙迦当地有着浓厚的学习氛围，沙迦是阿联酋20世纪几次教育变革的首发地，它蓬勃发展的教育事业对谢赫·穆罕默德·本·阿里·马哈茂德的性格和学习生活产生了积极影响。

谢赫·穆罕默德·本·阿里·马哈茂德的父亲就是极具革新意识的著名珍珠商人谢赫·阿里·本·穆罕默德·马哈茂德。谢赫·阿里·本·穆罕默德·马哈茂德建立了阿联酋半正规教育阶段的第一所学校，为传播伊斯兰文化，坚定当地孩童对伊斯兰教的信仰，以及培养他们对知识的热爱

做出了巨大的贡献。

在父亲的影响下，谢赫·穆罕默德·本·阿里·马哈茂德于 1930 年创办了伊斯拉赫·卡希米亚学校，他的思想和学术研究在阿联酋教育文化变革初期起了重要作用，他一手培养出了一大批活跃在阿联酋和卡塔尔的社会知名人士。

（二）教育理念

谢赫·穆罕默德·本·阿里·马哈茂德早期的教育思想鼓励知识分子多参与教育，这是因为教育是文化发展的前提和支柱，教育能从现实生活的视角发掘文化的根源和形态，当优秀的知识分子做了教师，就能培养出更多的知识分子，这样国家的文化才能繁荣兴盛。他还指出，教育有多重愿景，但均倾向于实现共同的目标，即发展、现代化和变革。

谢赫·穆罕默德·本·阿里·马哈茂德在他创办的第一所学校中修建伊斯拉赫图书馆。这是沙迦的第三座图书馆。他开设这所图书馆的目的是号召学生们通过阅读来求知，而不只是依赖学校课程来获取知识。

谢赫·穆罕默德·本·阿里·马哈茂德通过思考发展和现代化的关系，后期衍生出了许多教育理念，努力打破人们不接受现代化或者接受现代化过于缓慢的局面。在他后期的教育理念中，就有对于女性教育的看法：女性要接受教育才能成为合格的母亲。尽管在现在看来，这个观点仍有把女性的社会功能局限于生儿育女、相夫教子之嫌，但在当时的社会，这个想法确实有进步意义。谢赫·穆罕默德·本·阿里·马哈茂德对于教育发展和变革的理念，使他成为阿联酋女性教育领域的先驱人物。伊斯拉赫·卡希米亚学校开设第一所女子分校的时候，谢赫·穆罕默德·本·阿里·马哈茂德就指出，以前穆塔维让男女学生一起在私塾里听课，而在半正规化学校开始办学后，只有在伊斯拉赫学校专门创办的女子分校里，女学生才能接受现代化的教育。由此可见，谢赫·穆罕默德·本·阿里·马哈茂德关于兴办女子学校的倡议在阿联酋教育史上实属首次，他认为，上学是女性的权利，社会应该为女性提供机会，让她们坐在教室里接受教育。为了使家长们接受这样的想法，伊斯拉赫女子分校还为此专门邀请学生代表发言分享，并邀请广大民众和酋长们参加这场活动。

关于教育，谢赫·穆罕默德·本·阿里·马哈茂德说过许多有影响力的话，例如，“教育是一项神圣的使命，教师应该有文化、有学识、负责任。我是一流的教师，我应该不断阅读，不断学习，以使我自己有足够的学识来胜任这项工作，完成这项伟大的使命。”“我教育思想的精髓，就是弘扬对于美好品行的热爱，并将高尚的原则和价值观根植于我们国家孩子们的心中。公正是我的方法，理性和革新是我的目标。如果我们致力于发展教育，那么我们的未来就不会像我们现在的处境这样，迷失方向，手足无措。尽管现状如此，但我仍然相信我们一些迷途的青年终究会回到革新的正轨上来。”[1]这些话语反映了阿联酋人对于发展教育事业的重视以及教育在传播知识、塑造品格方面发挥的举足轻重的作用。回顾阿联酋教育历史的变迁，不难发现，阿联酋教育的发展与国家政治、经济、社会的发展相伴而行、互为见证，当地民众长期以来对教育的热情与重视也为阿联酋建国后教育事业的腾飞奠定了民心基础。

[1] 资料来源于阿联酋教育部官网。

第四章 学前教育

第一节 学前教育的发展和现状

1953年，在科威特等其他阿拉伯国家的帮助下，阿联酋教育进入了正规教育阶段，阿联酋的学前教育也由此起步。1971年，阿联酋正式成立，相关教育机构的数量不断增加，学前教育飞速发展。进入21世纪，阿联酋对学前教育给予了更多的重视，制定各类规章制度以保证学前教育的规范化，并设立了专门的监管机构对其进行监管。

阿联酋的义务教育年龄为6—18岁，6岁以前的教育阶段被称为学前教育。学前教育又可分为两个阶段，0—4岁和4—6岁。阿联酋的学前教育机构情况相对复杂。针对0—4岁的婴幼儿，设有私立托儿所和联邦托儿所，但大部分家庭选择在家庭中自行护理。尽管阿联酋政府对托儿所的硬件设施质量和师资标准的要求已有提高，但是阿联酋对于0—4岁婴幼儿的护理和教育发展有限，并没有统一的规章制度和教学大纲进行指导。而4—6岁阶段的学前教育质量较高，因为这一阶段不仅从教育机构方面设立有公立幼儿园和私立幼儿园，而且在教学内容方面，这些幼儿园采用经过国际实践的课程和标准，课程体系更加完善和人性化。

与其他教育阶段相比，阿联酋学前教育领域发展缓慢，缺乏研究。截至2016年，阿联酋政府官方网站上发布的关于儿童学前教育的报告和政策文件主要是《国家儿童保育标准》(The National Childcare Standards)。本节将分别从 0—4 岁和 4—6 岁两个阶段，对不同教育机构的政策方针、监管方式、教学模式等方面进行介绍。

一、针对 0—4 岁儿童的护理和教育

（一）护理与教学机构发展沿革

在阿联酋，4 岁以下的孩子，要么与父母或者家庭佣工待在一起，要么就读于托儿所。在 2013 年阿联酋颁布了一条政令，对托儿所的认证、监管等事务做出规定。托儿所接收儿童的年龄标准为大于 45 天且不超过 4 岁。关于整个阿联酋托儿所的信息有限，其中相对可靠的信息来自迪拜酋长国，迪拜于 1984 年建立了第一所获得办学许可的托儿所。[1] 根据阿联酋统计局的数据，图 4.1 为 2001—2015 年阿联酋的托儿所数量情况。

自阿联酋第一所托儿所建立以来，托儿所的数量就不断增长。20 世纪 50 年代末 60 年代初，阿联酋发现了石油，石油开采及相关行业快速发展带动了整个阿联酋经济的发展。大量外来务工人员、商人等涌入该地区寻找工作和投资机会，使得阿联酋人口快速增长。这些外籍家庭对于婴幼儿护理的迫切需求很大程度上推动了阿联酋托儿所数量的增长。截至 2014 年，阿联酋共有 497 家婴幼儿教育机构，其中大多数是私有的营利性托儿所，只有 39 家开设在政府机关和部门内部的非营利性联邦托儿所，登记在册婴幼儿 35 552 名。

为保障学前教育质量，阿联酋托儿所受到各种机构的监管。例如，过

[1] KARAMAN J. Early childhood education in Dubai[J]. Dubai school of government policy brief, 2011, No. 23: 39.

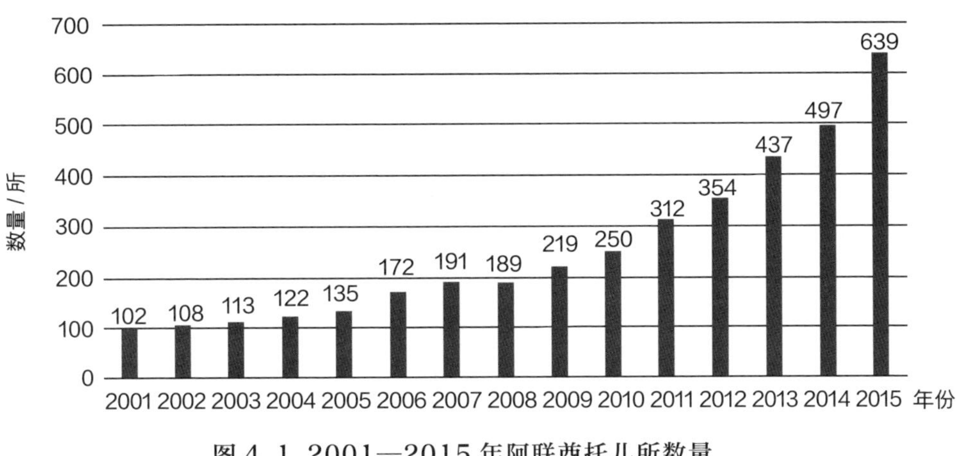

图 4.1 2001—2015 年阿联酋托儿所数量

去迪拜的知识和人力发展局和社会事务部共同监督迪拜托儿所的运营许可并制定政策，但根据 2016 年第 14 号联邦法律，托儿所的监管职责从社会事务部转移到了教育部，教育部为此成立了幼儿教育机构检查委员会。

（二）护理与教学课程大纲

阿联酋政府没有针对托儿所的国家课程大纲，因此各托儿所采用各自的课程和教学方法，如早期基础阶段相关课程、蒙台梭利早教项目 [1] 以及其他一些幼儿课程等。阿联酋使用来自不同国家的 13 门早教课程，《国家儿童保育标准》被视为当时规定所有托儿所办学标准的法规。[2]《国家儿童保育标准》主要包含运营许可和管理、建筑和设备、育儿组织、护理和教学活动、安全保障、营养保健、机构同家长的伙伴关系等内容。从保障托儿所办学质量的角度来看，该标准规定了托儿所运营的基本标准，但是该标准

[1] 根据意大利心理学家、教育学家玛丽亚·蒙特梭利的教育方法所设计的幼儿课程，强调充分尊重幼儿的心理、生理及社会性发展。

[2] 资料来源于阿联酋迪拜妇女机构官网。

只粗略介绍护理和教学活动的总体方针，因此，从任何意义上都不能将其视为课程框架。

2016年，阿联酋教育部发布了《幼儿教育机构合规性检查手册》。该手册取代了2009年的《国家儿童保育标准》，用一系列国际和国家标准对幼儿教育机构的办学进行了重新规定，确定四个主要方面的标准，即组织和管理、儿童安全、服务与护理、建筑和资源方面的标准。但该手册与2009年的《国家儿童保育标准》相似，只制定了一些办学的规章制度，没有涉及课程框架。

在托儿所的教师资格方面，阿联酋社会事务部2012年规定托儿所的每位员工每年需要接受18小时或30小时的专业培训，每位员工所需培训的具体时间量取决于员工个人的初始资质和其在托儿所中所担任的岗位。[1] 培训内容包括儿童保护和儿科急救方面的强制性科目，以及其他可由各托儿所或个人自由选择的培训科目。自2012年以来，阿联酋教育部大力推动此类培训项目的开展，各托儿所对这类员工培训课程需求也不断增加。

（三）联邦托儿所

2006年阿联酋部长会议的第19号决定要求在阿联酋政府部门内部设立托儿所，为女性雇员提供子女护理和教育服务。这项决定适用于拥有50名以上女性员工且育有20名以上4岁以下儿童的联邦和地方政府部门。过去，在政府部门供职的女性被要求在孩子6周大的时候重返工作岗位，因而很多女性员工不得不选择长期休假或辞职以照顾低龄子女。[2] 2006年的这项决定通过提供离工作地点近的、安全的托儿所来为女性公职人员提供支持。

2009年，迪拜海关和迪拜社会事务部开设托儿所，并且接受来自劳工

[1] 资料来源于阿联酋迪拜英国大学官网。

[2] 资料来源于世界经济合作及发展组织官网。

部和公共工程部雇员的孩子，两家托儿所一共可容纳 70 名儿童。2010 年，迪拜水电管理局开设了该部门第一家托儿所，2013 年又开设了第二家。2011 年，总统事务部开设了一家托儿所，名为“儿童宫”。最近开设的联邦托儿所是 2017 年由联邦政府人力资源管理局在迪拜总部开设的，这家托儿所还将为其他三家联邦机构的雇员提供服务。

但是，这项决定发布后，许多政府部门并未遵照执行。截至 2010 年，只有 17 个政府部门和机构建立了联邦托儿所。到 2013 年，乌姆盖万、哈伊马角和富查伊拉 3 个酋长国的政府部门还一个联邦托儿所都未建立，而其他 4 个酋长国的政府部门中也总共只有 33 个托儿所获得了建立许可。到 2014 年，整个阿联酋 320 个政府部门中，只有 39 个部门在工作场所开设了专门的托儿所。[1]

总体来说，整个阿联酋政府系统对于 2006 年部长会议中关于开设联邦托儿所的决议执行情况并不理想。联邦托儿所的开设困难重重，原因之一是难以找到足够的空间和合适的地点，另一个原因是经费问题。2006 年的决议将联邦托儿所的入学费用上限定为 1 000 阿联酋迪拉姆，这比许多私立托儿所的学费低很多。这样的规定虽然一方面为作为公职人员的父母减轻了经济负担，但另一方面，这也使得许多部门缺乏运营和维护托儿所的经费，这些部门不得不自筹资金来为托儿所配备相关设施和聘请育儿员工等。

值得一提的是，阿联酋在推动社会包容、促进两性平等方面一直走在世界前列。2017 年，阿联酋性别平等委员会和经济合作与发展组织（Organization for Economic Cooperation and Development，简称 OCED）发布了《性别平衡指南》（UAE Gender Balance Guide）。该指南旨在推动和衡量两性平等工作在三个方面的进展，其中一个方面便是建立支持性别平等

[1] 资料来源于阿联酋国家新闻官网。

的工作场所。该指南指出，工作场所的建设应该从性别视角进行分析规划，以消除可能对男性或女性产生负面影响的潜在差异。[1] OCED 建议对政府机构的女性雇员休完产假后返回工作岗位的情况进行评估，并实行对政府雇员家庭有利的政策，如为员工提供现场托儿服务，为哺乳母亲提供便利场所等。这一观点与阿拉伯社会过去的观点有很大不同，在过去，阿拉伯社会鼓励妇女重视女性的传统家庭角色，如母亲、家庭主妇等，家庭以外的社会活动往往属于男性。因此，阿联酋联邦托儿所的建立，有利于女性参与社会生活，进而推进阿联酋社会两性平等。此外，在时间和经济上，联邦托儿所被认为是雇员更好的选择，因为私立托儿所价格昂贵、由利润驱动，并且有些私立托儿所在夏季关闭而不提供服务。

然而，大多数新闻稿对联邦托儿所的讨论重点集中于提高政府雇员的满意度、创造积极的工作环境、鼓励雇员努力工作、实现工作与生活的平衡、赋予女性权利、减少辞职和请假情况、提高政府效率等方面，很少关注联邦托儿所的护理和教育功能，对联邦托儿所的学习环境以及使用的课程大纲仅仅粗略提及。

在这个层面上讲，有一所联邦托儿所与其他联邦托儿所不同，即阿布扎比的扎耶德大学（一所联邦大学）于 2013 年在校内开设的幼儿学习中心（Early Childhood Learning Center，简称 ECLC）。该中心于 2017 年在迪拜开设了两所分校，两所分校加起来可容纳 210 个孩子。这个联邦托儿所中的幼儿大多是在校学生和教职工的子女。不同于对其他联邦机构托儿所的报道，关于该托儿所的报道侧重对儿童早期护理和教育方式的讨论。

该托儿所将自己定位为扎耶德大学附属的实验学校，期望在幼儿的护理和教育方面有进一步的发展。[2] 该托儿所提供的护理和教育质量较高，在教学层面，该中心采用关注幼儿创造力的课程，并且提供双语教学项目以

[1] 资料来源于世界经济合作及发展组织官网。

[2] 资料来源于阿联酋教育部官网。

促进幼儿的双语能力发展。截至 2018 年，该托儿所的这种教学模式还处于设计和实验阶段。在社会层面，自 2015 年以来，扎耶德大学的幼儿学习中心每个学期提供一系列关于育儿知识的讲座以提高公众的认识，所涉及的主题包括幼儿情商、育儿方式、父母双方在育儿方面的共同作用等。[1] 在学费方面，尽管这所托儿所不是一个营利性私立机构，并且为本校学生和教职工的子女提供了费用折扣，但其学费仍比其他联邦托儿所的高，甚至与私立托儿所的相当。高昂的学费是因为该托儿所雇有较多的外籍教师，而外籍教师的工资略高于当地教师的平均水平。实际上，阿联酋的多项研究都支持以高薪聘请高资质的员工从事托儿所的护理和教育工作，因为学前教育的一项重要资源是其合格且训练有素的师资。[2] 根据阿联酋政府 2012 年的报告，接受过高等教育和专业培训的从业人员能与幼儿建立更积极的互动联系。

（四）家庭护理

2009 年的《贝内特报告》指出，阿联酋的绝大多数儿童都在家中被抚养和接受教育。这种教育模式被称为家庭护理模式，在 20 世纪 70 年代石油行业开始繁荣时就在波斯湾地区被广泛使用，随着来自印度、巴基斯坦、菲律宾和斯里兰卡等亚洲国家的女性家庭佣工的加入，这一模式得到了加强。家庭护理模式中育儿职责通常被委派给家庭佣工，让家庭佣人照看孩子已成为阿联酋家庭可接受的标准惯例。除此之外，家庭佣工还承担清洁、熨烫、烹饪、洗碗等其他各种家庭工作。根据阿联酋社会事务部的数据，截至 2009 年，不到 5% 的阿联酋 0—4 岁儿童进入了托儿所，而大部分儿童都通过家庭护理的模式在家被抚养和接受教育。

[1] 资料来源于阿联酋教育部官网。

[2] 资料来源于阿联酋迪拜英国大学官网。

《贝内特报告》列举多个原因来解释阿联酋家庭对于家庭护理模式的偏爱。一是父母对于托儿服务的了解有限、意识不足。二是传统的家庭观念认为应该在家中养育幼儿，不鼓励父母将孩子送入托儿所。三是雇佣家庭佣工的价格与托儿所入学费用相比低得多，而且家庭佣工的雇佣具有灵活性，可以随时雇佣，随时解雇，可根据家庭情况灵活处理雇佣支出。四是聘用家庭佣工是阿联酋家庭社会地位的体现，波斯湾地区的家庭几乎都不止雇佣一名佣工。

当然，家庭护理模式也面临着很多问题，尤其是在家庭佣工承担大部分儿童保育职责的情况下。首先，雇佣和解雇家庭佣工的简易性可能导致孩子的情绪波动和紧张。其次，家庭佣工通常不具备育儿资格，而且家庭佣工的母语往往不是阿拉伯语，因此无法与所照顾儿童用阿拉伯语交流，这一定程度上阻碍了阿拉伯语作为母语在下一代阿联酋人中的普及。此外，父母需要密切观察看护者对其子女语言习得及情感和行为发展的影响，过长的接触与陪伴时间会导致儿童的依赖问题，进而产生行为问题。并且一些家庭佣工年龄较小，自身心智尚不成熟，更无理性成熟的育儿经验，由佣工长期护理和教育的幼儿有可能出现习得性无助行为，难以成长为一个自食其力的、负责任的成年人。[1]

尽管阿联酋家庭普遍使用家庭佣工，但其对于托儿所的需求仍然较大。在有联邦托儿所且有训练有素的护工提供高质量服务的情况下，在政府部门工作的大多数妇女更倾向于选择托儿所而不是家庭护理来教育低龄子女。

[1] 资料来源于英国巴斯大学官网。

二、针对 4—6 岁儿童的教育

1971 年阿联酋正式成立之后，针对 4—6 岁儿童的学前教育不断发展。笔者用折线统计图（图 4.2）对 1975—2015 年阿联酋幼儿园入学率进行了统计，以观察入学情况的变化。

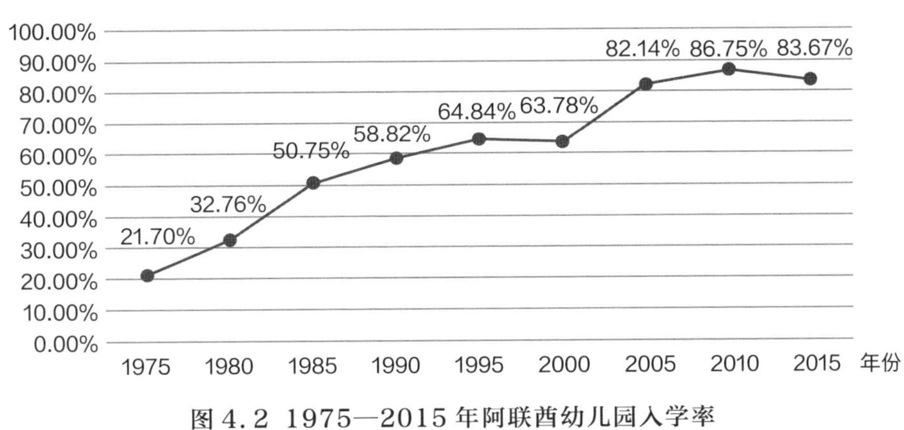

图 4.2 1975—2015 年阿联酋幼儿园入学率

阿联酋对 4—6 岁的儿童开设幼儿园进行学前教育，幼儿园又分为公立幼儿园和私立幼儿园。儿童可获得的教育因国籍而异。外籍儿童只能上私立幼儿园 [1]，阿联酋籍儿童则可以选择公立幼儿园或私立幼儿园就读，但越来越多的阿联酋父母选择让子女入读私立幼儿园。与托儿所类似，私立幼儿园由多个机构监管，阿联酋教育部对七个酋长国所有幼儿园拥有总体管辖权，但是阿布扎比和迪拜两个较富裕的酋长国建立了独立于国家教育部的教育部门，以监督、评估和发展私立幼儿园，阿布扎比设立的是教育和知识部，迪拜设立的是知识和人力发展局。[2]

[1] COUGHLIN C, MAYERS G, WOOLDRIDGE D C. History of public kindergartens in the United Arab Emirates: past, present, future[J]. The delta kappa gamma bulletin, 2009 (7). 45: 14-19.

[2] 资料来源于英国巴斯大学官网。

（一）公立幼儿园

阿联酋的第一所公立幼儿园于 1968 年在阿布扎比成立。在教学课程方面，阿联酋教育部借鉴科威特幼儿园使用的课程，于 1982 年开始发展自己的公立幼儿园课程。1992 年阿联酋教育部与联合国儿童基金会等组织和机构合作建立阿联酋幼儿园发展中心，同年阿联酋幼儿园发展中心正式发布国家幼儿园课程。而 Al Momani 等人的报告对阿联酋幼儿园课程的出现情况有不同看法，他们认为是阿联酋青年部在 2001 年推出了相对完善的幼儿园课程。无论哪个信息正确，有一点毋庸置疑，那就是在 20 世纪 90 年代末至 21 世纪初，阿联酋的教育改革在加速进行。新发布的国家幼儿园课程强调教育者从整体角度考虑每个孩子的发展，并认识到孩子的文化、社会情感、身体素质、智力和创造力等方面发展的内在联系。而在此之前，阿联酋幼儿园的教师采用直接灌输的教学方法，仅重视完成规定的量化教学任务。

2007 年，阿联酋发布了一项名为“明日学校课程”（The Al Ghad School Curriculum）的课程大纲。该课程大纲进一步侧重培养包括学前教育在内，所有阶段学生的自主学习能力和问题解决能力。这是阿联酋学校改革五年战略计划的一部分。该战略计划是阿联酋高等教育与科学研究部、课程开发监督管理委员会和扎耶德大学教育学院合作研究后实施的。此后，阿联酋又进行了一轮教育改革，旨在幼儿教育阶段推广阿英双语教学，形成双语沉浸式并行发展的教学模式。[1] 在阿布扎比的幼儿园中，这种双语沉浸式教学体现为阿英双语教学，使用英语的教师主要负责教授英语、数学和科学等学科，使用阿拉伯语的教师主要负责教授阿拉伯语、伊斯兰文化和公民学教育等学科。根据阿布扎比教育和知识

[1] GALLAGHER K. Bilingual education in the UAE: factors, variables and critical questions[J]. Education, business and society: contemporary Middle Eastern issues, 2011, 4(1): 62-79.

部的要求，英语和阿拉伯语在幼儿园阶段教学中的使用各占 50%。2017 年年底阿布扎比教育和知识部的改革中止，阿联酋对于公立幼儿园教学模式使用的新术语是“阿联酋学校模式”，未来几年的课程将如何变化还有待观察。

（二）私立幼儿园

与公立幼儿园相比，私立幼儿园的入学人数较多。总体而言，阿联酋家庭选择私立幼儿园比选择公立幼儿园更加普遍。根据世界银行数据，表 4.1 对 1998—2014 年阿联酋幼儿园入学总人数、私立幼儿园入学人数和私立幼儿园入学人数占幼儿园入学总人数的比例进行了统计。[1]

表 4.1 1998—2014 年阿联酋 4—6 岁儿童入学私立幼儿园的情况

统计项目	1998 年	2000 年	2002 年	2004 年	2006 年	2010 年	2012 年	2014 年
私立幼儿园人数	39 155	44 885	50 141	55 781	68 761	99 085	106 222	132 491
幼儿园入学总人数	59 390	65 835	70 702	78 000	80 511	124 699	135 051	165 533
私立幼儿园人数占幼儿园入学总人数比例	65.93%	68.18%	70.92%	71.51%	85.41%	79.46%	78.65%	80.04%

[1] 资料来源于世界银行官网。

阿联酋私立幼儿园最普遍的组织模式是作为国际私立学校 K–12[1] 垂直模式的一部分，独立的私立幼儿园相对较少。阿联酋 K–12 国际学校入学率是所有国家中最高的，2016—2017 年，阿联酋共有 567 所 K–12 国际私立学校在运营，其中 100 642 名儿童在这些学校的幼儿园就读，占阿联酋 K–12 学校学生总人数的 13%。[2]

尽管在阿联酋学前教育发展初期，就读于这些私立学校的幼儿园儿童人数就已经很多了，但关于该领域的监管和研究却很少。阿联酋私立学校质量监管部门成立于 2010 年，但迪拜酋长国 2008 年就成立了私立学校检查部门。迪拜的知识与人力发展局（Knowledge and Human Development Authority）2018 年发布了《迪拜私立学校：十年的发展》报告。该报告重点介绍了一些私立幼儿园的优秀办学实例，着重介绍了两家私立幼儿园在幼儿早期英语培养方面的经验，这两所幼儿园帮助儿童在多样的语言环境下进行合作学习，专注于儿童口语和听力技能的发展，在幼儿园儿童语言能力的提升上取得了卓越的成效。[3] 迪拜的这份报告和阿布扎比的一些报告都显示，私立幼儿园重视儿童的沟通技巧（口头表达和听力），并对其智力、社交能力和性格发展给予了极大的重视，在数学教学上也有极高的水准，学校的管理和课程的设置对于满足儿童的需求具有极大灵活性，并且重视学习能力和学习技巧的培养。

---

[1] K–12 是英文 kindergarten through twelfth grade 的首字母缩写，即学前教育至高中教育之意，是美国、加拿大等免费教育的头尾两个年级，也是国际上对于基础教育的统称。

[2] 资料来源于世界银行官网。

[3] 资料来源于阿联酋教育部官网。

第二节 学前教育的特点和经验

一、0—4 岁儿童教育特点

（一）以家庭护理为主，托儿所未被广泛推行

在阿联酋 0—4 岁儿童的早期教育中，大部分的阿联酋家庭选择雇佣兼具清洁房屋、烹饪洗衣等职责的家庭佣工对孩子进行护理和教育。尤其是在 20 世纪，石油行业的繁荣带动了经济的发展，来自印度、巴基斯坦、菲律宾和斯里兰卡等亚洲国家的女性家庭佣工进入该地区强化了阿联酋学前教育中的家庭护理模式。尽管阿联酋成立以后，托儿所有所发展，至今接纳的婴幼儿入学数量也可观，但与家庭护理模式在 0—4 岁幼儿教育阶段中所占的比重相比，还是微不足道的。

（二）家庭护理利弊共存

家庭护理有利有弊。从父母的角度讲，首先，聘请家庭护工方便快捷，可以随时雇佣、随时解雇；其次，与私立托儿所的费用相比，家庭护工的雇佣费用也相对便宜，因而这样的学前教育方式可以减轻父母的经济负担；再次，佣工除了护理幼儿外，还能帮助所在家庭做一些家务活，便利了家庭生活；最后，聘请佣工是阿联酋家庭社会地位的象征，因而成为一种普遍现象。但从幼儿发展的角度讲，家庭佣工有很多弊病。首先，大部分家庭佣工是外籍人员，他们几乎无法用阿拉伯语与孩子沟通，这对于婴幼儿母语习得有负面影响；其次，大部分家庭佣工没有经过专业培训，教育程度相对较低，对婴幼儿的教育没有托儿所专业系统，且这些佣工往往不具

备婴幼儿急救及紧急事件的处理能力，会导致婴幼儿护理存在隐患。此外，家庭护工与婴幼儿待在一起的时间往往大于同龄婴幼儿在托儿所度过的时间，这在一定程度上会导致儿童过于依赖护工，不利于培养父母与孩子之间的关系。

（三）国家政策侧重托儿所办学标准，缺乏关于课程大纲的国家规范

近年来，阿联酋政府对学前教育给予了更多的重视。对于托儿所的运营，政府颁布了相关的政策、检查标准，成立了监督机构以规范托儿所的办学。但是这些政策和标准侧重对托儿所硬件设备、教师资质、安全管理、运营许可等方面的约束，而缺少针对托儿所的专门的、国家层面的统一课程标准，因此各托儿所都按照各自的方式对婴幼儿进行护理和教育，这在一定程度上限制了托儿所向更高办学水平发展。

二、4—6 岁儿童教育特点

（一）公私并存，私立幼儿园更受青睐

针对 4—6 岁儿童的学前教育，阿联酋既开设了公立幼儿园，也允许私立幼儿园运营，但私立幼儿园比公立幼儿园更为普遍，大部分家庭都会选择私立幼儿园。在本章上一节，已经分别介绍了公立幼儿园和私立幼儿园的入学情况，图 4.3 直观地呈现了阿联酋公立幼儿园人数比例和私立幼儿园人数比例。

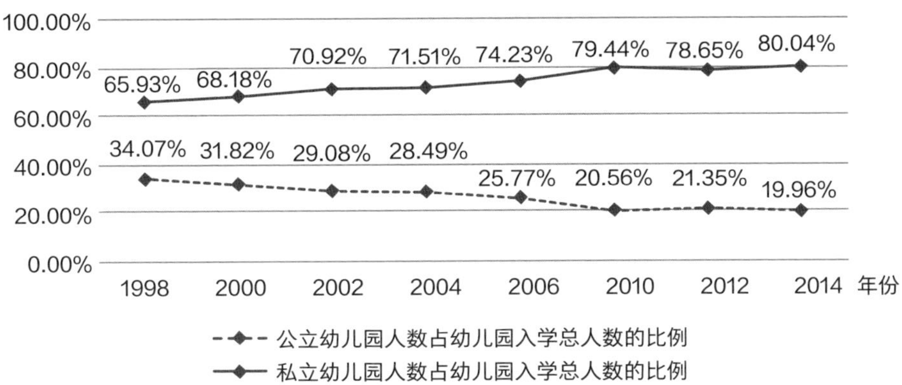

图 4.3 1998—2014 年阿联酋公立幼儿园人数比例和私立幼儿园人数比例

由此可看出，公立幼儿园的入学人数占入学总人数的比例在逐年下降，而私立幼儿园的人数占比则在逐年上升，越来越多的家庭选择将孩子送入私立幼儿园。

（二）公立幼儿园仍采取直接灌输式教学，改革收效甚微

自 20 世纪 90 年代末开始，阿联酋政府对学前教育进行改革。在此之前，公立幼儿园的教师采取直接灌输知识的教学模式，把教学重点放在完成教育部规定的量化的知识性任务上。而改革后的课程大纲则侧重从整体角度考虑幼儿的发展，重视培养幼儿在文化、社会情感、身体素质、智力和创造力等多方面的能力。尽管课程大纲有所改变，但是改革的实际效果并未达到预期，大部分教师还是习惯于直接灌输式教学，这不利于幼儿多方面能力的发展。

（三）私立幼儿园多属 K-12 国际学校，重视高质量多元启智

阿联酋的私立幼儿园大多属于 K-12 垂直模式国际学校的一部分，单独的私立幼儿园较少，这在一定程度上反映了阿联酋在教育方面的国际化。这些国际学校在学前教育方面通常具有高水准、高质量，采取多元启智的方式对幼儿进行培养，如重视培养幼儿的语言能力（口语和听力等）、数学素养和创造性思维等，其课程具有高度的灵活性，对儿童的需求具有高度的敏感性。

三、学前教育的经验

（一）设立联邦托儿所，推动男女平权，提高政府效率

阿联酋在推动社会包容、男女平权等方面一直走在世界前列，设立联邦托儿所这一举措就是很好的证明。联邦托儿所设立在政府部门内部，专为政府雇员提供托儿服务。一方面，这解决了女性雇员休完产假返回工作岗位后无法全天候护理孩子的问题，保障了妇女的权益；另一方面，这一举措也提高了政府的工作效率，因为在以前，面对较短的产假，女性雇员通常选择再申请长假或者辞职在家以养育孩子，大量女性员工辞职在一定程度上削减了政府的工作效率，但设立联邦托儿所之后，这一情况得到了改善。

（二）重视幼儿外语教学，为提高国际竞争力奠定基础

在学前教育中，阿联酋进行了一系列改革，其中一些举措旨在建立第二语言沉浸式教学、双语并行发展的教学模式。这种双语沉浸式教学体现

为阿英双语共同教学，阿拉伯语、伊斯兰文化和公民学教育等科目用阿拉伯语教授，英语、数学和科学等学科使用英文教授。这对于培养儿童双语能力具有积极的意义。从长远看，这一理念对于阿联酋未来培养国际化高端人才也具有战略意义。

第三节 学前教育的挑战与对策

一、面临的挑战

（一）婴幼儿教育机构发展不充分，家庭护理又存在弊端

2010 年以前，阿联酋的婴幼儿教育机构缺少联邦政府资金和政策支持。2005 年，阿联酋在教育上的花费比其他阿拉伯国家少得多，在儿童早期教育方面，财政投入明显不足。在迪拜，只有不到 2% 的托儿所和 10% 的幼儿园获得公共资金。总体来看，国家对于婴幼儿早期教育支出较低，对这一领域的理论研究也很少，政府政策支持力度较小。婴幼儿教育机构缺少监管，在安全保障、硬件设施、教师资格、收费标准等方面都没有统一规定，办学质量参差不齐。

相对而言，在阿联酋很少有孩子就读于托儿所。这可能是由于父母担心托儿所服务质量不高，或者是出于便捷性和经济方面的考虑，而且阿联酋的社会文化也主张在家护理 0—4 岁的婴幼儿。而家庭护理服务通常由没有保育资格的佣工提供，尽管其费用比托儿所的费用低得多，但从婴幼儿发展的角度来说，佣工护理和教育有许多不利影响，这在本章前两节已有具体分析。

（二）教育政策执行效率低，公立幼儿园教育改革受阻

在20世纪90年代末阿联酋教育改革加速之前，阿联酋公立幼儿园的教师采用直接灌输式的教学方法，只重视完成规定的量化教学任务。尽管国家对课程进行了修订，教师也很难改变其原有的刻板教学方式，这反映了阿联酋教育政策执行效率和教师素质等方面的问题。阿联酋教育系统的凝聚力不足，具体表现为行政官僚体系与学校之间缺乏沟通、地方学校系统的监管和课程设置不合理、对教师和学校缺乏有效的评价标准，这些问题在很大程度上制约了阿联酋学前教育整体质量的提高。

（三）本土意识削弱，文化认同构建面临挑战

在21世纪初的阿联酋教育改革中，英语教学被重视，这与阿联酋社会的多元化和国际化有一定联系。在教育普及初期，阿联酋受殖民历史和人口结构的影响，倾向于接受西方的教育模式，外籍人口的流入使得阿联酋本国居民比重降低，根据阿联酋统计署的数据，到2010年，阿联酋籍人口占人口总数的10%左右，多元化的人口结构使民众在公共交流时倾向于使用英语，阿联酋行政办公、基础设施标志中也随处可见英语。[1] 同样，学前教育中一个重要元素是学前教育机构所使用的语言，而无论在托儿所还是在家接受学前教育的儿童，学习阿拉伯语或用其交流的机会都有限。根据阿联酋社会事务部的数据，2008—2009年，托儿所中超过90%的工作人员是外籍人员，托儿所员工中只有5.4%的员工母语为阿拉伯语。同样地，对于在家养育的孩子来说，佣工的母语与孩子的母语不同，过多接触第二语言可能会影响儿童习得母语。由此可见，英语对于阿拉伯本土

[1] 资料来源于阿联酋联邦统计署官网。

文化的冲击十分明显，在此过程中，阿联酋婴幼儿在母语方面的教育被忽视了。

二、应对策略

为应对上述提及的学前教育中的诸多挑战，阿联酋于2010年提出《国家议程2021年愿景》(UAE Vision 2021 National Agenda，简称《2021年愿景》)，致力于打造世界一流国家。根据《2021年愿景》教育战略，阿联酋将对原有的教育体系进行彻底改革，提倡本土创新的战略理念，确立培养卓越人才的目标，打造本土意识与全球视角并重、兼顾素质教育和人才需求及智能化和绩效化管理为一体的教育体系。

《2021年愿景》明确提出，要加大对学前教育的投入，计划在2021年，将幼儿园入学率从2016年的93.4%提高至95%，同时要关注学前教育对儿童性格塑造和对未来发展的影响。针对《2021年愿景》提出的要求，阿联酋在婴幼儿教育方面主要采取了以下措施。

（一）建立健全教育管理体制

根据《2021年愿景》教育战略总方针，阿联酋教育部在教育部2017—2021年战略计划（Ministry of Education Strategic Plan 2017—2021，简称2021年计划）中提出要确保包括学前教育在内的全面的素质教育，通过打造精良的领导团队，提高教育管理质量，营造安全有效、有挑战性的学习环境，在教育行政管理中提供优质有效的行政服务和具有创新精神的管理环境，严格遵守高质量、高效率和透明公开的评价标准，教育改革秉持传承和发扬阿拉伯文化、提升阿拉伯国民在国内外劳动人才市场竞争力的理念，从培养目标、教育技术、教育管理等方面设立了一系列教育目标。此外，2021 年计划还制定了学校审查框架，研制了高标准的评估体系，通过定期和不定期的学校教学质量测评，获取学生反馈，完善学校教学。该框架基于高质量教育体系所需的各个方面，综合了已有的审查模板，经过多年试点，设立细则、提供评判、指导幼儿教育机构进行改善。这从管理层面规范了阿联酋学前教育的办学与发展。

此外，阿联酋对教师管理有明确规定，2017 年阿联酋国家资格认证协会联合教育部、阿布扎比教育委员会、迪拜教育委员会和阿布扎比职业技术教育培训中心，出台了新的教师资格认证计划，要求公立学校和私立学校所有任教人员须通过正式考试并注册，开具包括无罪证明在内的各项资格证明，同时政府鼓励教师参加国际培训，学习别国理念，提升教学技能。这从教师资质方面促进了阿联酋学前教育的发展。

（二）培养创新意识，提高创新精神

阿联酋新的教育战略把知识体系建立在创新和科研的基础上。学前教育和基础教育是激发少年儿童创新的关键时期，教师则是这一工作的主要执行者，阿联酋各级教育部门制定了相应的指导方案，从学校组织管理、课程设计、教学方法、科技应用、教室视觉设计等方面入手，制定学校管理者和教师培训发展及奖励方案，培养教师的创新精神，进而影响学生。要求教师要创造有效的学习契机，把调研成果、独立思考的意识和教学技术带入教学，对学生产生积极的影响。教育部还将对包括学前教育在内的各阶段教学机构进行考核评估，鼓励学校、教师、学生和家长在问题和挑战面前跳出固有思维框架，尝试不同的解决办法。

（三）本土意识与全球视角并重

《2021 年愿景》强调培育学生本土意识，其中重要的议题是将阿联酋建设成为阿拉伯语文化中心，加强阿拉伯语和阿拉伯文化教育，使阿拉伯语成为学术语言，让阿拉伯伊斯兰文化在全球范围内展现活力。阿联酋的现任总统谢赫·哈利法·本·扎耶德·阿勒纳哈扬也多次在公开场合表示，阿拉伯语是民族身份的核心，是民族精神、民族思想传承的重要途径。因此，阿拉伯语教育在国家教育战略中占有很高的地位，政府也为推广和复兴阿拉伯语提供政策保障，《阿拉伯语语言宪章》规定阿拉伯语是国家教学语言，相关机构应努力改进阿拉伯语教学方法，阿拉伯语教师应符合国家标准，学校应保证学生学习阿拉伯语的途径，政府应支持向非阿拉伯语使用者教授阿拉伯语，建立文化交流的桥梁。

阿布扎比教育委员会提出了阿拉伯语和英语并行的双语教育模式，在学前教育阶段形成新的以学生为中心的课程体系，阿拉伯语、伊斯兰文化等课程使用阿拉伯语，并聘用母语教师教授相应语言课程，科学、数学等课程使用英语。

三、结语

时代潮流滚滚向前，在纷繁复杂的国家和国际教育环境中，阿联酋通过教育改革积极应对各种挑战，根据《2021 年愿景》，推动教育稳步前进，学前教育不断向前发展。相信随着阿联酋政府对于学前教育重视的增加、支持力度的不断增大、研究的不断深入、体制的不断完善，阿联酋的学前教育定会有更美好的未来。

第五章 基础教育

第一节 基础教育的发展和现状

一、历史沿革

独立之前的阿联酋，并不存在现代意义上的基础教育体系。最早的现代意义上的学校可以追溯到 1900 年左右，当时一些珍珠商人在迪拜、沙迦、阿布扎比等贸易繁荣的沿海酋长国建立了几所学校，教授阅读、写作和伊斯兰教知识。1953 年，英国人在沙迦建立了第一所现代西方模式的学校，教师大都来自其他阿拉伯国家。1958 年，科威特帮助阿联酋建立了一批中小学，并为阿联酋提供教师培训，这些学校的教师主要来自巴林、卡塔尔和埃及等阿拉伯国家。[1]1962 年，阿联酋共有中小学 20 所，在校学生 3 916 名。此后学校和学生数量逐年增加，至 1971 年阿联酋建国时，全国中小学已达 74 所，在校学生有 3.28 万名。[2]

阿联酋政府始终推动基础教育的发展，并在 30 多年的时间里实现了基础教育现代化。根据阿联酋教育部的数据，在 2018—2019 学年，约有 90.5

[1] 资料来源于阿联酋教育部官网。

[2] 蔡伟良．阿联酋的教育 [J]．阿拉伯世界，2005（1）：37-39.

万名学生在 1 131 所公立和私立中小学就读。联合国人类发展指数（Human Development Index，简称 HDI）可以从侧面体现一国的教育水平，《阿联酋 2019 年人类发展报告》显示，阿联酋的 HDI 在全球 189 个国家和地区中位列第 35 名，而在 20 世纪 60 年代初期，阿联酋还排在该榜单的后四分之一。该报告还指出，2018 年，阿联酋 25 岁以上公民的平均受教育时长达到 11 年，而在 1990 年时这一时长仅为 5.6 年。[1]

2010 年，阿联酋第九任教育部部长胡麦德·阿勒·卡塔米公布了《2020 年基础教育改革战略》，着力使阿联酋教育在国际化水平、入学率和升学率、教学质量等方面达到新的高度，以推进新一轮基础教育改革。[2] 教育部的重视使得阿联酋，特别是阿布扎比和迪拜酋长国，成为中东地区部分最好中小学所在地。2017 年提出的教育部 2017—2021 年战略计划反映了阿联酋教育部对基础教育的最新展望。该计划致力于建设一种服务于知识、开拓和全球化社会的创新型教育，并提出在 2021 年来临之际，将高中毕业率从 2016 年的 96.7% 提高到 98%；将阿联酋在国际数学与科学趋势研究（TIMSS）中的得分排名提升至前 15 名；将阿联酋在国际学生评估项目（PISA）中的得分排名提升至前 20 名。[3]

二、发展现状

阿联酋目前的基础教育体系确立于 20 世纪 70 年代初期，拥有三个层级，跨度为 12 年。阿联酋宪法保障每个阿联酋公民都有接受义务教育的权

[1] 资料来源于联合国开发计划署官网。

[2] 萨里姆．阿拉伯联合酋长国最新基础教育改革研究——基于对阿布扎比酋长国基础教育改革的调查 [J]. 外国中小学教育，2015（5）：11-15.

[3] 资料来源于阿联酋教育部官网。

利，且所有 6—18 岁的儿童都必须接受义务教育。[1] 阿联酋在基础教育上采取与国际接轨的 K–12 教育模式。

第一层级是小学阶段（primary level），涵盖学龄 6—11 岁，包括一年级到五年级，时长五年；第二层级是预备阶段（preparatory stage），或称中级阶段（intermediate level），涵盖学龄 12—15 岁，包括六年级到九年级，时长四年，实际上是为进入高中而做准备，也可称为初中阶段；第三层级是中学阶段（secondary level），涵盖学龄 16—18 岁，包括十年级到十二年级，时长三年，也可称为高中阶段。

阿联酋的中小学分为公立学校和私立学校，公立学校由国家出资，对阿联酋公民免除学费、校服费和其他相关费用。外国公民也可以上公立学校，但是外国学生平均需要缴 1 635 美元 / 年的学费。2010 年，阿联酋政府规定，一所公立学校内的外国学生人数不可超过学生总人数的 20%。2014—2015 学年的数据显示，公立学校学生中有 81% 是阿联酋公民。[2]

除了公立学校之外，阿联酋还有庞大的私立学校网络。私立学校由私人出资，开设的课程呈现多元化局面，目前总计约有 18 种课程，其中既涵盖与公立学校一致的教育部规定的标准课程，也涵盖国际文凭（International Baccalaureate，简称 IB）课程，以及中国[3]、美国、英国、法国、德国、伊朗、俄罗斯、日本、菲律宾、印度、巴基斯坦等国的课程，以满足在阿联酋的侨民的需要。不过，每一所私立学校都必须有为穆斯林开设的阿拉伯语和伊斯兰研究课程。绝大多数私立学校开设了从小学到中学的所有课程，以保证课程体系的连贯性。私立学校收费标准因校而异，其费用高昂且近年来不断增加，仅迪拜酋长国的私立学校，2017—2018 学年的收入总和就超过了

[1] 资料来源于阿联酋教育部官网。

[2] 资料来源于阿联酋教育部官网。

[3] 杭州二中迪拜学校是首个位于阿联酋迪拜的中国学校，该校由中国教育部委托杭州市教育局承办，是中国教育部首批海外中国国际学校试点单位，也是中国在海外成功创办的第一家全日制中国学校。

20 亿美元。但是，迪拜等一些酋长国设置了学费上限，禁止学校过度收取学费。表 5.1 显示了迪拜私立学校各年级的年平均学费。[1]

表 5.1 迪拜私立学校一至十二年级的年平均学费

年级	学费 / 迪拉姆	学费 / 美元
一年级	31 075	8 460
二年级	31 580	8 600
三年级	32 120	8 745
四年级	33 100	9 010
五年级	33 680	9 170
六年级	35 530	9 670
七年级	36 460	9 930
八年级	36 420	9 915
九年级	38 370	10 445
十年级	39 725	10 815
十一年级	42 090	11 460
十二年级	43 790	11 920

在授课语言方面，阿联酋公立学校的授课语言主要是阿拉伯语，英语为第二语言，用于教授部分技术、科学类学科。而众多私立学校则会以英语和其他国家的语言授课。2017 年，阿联酋政府规定，公立学校应当把更多课程纳入英语授课范围，以提升学生的英语水平和国际化水平。

在学年安排方面，阿联酋公立学校的学年是每年 9 月至次年 6 月。自 2010 年以来，每学年分为三个学期，总共 180 天的教学时间。12 月会有三

[1] 资料来源于阿联酋教育部官网。

周的寒假，3 月会有两周的春假，7 月和 8 月则是暑假。与其他伊斯兰国家一样，在阿联酋，周五和周六是休息日，周日则正常上学。私立学校的学年也是 9 月至次年 6 月，但通常采用两学期制度。由印度、巴基斯坦和日本侨民开设的私立学校，学年安排完全不同，学年为每年 4 月至次年 3 月。[1]

以下将分别针对小学、初中、高中三个阶段，从学校数量、内部阶段划分、学制长短、课程设置、教学资源等方面展现阿联酋基础教育的现状。

（一）小学教育

小学教育为一到五年级，针对 6—11 岁的学生。阿联酋政府对小学教育提出的基本目标是：培养学生能力、发掘学生爱好、教授伊斯兰知识、使学生自觉恪守伊斯兰教的各种道德和礼仪，同时进行科学知识的启蒙教育。[2] 阿联酋的小学从性别构成方面可分为男女分校和男女混合学校，同时又可从资金来源方面分为公立小学和私立小学。

1. 公立小学

2018—2019 学年，阿联酋共有 132 所公立小学，包括 1 所女校，45 所男校，86 所男女混校。有 103 349 名学生就读于 3 412 个班级中，其中男生 49 848 名，女生 53 501 名，平均每班约 30 人。[3] 这样的班级规模小于中国许多小学的班级规模。按照地域划分，图 5.1 呈现了 2018—2019 学年各个酋长国的公立小学数量情况。

[1] 资料来源于阿联酋联邦统计署官网。

[2] 蔡伟良. 阿联酋的教育 [J]. 阿拉伯世界，2005（1）：37-39.

[3] 资料来源于阿联酋教育部官网。

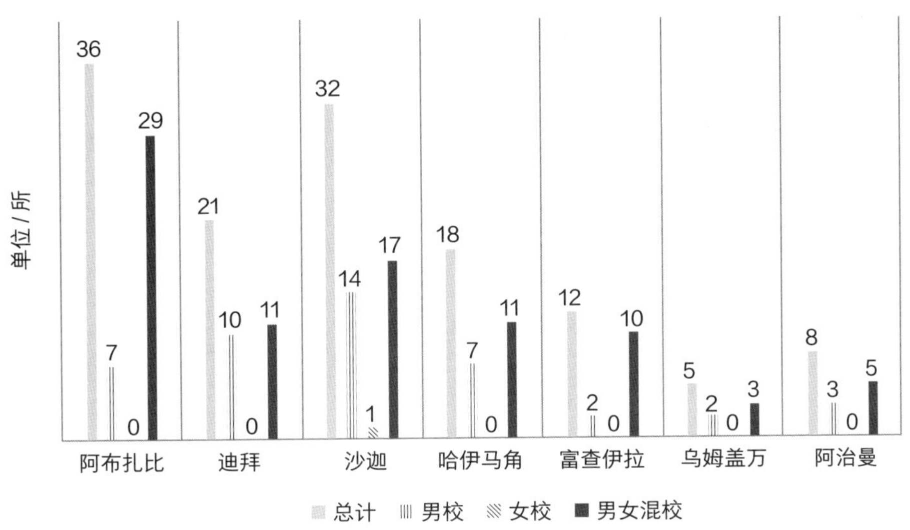

图 5.1 2018—2019 学年阿联酋各酋长国公立小学数量

从图 5.1 可以清晰地看出，就学校数量来说，阿布扎比、沙迦、迪拜三个酋长国的小学数量领先全国，这和区域经济发展水平大体一致；就学校种类来说，公立小学以男女混校为主，也有一部分男校，而女校十分罕见。虽然男女混校普遍，但在 2018 年之前大多是男女分班授课，即“混校不混班”。2018 年 7 月，教育部宣布从同年 9 月起，从一年级开始对小学班级进行整合，改为男女混班，并计划此后每年完成一个新年级的整合，直到一到五年级全部整合为男女混班。[1] 小学阶段学生性格、思维发展刚刚起步，男女生并无太大差异，且性别意识也尚未完全成熟，这是男女混班教学成为公立学校主流的重要原因。

[1] 资料来源于阿联酋教育部官网。

2．私立小学

相较于公立学校，阿联酋的私立学校接收了更多的学生。2018—2019学年，阿联酋共有9所提供小学阶段课程的私立学校，全部为男女混校，有347 321名学生就读于12 069个班级，其中男生179 696人，女生167 625人，平均每班约29人，相比于公立学校，班级规模稍小。[1]

包括私立小学在内的阿联酋所有私立学校都由阿联酋教育部监管并颁发许可证，但阿布扎比、迪拜和沙迦三个酋长国分别设立了地方教育行政机构，对私立学校进行监督。在迪拜，承担这一职责的机构是迪拜知识与人力发展局。2018年，该机构发布了一份题为《迪拜私立学校：十年的发展》的报告，回顾了过去十年对迪拜私立学校的监督结果，并重点介绍了一些优秀的私立学校。报告指出，在迪拜，英国学校很受欢迎，办学满意度也位居前列。成立于2005年的迪拜英国学校（Dubai British School）因其创新性和对学生的关怀而受到肯定。该校重视体制机制改革和创新，开创了一种定期的学生评估制度，确保全体学生有所受益并学为所用。此外，位于卓美亚的伊提哈德私立学校（Al Ittihad Private School）也获得了迪拜知识与人力发展局的肯定。该校成立于1998年，现有2 217名年龄介于4—18岁的学生。学校尤其注重对学生领导力的培养，是一所遵循美国加利福尼亚州《共同核心课程标准》的学校。这份报告还显示，迪拜有很多包括小学在内的优秀私立学校，这些学校普遍重视学生的学业和道德发展，使用英语教学，能够因材施教，注重领导力和创新能力的培养，引导学生认识文化多样性。[2]

[1] 资料来源于阿联酋教育部官网。

[2] 资料来源于阿联酋迪拜酋长国政府官网。

3. 课程设置

小学前三年被称作低年级阶段，后两年被称作高年级阶段。公立小学课程由教育部负责制定。低年级阶段的核心课程包括伊斯兰教育、阿拉伯语、英语、数学和科学等。此外还有活动课，包括艺术、体育、音乐和针对女性学生的家政教育。上述课程在高年级阶段仍继续开设，不过其中部分课程将增加学时。此外，高年级阶段新增必修课社会研究课程。[1] 私立小学的课程设置则因学校而各有不同。

4. 教学资源和师资力量

自 2010 年基础教育改革后，阿联酋公立学校的设施逐渐精良化，信息技术在基础教育中的使用得到重视。教育部计划在小学实现每 5 个学生配有一台计算机的目标。阿布扎比规定每个公立学校都必须配备现代化教育设备，如多媒体教室等，以及足球场、篮球场、游泳馆、图书馆、电影院、实验室、阿拉伯语俱乐部、英语俱乐部等教育活动场所。在阿联酋，建一所公立小学大概需要花费 1.3 亿迪拉姆。[2]

2018—2019 学年，阿联酋公立小学共有 6 373 名教师，其中男性占 8.4%，女性占 91.6%，共教授 103 349 名学生，师生比大约为 1：16.22。近年来，由于学校数量增加，公立小学教师的招募规模仍在不断扩大。私立小学的师资则主要来自国外，2018—2019 学年，私立小学共有 11 807 名教师，其中男性占 13.8%，女性占 86.2%。

[1] 资料来源于阿联酋教育部官网。

[2] 萨里姆. 阿拉伯联合酋长国最新基础教育改革研究——基于对阿布扎比酋长国基础教育改革的调查 [J]. 外国中小学教育，2015（5）：11-15.

（二）初中教育

初中教育包括六到九年级，针对12—15岁的学生，学生必须通过小学毕业考试才能升入初中。阿联酋的小升初升学率很高，达到97%。阿联酋政府对于初中教育提出的基本目标是：继续传授各种知识，鼓励学生自主学习，以适应今后不断变化的社会需求；加强学生的爱国主义教育和培养学生热爱阿拉伯民族的高尚情操，鼓励学生自觉关心阿拉伯民族事务，树立献身阿拉伯民族进步的精神。[1] 阿联酋的初中分为男女分校和男女混合学校，同时有公立和私立之分。

1. 公立初中

2018—2019学年，阿联酋共有134所公立初中，其中45所女校，66所男校，23所男女混校。有86 621名学生就读于3 376个班级中，其中男生40 989名，女生45 632名，平均每班约26人。公立初中共有5 248名教师，其中男性2 356名，女性2 892名，女性多于男性，师生比约为1∶16.51。图5.2呈现了2018—2019学年各个酋长国公立初中的数量和分布情况。[2]

可以看出，阿布扎比酋长国在学校数量上依然全国领先，沙迦酋长国作为教育重镇位列第二。在各酋长国中，初中阶段男校数量普遍多于女校。同小学阶段相比，初中阶段的男女混校比例锐减，男女分校比例激增，性别隔离成为阿联酋初中阶段教育的主流状态。

[1] 蔡伟良．阿联酋的教育 [J]．阿拉伯世界，2005（1）：37-39.

[2] 资料来源于阿联酋教育部官网。

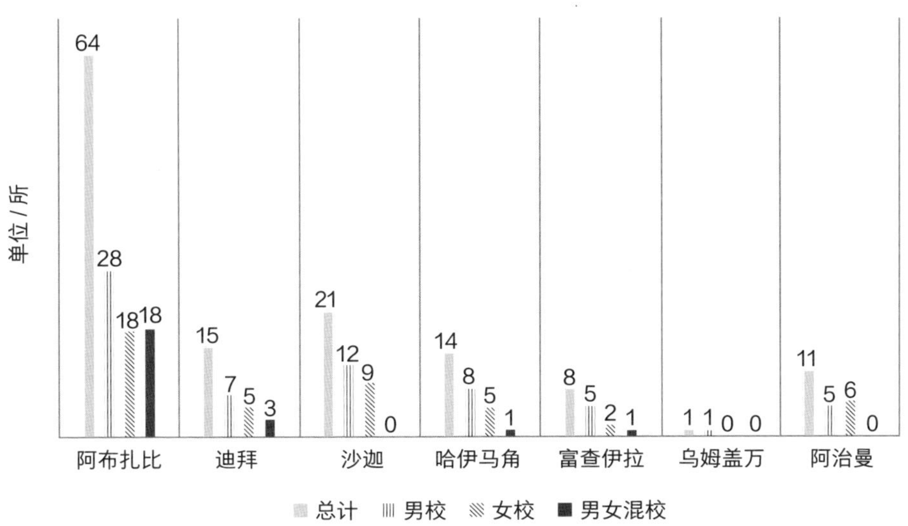

图 5.2 2018—2019 学年阿联酋各酋长国公立初中数量

2．私立初中

2018—2019 学年，阿联酋共有 129 所提供初中阶段课程的私立学校，其中有 125 所男女混校，2 所男校，2 所女校。就读于私立初中的学生数量约为公立初中的 2.35 倍，有 203 513 名学生，就读于 9 859 个班级中，其中男生 10 6312 人，女生 97 201 人，平均每班约 21 人。[1] 私立初中的学生总人数虽然较多，但是每班平均人数反而小于公立初中。在师资方面，私立初中共有 4 812 名教师，其中女性 3 507 名，男性 1 305 名。

从图 5.3 可以看出，绝大多数私立初中集中在阿布扎比和迪拜酋长国，地域分布较公立学校而言，不均衡程度更为突出。这是由于私立学校办学要考虑营利和客户分布等因素，因此往往选择设在经济更为发达的地区，这些地区侨民数量集中，教育需求更多样。此外，由图可见，男女混校是私立初

[1] 资料来源于阿联酋教育部官网。

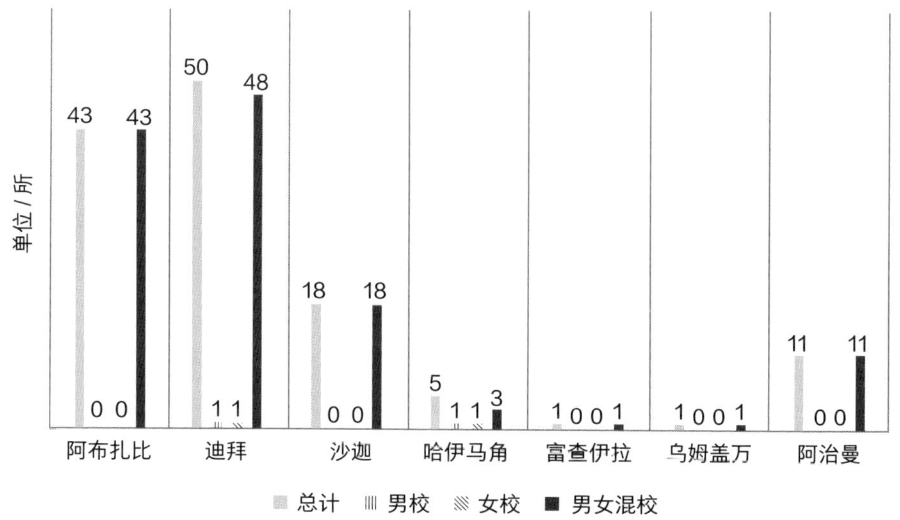

图 5.3 2018—2019 学年阿联酋各酋长国私立初中数量

中的主要模式，这样的性别构成也是由其课程设置所致。私立学校的课程设置与公立学校不同，为了更好地与前后教育阶段衔接，有的私立学校甚至提供从幼儿园到高中阶段的所有课程，这样学生就能在本校继续下一阶段的学习，在这样的情况下，在某一个阶段单设男、女分校割裂了教育的连续性，不利于学校的整体组织，因此绝大多数私立学校都选择了男女混校这一模式。

3. 课程设置

在公立学校课程体系中，初中阶段和小学阶段的课程大致相似，都包括伊斯兰教育、阿拉伯语、英语、数学、科学、体育等课程。到了初中，课程内容深度会有所增加，学时也会进一步增加。在课程种类方面，会加入诸如健康科学和商业管理等课程，而艺术、音乐等课程则不再开设，小学阶段的社会研究课会细化为三门独立的课程，分别是历史、地理和市政学。[1]

阿联酋在 2015 年之前一直实行的是文理分科制。2015 年，阿联酋教育部在所有公立学校取消了这一制度，以在特定阶段对学生实施四个方向的教育分流（educational streams）取而代之。这四个方向分别是常规班（the General Stream）、职业班（the Professional Stream）、高级班（the Advanced Stream）、精英班（the Elite Stream）。所有学生在小学一年级时都在常规班，之后在特定的年级，结合学生的表现和意愿，会把学生分到不同的班级。具体操作是，在完成八年级学业后，学生可以选择加入职业班，在那里继续修读九到十二年级，并且在高中毕业时获得职业技术高中的毕业证书。职业班开设与商业相关的各种专业，如会计、金融、人力资源管理、工程、计算机技术、旅游、外语、健康科学、航空管理等，旨在为学生以后进入职业岗位做准备。[2] 这项改革是阿联酋《2021 年愿景》提出的提高教育水平、使更多阿联酋公民成为各行各业的主要劳动力目标的具体措施。

在完成九年级学业后，学生根据自己的表现，可以选择继续留在常规班或者进入高级班，但是不论在哪种班都会继续修读十到十二年级。在这一阶段，常规班和高级班的差异主要在于高级班的学生会接受更多数学和科学类课程的指导。高级班的设置是政府为培养 21 世纪“科学、技术、工程、数学和其他领域的复合型人才”而进行的努力，有利于推动阿联酋的知识经济转型和加强科技创新能力，提高国家科技竞争力。

精英班专门为成绩优异的学生设置，也称为高级科学与数学项目（The Advanced Science & Math Program），精英班从小学阶段结束以后就开始选拔培养学生，直到他们十二年级毕业。这类似于中国初高中的“3+3”联合培养制度。精英班的课程侧重数学和科学学科，辅之以大量的实验教学，着

[1] 资料来源于阿联酋教育部官网。

[2] 资料来源于阿联酋教育部官网。

重培养学生的理性分析、推理和解决问题的卓越能力。[1] 精英班的学生通常比同龄人更具优势进入更好的大学。此外，精英班的学生必须是阿联酋公民，或者其生母是阿联酋公民。

（三）高中教育

高中教育是十到十二年级，针对 16—18 岁的学生。阿联酋政府对于高中教育提出的基本目标是：规范学生的行为和道德品质，强化学生的阿拉伯民族情结；使学生掌握更多的科学技术知识，培养学生面对生活和从容融入社会的能力。[2] 阿联酋的高中分为男女分校和男女混合学校，同时有公立和私立之分。

1．公立高中

2018—2019 学年，阿联酋共有 230 所提供高中阶段课程的公立学校，其中男校有 104 所，女校有 90 所，男女混校只有 36 所。共 59 399 名学生就读于 3 400 个班级，其中男生 27 750 人，女生 31 649 人，平均每班约 17 人。[3] 图 5.4 呈现了 2018—2019 学年各个酋长国公立高中的数量分布情况。

可以看出，阿布扎比酋长国在学校数量上领先全国，其次是沙迦酋长国。男女分校和男女混校的总体比例与公立初中大致相似，都是男女分校居多，男女混校较少。

---

[1] 资料来源于阿联酋教育部官网。

[2] 蔡伟良．阿联酋的教育 [J]. 阿拉伯世界，2005（1）: 37-39.

[3] 资料来源于阿联酋教育部官网。

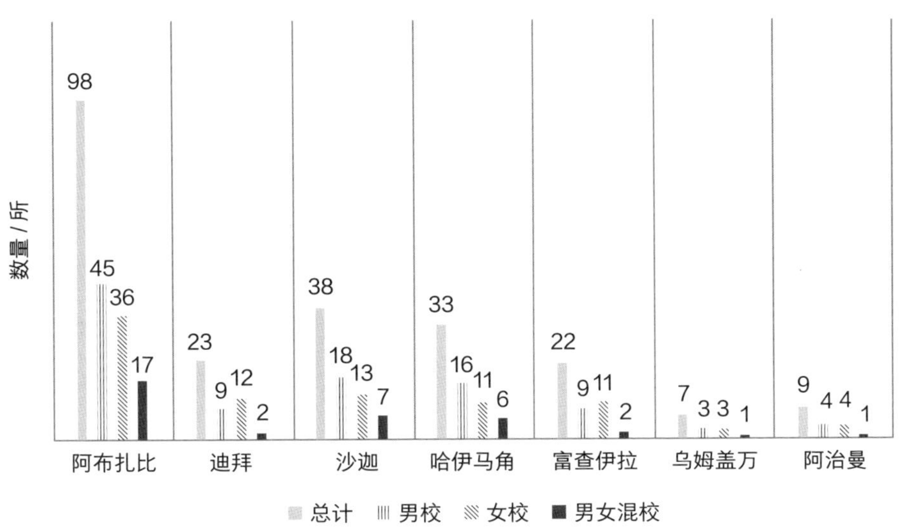

图 5.4 2018—2019 学年阿联酋各酋长国公立高中数量

2. 私立高中

2018—2019 学年，阿联酋共有 497 所提供高中阶段课程的私立学校，其中 478 所是男女混校，12 所是男校，7 所是女校。目前就读于私立高中的学生数量约为公立高中学生数的两倍，共计 105 460 名学生，就读于 7 290 个班级中。其中男生 54 249 人，女生 51 211 人，平均每班约 14 人。[1] 从图 5.5 可以看出，私立高中的分布状态延续了私立初中的特点，即以混校为主，地域分布差异大。这主要也是由私立学校的特点决定的。

[1] 资料来源于阿联酋教育部官网。

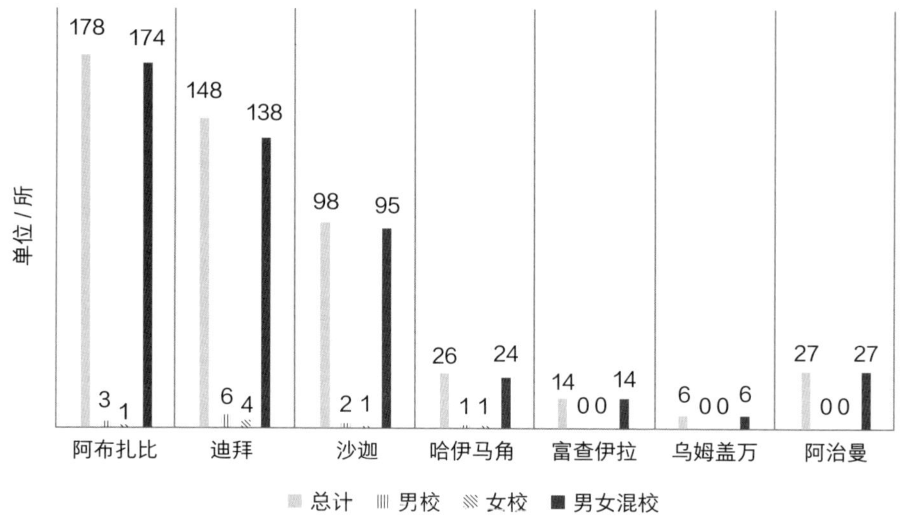

图 5.5 2018—2019 学年阿联酋各酋长国私立高中数量

3．课程设置与毕业考试

阿联酋高中教育于 2015 年取消了文理分科，延续了从初中阶段开始的分流模式，继续对学生实施四个方向的教育分流。根据九年级的学习成绩，学生升入高中后或进入常规班或进入高级班。高级班的学生会在数学和科学学科上接受更深入的指导，以便为日后学习工程、医学、自然科学等大学专业的课程做准备。

高中期间，学生每天上课时间为六小时。主要课程包括阿拉伯语、英语、伊斯兰教育、数学、社会科学、信息技术、健康科学、体育等。[1] 公立学校多数课程的教学语言是阿拉伯语，而随着课程改革的逐步实施，英语开始被逐渐用于教授数学、科学等越来越多的学科。

自 2017 年起，在公立和私立学校修读阿联酋教育部标准课程的所有学

[1] 资料来源于阿联酋教育部官网。

生，高中毕业时都将参加全国统一的标准考试（Emirates Standardized Test，简称 EmSAT），这也是大多数公立大学招生时的参考。通过考试的学生将会获得普通高中教育证书（the Certificate of General Secondary Education）。

第二节 基础教育的特点和经验

阿联酋的基础教育经过近 50 年的飞速发展，已经颇具特色，逐渐形成了具有自身特点、努力适应国情且与国际接轨的基础教育体系。

一、基础教育的特点

（一）国际化程度高

第一，教育体系采用国际标准。阿联酋在基础教育体系建设之初，就决定采取与国际接轨的 K–12 标准，向美国、加拿大、英国等国学习，并致力于使学生经过 12 年的基础教育后，具备进入西方顶尖大学的竞争力。

第二，国际学校数量多。阿联酋是一个外来务工人员大国，目前外籍常住人口接近 700 万人；阿联酋也是世界上少数几个移民人口数超过本国出生人口数的国家之一；阿联酋还是一个多元文化融合的国家，有来自世界上 200 多个国家和地区的侨民。因此，阿联酋有大量的人口需要国际化教育的选择。阿联酋对于国际中小学校的需求逐年增加，截至 2018 年 1 月，阿联酋已经成为全球国际学校第二多的国家，其国际学校数量仅次于中国。阿联酋共有 624 所国际学校，招收 627 800 名学生。而在 2016 年，其国际学校数量还仅为548所，招收的学生数量为545 074名。[1]这些国际学校大多用英语授课，教授根据美国、英国课程标准设定的课程。绝大多数国际学校位于迪拜和阿布扎比，造成这一地区分布现象的原因主要是阿联酋数量激增的外来人口大多聚集于此。

借助数量众多的国际学校，阿联酋国民也实现了自我培养的国际化对接。据统计，入学国际学校的阿联酋学生比例逐年增加，以2014—2015学年为例，入学国际学校学生人数占入学总人数的17%。进入国际学校的学生90%以上打算在毕业之后出国留学，因此这种趋势也加速了阿联酋教育的国际化进程。[2]

第三，政府政策和改革将基础教育国际化作为核心目标之一，并且推行相应的改革措施。2010年，阿联酋教育部公布了《2020年基础教育改革战略》，确定了阿联酋基础教育的国际化发展方向，着力在国际化水平等方面达到新的高度。改革具体措施包括加强公立学校设施建设、推进基础教育发展、提高基础教育公立中小学课程质量、提升师资队伍水平、增加经费投入等。教育部2017—2021年战略计划同样对基础教育国际化给予了重视。

第四，重视双语教学。自基础教育起步以来，阿联酋公立学校全部用阿拉伯语授课。2007—2008学年，名为“明日学校”的项目在50所公立学校中启动，覆盖约18 000名学生，旨在提高学生的英语水平，并将英语引入数学和科学的授课过程中。[3]虽然该项目由于招聘合格的双语教师存在困难，最终于2015年终止，但是阿联酋对英语教学的重视一直没有减少。2010年，阿布扎比开展教育改革，倡导阿英双语教学，增加英语在教学过程中的使用比重。除了阿拉伯语和宗教课程使用阿拉伯语授课之外，数学、

[1] 资料来源于阿联酋教育部官网。

[2] 资料来源于阿联酋教育部官网。

[3] 资料来源于阿联酋联邦统计署官网。

科学、地理和社会研究等均使用英语授课，艺术、音乐、体育等则使用英阿双语授课。[1] 提高英语的重视程度也是教育部改革的重要部分，因为英语不仅是世界上使用最广泛的语言，还在互联网信息传播中占有优势。此外，阿联酋与外界日益密切的经贸往来也是其重视普及英语的一个重要因素。

第五，基础教育师资队伍的构成具有国际化特点。2010 年前，阿联酋中小学教师的薪酬普遍不高，导致基础教育师资大量流失。2010 年改革后，一些地方政府，如阿布扎比政府，加大教育经费投入，提升了中小学教师的薪资，扩大对外招聘力度，聘用了许多外籍教师。[2] 根据报道，2014 年，阿布扎比酋长国教育委员会聘请了 700 位来自英国、爱尔兰和美国等地的外籍教师到阿布扎比的公立学校任教。委员会表示，这些外籍教师将会给本国公立学校带来新的经验，并有助于科学、数学等学科开展双语教学。阿联酋吸引这些外籍教师的办法主要是提供高额的免税薪资待遇，外籍教师的薪资待遇甚至超过西方国家水平，达到每月 12 000—20 400 迪拉姆（约合 23 143—39 340 元人民币）。其他福利包括免费住房和健康保险，以及每年 60 天的带薪假期。公立学校大力引进外籍师资，私立学校亦是如此，私立学校的外籍教师几乎占到其教师总人数的一半以上，私立学校同样采取了高薪资待遇的招募政策吸引师资。统计表明，私立学校教师的平均年薪约为 12 万迪拉姆（约合 22 万元人民币）。[3]

---

[1] 萨里姆．阿拉伯联合酋长国最新基础教育改革研究——基于对阿布扎比酋长国基础教育改革的调查 [J]. 外国中小学教育，2015（5）：11-15.

[2] 萨里姆．阿拉伯联合酋长国最新基础教育改革研究——基于对阿布扎比酋长国基础教育改革的调查 [J]. 外国中小学教育，2015（5）：11-15.

[3] 资料来源于《宣言报》官网。

（二）私立学校是重要组成部分

阿联酋基础教育阶段的私立学校数量多于公立学校，占学校总数的56%，与此同时，私立学校的学生总数也远多于公立学校。根据阿联酋教育部的数据，2018—2019 学年阿联酋基础教育阶段的私立学校共有 635 所，共有学生人数约 65.6 万人。其中私立小学 9 所，有 347 321 人就读；私立初中 129 所，有 203 513 人就读；私立高中 497 所，有 105 460 人就读。[1] 从图 5.6 可以直观地看出私立学校在学校数量上和学生人数上都占有更大的份额。

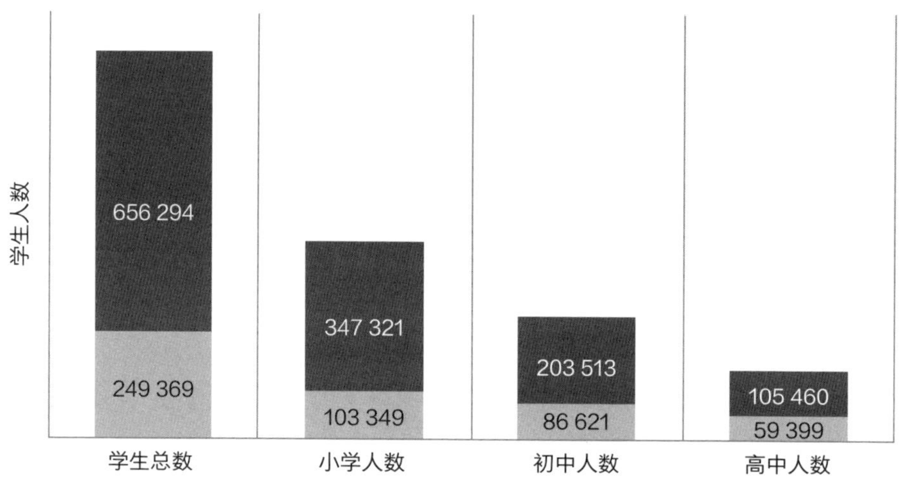

图 5.6 2018—2019 学年阿联酋基础教育各阶段学生数量和学校类型

近年来，私立学校的办学规模和就读人数仍在不断扩大。2003—2010 年，迪拜私立学校学生的入学率提高了 75%。据阿联酋教育部数据，2018—2019 学年阿联酋全国各年级有约 72.5% 的学生在私立学校就读，在迪拜这

[1] 资料来源于阿联酋教育部官网。

一数据更是高达 90%。[1] 由此可见，私立学校已经成为阿联酋基础教育体系中不可替代的重要组成部分。

（三）分流制给学生以充分选择的机会

阿联酋基础教育阶段贯彻执行分流制度，这是其教育结构具有选择性的集中体现，这种选择性的基础是人与生俱来的差异性。儿童和青少年由于其先天生理素质和后天身心发展不同，所表现出来的特点和优势是具有差别的。对此，阿联酋有关教育部门也认识到不能只有一个标准，也不能试图把所有人都培养成大学生和博士，要避免教学向填鸭式发展，否则会导致学生不堪沉重的课业负担，丧失学习的兴趣，遏制学生本来的优势，造成更大的个人损失和社会损失。

阿联酋基础教育阶段的分流制，使得学生从八年级开始，就有机会选择符合自己个人特点的发展方向。常规班、职业班、高级班、精英班四个方向的分流，既能有效培养优秀的职业技术人才，又能为有学术和理科科研天赋的学生提供优质的环境以便更好地发挥潜能。这种分流不仅有利于学生的个人发展，也有利于优化国家的社会分工和提升国家科技创新能力。

二、基础教育的经验

（一）文理合并，避免过早分科

阿联酋在 2015 年之前一直实行文理分科，学生在 15 岁就被要求在文科

[1] 资料来源于阿联酋教育部官网。

和理科之间做出选择。直到2015年，阿联酋才宣布取消文理分科，改为四个方向的教育分流。文理分科一直是许多国家多年来沿用的教育制度，然而随着时代的变革与发展，这一制度被越来越多的国家质疑，改革的呼声越来越高。21世纪需要个人具备多样化的技能，因此学生需要更广泛地学习知识，接受通识教育，成为复合型人才。

取消文理分科、实行分流制的一个显著优势是能给学生更多的时间做出抉择，找到最适合自己的教育方向和道路。更重要的是，通识教育有助于学生同时发展理科思维和文科思维，帮助学生更好地应对日后的职业挑战。

（二）注重科技创新能力的培养

阿联酋的基础教育非常注重培养学生的数学能力和科技创新能力。从政策方面来看，教育部2017—2021年战略计划把加强学生的科研创新能力作为战略目标之一，弘扬科学、技术与创新的价值，鼓励建设一个由科学、技术与创新驱动的社会，并提出到2021年，将阿联酋在国际数学与科学趋势研究（TIMSS）中的排名提升至全球前15名，在国际学生评估项目（PISA）中的排名提升至全球前20名的目标。[1] 上述两项排名在全球具有一定的影响力和认可度，常作为衡量一个国家基础教育阶段学生数学能力和科技创新能力的重要参考。2019年的最新排名结果显示，阿联酋的PISA成绩获得了显著的提升。教育部的评估声明也显示，阿联酋公立和私立学校的学生在数学技能方面都取得了显著进步，评估分数比上一年提升了8分，有望在2021年实现进入全球前20名的目标。[2]

从课程体系方面来看，对于数学和科学能力的培养从小学开始，随

[1] 资料来源于阿联酋教育部官网。

[2] 资料来源于阿联酋教育部官网。

着年级的升高，课程比重不断加大。而且，实施分流制可以将那些在数学和科学方面有特殊才能的学生挑选出来进入高级班和精英班，并给予更多的辅导和引领，从而帮助他们进入更好的大学，继续从事科技创新活动。

此外，阿联酋还举办一系列基础教育阶段的国家级竞赛活动，以激发学生在科技创新领域的兴趣，培养实验和研究精神。例如，阿联酋全国中学生核知识竞赛即较有影响力的全国性赛事，该竞赛面向九至十二年级的高中生，旨在鼓励阿联酋的青年人和平利用核能，以服务社区、实现联合国可持续发展目标。2019 年 10 月，第二届阿联酋全国中学生核知识竞赛在哈利法大学成功举办，获得冠军的团队还前往国际原子能机构总部参观学习。

（三）地方教育行政部门对私立学校进行有效监督

私立学校是阿联酋基础教育的主要组成部分，因此对私立学校的监督成为政府的重要工作议题。在阿联酋，地方教育行政部门对私立学校履行监管职能，采取类似办法的国家还有西班牙、比利时、卢森堡和荷兰。[1] 阿联酋实施中央与地方混合监督的模式，中央起总管作用，而在一些教育发达、学校数量众多的酋长国，则设立地方教育监管机构，监督私立学校的办学。

所有私立学校都受教育部总管并被颁发许可证书，但阿布扎比、迪拜和沙迦三个酋长国还分别设立了地方教育行政部门，对私立学校进行监督。在阿布扎比，这一机构是阿布扎比教育与知识部（Department of Education and Knowledge）。从 2008 年 9 月开始，阿布扎比的所有私立学校都要在该

[1] 李虔．国外私立学校分类管理怎么做——世界主要国家的改革经验与启示 [J]．教育发展研究，2015（13）：103-107.

部门注册登记，并接受每年的例行检查。2017 年，阿布扎比教育与知识部并入阿联酋联邦教育部，整合的目的是促进联邦范围内各层级教学的合作与衔接，此后，阿布扎比的私立学校直接由教育部管辖。在迪拜，私立学校的地方监督机构是成立于 2006 年的迪拜知识与人力发展局（Knowledge and Human Development Authority），而私立学校办学许可证书的颁发仍要通过教育部。为确保迪拜私立学校的质量，自 2008 年以来，迪拜知识与人力发展局开始通过下设的迪拜学校监察局（Dubai School Inspection Bureau），对私立学校进行例行检查，并每年在其官网上发布检查报告。学校的评分有杰出、优秀、良好、可以接受、差、很差六级，学校可根据评级按规定的百分比增加学费，以进一步提升其教学软硬件水平。[1] 沙迦酋长国政府在 2018 年新设沙迦私立教育署（Sharjah Private Education Authority），监督沙迦的私立学校。

（四）教师资格审核规范化、职业化

为了保证教师队伍的专业水平，保障基础教育质量，确保基础教育改革顺利推进，阿联酋对中小学教师的职业资格审查设置了规范化的标准。

目前，阿联酋针对教师的规定因教育管辖区而异，但规定基础教育的各级教师都必须具有四年制的教育学士学位。其他学科的毕业生若想获得教师资格，需要完成为期一年的教育学研究生课程，并获得文凭。为了改善和规范教师培训，阿联酋于 2018 年出台了全国教师资格许可制度（Teacher Licensing System），规定到 2021 年之后，所有公立和私立学校的教师都要通过教育学、英语及其所教授科目的考试才能获得许可证。许可证的有效期为一到三年不等，具体取决于教师的考试成绩和教学经验。没有

[1] 资料来源于阿联酋教育部官网。

通过考试的教师需要接受额外的培训。持有外国教师资格证的人士，也必须申请阿联酋教师许可证的认证和审查，还必须通过雅思考试和道德素养考试。[1]

上述对于教师资格审查的规范化，要求教师不断提高自身的专业能力，增强改革意识，与国际水平接轨，掌握国家教育政策，从而更好地完成课程改革工作。

第三节　基础教育的挑战和对策

一、面临的挑战

（一）师资依赖外籍教师

阿联酋基础教育阶段的外籍教师比例很高。阿联酋共计有 66 174 名中小学教师，其中私立学校教师 47 212 名，约占总数的 71.35%。而在这大于 70% 的教师队伍中，约 99% 都是外籍教师。[2] 根据国际学校咨询公司（International Schools Consultancy）2016 年发布的数据，在阿联酋的国际学校中，49% 的教师来自英国，15% 来自美国和加拿大，5% 来自澳大利亚和新西兰，只有不到 1% 的教师是阿联酋人或者阿拉伯国家公民。[3] 由于私立学校数量的进一步增加，阿联酋对于外籍教师的需求仍在扩大。在公立学校里，外籍教师数量也略占上风。2014—2015 学年，公立学校中阿

[1] 资料来源于阿联酋教育部官网。

[2] 资料来源于阿联酋教育部官网。

[3] 资料来源于阿联酋《海湾时报》官网。

联酋籍教师的数量是 11 813 名，外籍教师的数量是 11 956 名。[1]

阿联酋外籍教师作为情景教学的引介者、新教育理念的传播者和跨文化交流的实践者，其重要性不言而喻。但是，外籍教师的地位和作用，应以教育主权的归属为基本界限。阿联酋籍学生约占公立学校学生总人数的 81%、私立学校学生总人数的 17%。这些学生的基础教育如果完全由外籍教师负责，那么不可避免地有很多负面结果。教育不仅是授业解惑，还是塑造一个国家青年人意识形态的重要领地，而意识形态的正确和健康对国家的安全稳定和繁荣发展至关重要。国家民族认同感、身份认同感的形成，爱国精神的培养和价值观塑造都需要依托基础教育阵地来实现。外籍教师虽然具有良好的学术水平，但是在意识形态领域差异很大，对一些政治、宗教、社会敏感问题持不同见解，在教育过程中很难保证以阿联酋的国家利益为上，也难以引导阿联酋公民培养正确的国家认同，更无法推进促进公民团结统一的爱国教育。一旦这些青年学生思想成熟、进入社会，可能会出现身份认同模糊的问题，在全球化公民身份和阿联酋国民身份之间摇摆徘徊。[2]

（二）公立学校教师男女比例失衡，本国男性参与度低

除了外籍教师过多，基础教育阶段公立学校还存在教师男女比例严重不均的问题。在 2018—2019 学年，公立小学教师中，男教师数量约占 8.4%，女教师数量约占 91.6%，但学生的男女占比接近持平，分别是 48% 和 52%。公立小学亟需更多的男教师，以平衡教师队伍性别比例和满足学生的需要。公立初中和高中也不同程度地存在类似失衡现象。综合来看，男教师只占全国公立中小学教师的 30% 左右。女教师可以在中小学的男校任教，

[1] 资料来源于阿联酋教育部官网。

[2] 王敏丽．中外合作办学与外籍教师管理问题刍议 [J]. 黑龙江高教研究，2004（9）：48-50.

但是在中学阶段，男教师不能在女校任教。

表 5.2 呈现了阿联酋公立学校教师国籍结构和性别结构的不平衡状况。[1] 可以看到，在本就占比极少的男教师中，绝大多数都是外籍教师，只有 10% 是阿联酋籍教师。而本国籍教师缺乏的问题在女性从业者中却没有这么明显——除了阿布扎比酋长国本国籍与外籍女教师数量几乎持平外，其他酋长国的本国籍女教师都明显多于外籍女教师。

表 5.2 2017 年阿联酋各酋长国公立学校教师国籍和性别情况

酋长国	男性		女性	
	阿联酋籍	外籍	阿联酋籍	外籍
阿布扎比	13%	87%	49%	51%
迪拜	4%	96%	67%	33%
沙迦	10%	90%	75%	25%
哈伊马角	8%	92%	86%	14%
富查伊拉	10%	90%	87%	13%
乌姆盖万	2%	98%	68%	32%
阿治曼	4%	96%	67%	33%
总计	10%	90%	62%	38%

阿联酋的男性在基础教育行业的低参与度表明，中小学教师并不是阿联酋男性心目中的理想职业，这也与阿联酋的男性在其他收入更多的行业普遍拥有更多的就业机会有关。男教师短缺带来的影响是延续性的，会加重教师职业并不适合男性的错误观念，加剧男性与基础教育领域的进一步

[1] 资料来源于阿联酋教育部官网。

脱离。事实上，阿联酋的基础教育迫切需要更多的男性教师，尤其是阿联酋本国男性教师。

（三）公立学校课程改革道阻且长

阿联酋的基础教育历史可追溯到1953年，当时大部分的课程是借鉴国外经验的产物。1972年，阿联酋教育部成立也没有改变这一状况，不同的学校仍然采取不同的课程标准。直到1985年教育部通过国家课程计划，阿联酋才开始统一公立学校的课程标准。2007年，“明日学校”项目促使部分学校的部分科目尝试采用英语授课。2010年，阿布扎比教育委员会推出双语教学体系，同年教育部推出《2020年基础教育改革战略》。2015年，阿联酋正式以分流制取代文理分科制。2017年，教育部推出新的五年教育战略规划。虽然阿联酋基础教育课程改革步伐随着时代的发展在不断加快，但是仍然面临诸多挑战。

首先，阿联酋不断提升对英语和科技科目的重视，但是艺术、音乐、体育教育在课程规划中却被忽视。艺术、音乐教育在小学阶段是必修课，到初中则不再是必修课，仅在部分学校予以保留，到了高中则基本不再开设。艺术、音乐和体育对于青少年的身心健康发展十分重要，研究表明，艺术有助于培养学生其他领域的技能，而体育则有助于使学生提高自信心，改善对学校的态度，提升社交技能和认知能力。[1] 因而，阿联酋课程规划中对艺术、体育类课程的忽视，不利于学生的全面发展。

其次，公立学校学生考试过多。研究人员称，公立学校的学生在高中毕业前必须参加三次国家级考试和其他名目繁多的课堂考试，这给学生和教师造成很大的压力，学习成为以考试为目的的被动学习，而非技能型学

[1] 资料来源于阿联酋教育部官网。

习和主动学习。[1] 这一现实情况的另一后果是，有经济能力的家庭不再青睐免费的公立学校，转而选择教育内容和形式更丰富多样的私立学校，公立学校优秀生源因此流失，公立学校的发展受到阻碍。为此，阿联酋未来需要进一步将目前以教材为核心的课程转变为以学生为核心的课程，需要在政策和教师教学方法方面做出相应的改变。

二、应对策略

（一）注重提升学生获得感，激发其投身教育事业的热情

阿联酋政府近年来致力于提升学生的幸福感与获得感，体现基础教育以人为本的精神，并且尝试了一种不同以往的方式来解决学生的厌学和成绩问题。2016 年，阿联酋政府首创幸福部，随着该部投入运作，对学生的关怀也随即展开。2017 年，迪拜知识与人力发展局与澳大利亚的南澳大利亚州政府合作，启动了迪拜学生幸福普查（Dubai Student Wellbeing Census），旨在调查学生如何感受和思考自己的幸福、快乐和生活质量。2017 年的普查结果总体上呈现出积极态势，超过 80% 的六到八年级学生表示，在学校的幸福感处于中高水平。之后，迪拜知识与人力发展局结合这些数据，对学校的环境进行检查整改，并且敦促校领导进一步采取行动，增进学生福祉。[2]

如今，阿联酋基础教育阶段的学校在教学方式上有了很大改进，教师在教学中会采取很多方式让学生在快乐中学习，例如，教师一改以前学生只能静听的情形，给予学生更多的发言机会，或者鼓励学生进行小组合作。

[1] 资料来源于阿联酋教育部官网。

[2] 资料来源于阿联酋教育部官网。

学校的管理者也从细节入手，更多地采取了人性化的管理方式。比如，有的学校使用不同的音乐来提示上课、下课、放学、早餐时间等，管理者认为这对学生保持愉悦的情绪有积极作用。人性化的管理机制也给予家长更多的教育参与权，例如，家长委员会可以对学校的一些重要活动进行表决，如果学校准备组织学生去其他酋长国旅游，也必须经家长委员会决议同意后才能执行。此外，学校致力于不断加强师生间在学习、生活中的互动，强化学生尊师、爱校、重教的观念，使之热爱学习以及教师职业，为其未来从事教育事业播下理想的种子。[1]

（二）优化教师队伍结构，扩大教师招募范围

为解决阿联酋基础教育中男女教师比例不均衡问题，阿联酋力图通过制定政策，留住现有男性教师的同时，增加男性教师的数量，尤其是增加本国男性教师的数量。阿联酋本国男教师短缺的问题早在2012年就受到部分学者的关注，然而这一现象至今仍未得到明显改善。在具体政策内容方面，政府尝试考虑给阿联酋男教师更多福利和优惠，使得他们的生活状况达到社会相对体面的程度，使其和其他职业从业者比起来有更大的满足感。其次，扩大外籍男教师的招募数量，吸引更多外籍男教师来阿联酋任教。此外，注重青年教师的培养选拔，从改革师范学院做起，注重招收优秀男学生，为他们提供深造机会，把他们培养成能力出众、思想紧跟时代的教师。最后，为解决教师国籍结构性问题，阿联酋政府为使学校招收更多本国教师尝试提供更优渥的教师待遇，吸引本国大学毕业生投身教师工作；开设更多师范学校，培养师范人才；加强师范学校人才培养的国际合作，培养本国教师人才的国际化视野等。

[1] 萨里姆．阿拉伯联合酋长国最新基础教育改革研究——基于对阿布扎比酋长国基础教育改革的调查 [J]．外国中小学教育，2015（5）：11-15.

（三）课程改革注重循序渐进，避免顾此失彼

过度依赖外籍教师的状况，其本质除了是一个结构性问题之外，还是一个由课程改革实施不当引发的后果性问题。2010 年由阿布扎比首先发起的公立学校教育改革，使得数学和科学学科从用阿拉伯语教学转变为用英语教学。数学和科学是基础教育的核心科目，也是国家统一升学考试的考查重点，在此之前，大量的教师用阿拉伯语教授这些课程，他们大多是非阿联酋籍的阿拉伯侨民，有着丰富的教学经验，有的教龄甚至长达 20 年以上。[1] 突如其来的改革，使得数百名不具备英语教学能力的数学、科学教师一夜之间失业。随着改革在全国范围实施，公立学校对能用英语授课的教师的需求急剧增加。然而，短时间内培养出这类教师并非易事，于是，引进母语为英语的外籍教师成了快速有效的解决途径，这使得外籍教师比例逐渐增多，形成今日这种结构不平衡的局面。为改变这种现状，阿联酋政府尝试从以下两方面着手调整。

一方面，课程改革循序渐进，设置先期适应的阶段，选择试点学校稳步推进，而不是盲目地在没有任何准备的情况下大范围开展。现在来看，阿联酋迫切需要重新规划教师培养课程，实现短期内培养有能力胜任课程改革要求的本国籍教师，并且用优惠政策将他们留在基础教育阵地。

另一方面，课程改革避免顾此失彼。具体而言，就是要纠正课程改革中忽视艺术、音乐、体育学科的问题。阿联酋政府重视科技强国，加大科技在基础教育中的比重，这在当今科技竞争日益激烈的国际背景下，无疑有其合理之处。然而艺术、音乐、体育对于个人发展和社会发展同样具有不可忽视的意义。阿联酋设立幸福部，可见政府以人为本，非常重视国民福祉和非技术领域，从而提升人民幸福感。

[1] 资料来源于阿联酋教育部官网。

第六章 高等教育

第一节 高等教育的发展和现状

自 1971 年成立以来，阿联酋经济蓬勃发展，经济发展带来了丰富的就业机会，吸引了大量的外来人口，为国家积累了大量财富，但与此同时，这个年轻的国家也面临着一系列问题。建国之初，阿联酋国民识字率较低，男性为 51%，女性为 31%。大量外来人口也导致了一系列的人口和教育问题。阿联酋历任领导人都在发展教育、提高人口素质方面付出巨大努力，视高等教育为阿联酋转型知识生产国、转变经济发展模式的重要环节。阿联酋通过建立良好的政策和制度环境，吸引国际名校在阿联酋设立分校，打造区域高等教育枢纽。时至今日，阿联酋的高等教育体系正不断完善，吸引着来自世界各地的学生及教职人员。

一、历史沿革

阿联酋高等教育的发展历程可分为起步阶段、国际化阶段、转型与创新阶段。

由于历史原因，阿联酋高等教育受两种模式的影响，一种是埃及式的阿拉伯模式，一种则是英国式的欧美模式。1971 年，阿联酋刚成立时，由于国内没有高等院校，想要进一步深造的高中毕业生只能在国家的资金及政策帮助下去邻近的阿拉伯国家或欧美国家的大学读书。在阿联酋高等教育体系建立之初，埃及在课程设置及人员安排方面曾给予阿联酋指导。阿联酋的高等教育始于 1977 年阿联酋大学的建立。时任阿联酋总统谢赫·扎耶德·本·苏尔坦·阿勒纳哈扬倡导重视教育，他在阿联酋大学开学典礼上提出“造就在下阶段各领域担负起民族工作责任的新一代”[1]，这句话成为阿联酋高等教育的基本办学理念和办学目标。

从 20 世纪 80 年代中期开始，阿联酋开始采用欧美模式重构其高等教育体系，高等技术学院和卧龙岗大学迪拜分校便是按照该模式建立的。此后 20 余年里，阿联酋建立起大量的国际分校，公立大学也纷纷在各个酋长国建立校区，阿联酋国内高等院校数量激增。1988 年，阿联酋第二所大学高等技术学院建立；1993 年，阿联酋和澳大利亚卧龙岗大学合作，成立卧龙岗大学迪拜分校（University of Wollongong in Dubai），这是阿联酋的第一所国际合作大学；1998 年，扎耶德大学成立。至此，阿联酋建立起完整的联邦公立教育体系，为阿联酋国民提供免费的高等教育。

2010 年，阿联酋颁布《2021 年愿景》国家议程，其核心理念之一是建立一个以知识和创新为发展支柱的社会。为了实现此目标，阿联酋发布了“国家创新战略”，并将 2015 年设为“创新年”。高等院校是创新和科技发展的关键，因此这些战略都对高校提出了新的要求。为此，各高校积极设置更加贴合劳动力市场和适应国际标准的课程，建立创新实验室培养学生的实操能力、批判思维能力和创造能力，同时加强校企合作，为学生提供更多的实践机会和就业机会，促进人才资源向社会发展动力的转变。

[1] 蔡伟良．阿联酋的教育 [J]. 阿拉伯世界研究，2005（1）：37-39.

二、发展现状

阿联酋目前有各类高等教育机构 100 余所，有 140 000 余名学生在读。这些高等教育机构大致可分为三类。第一类是联邦政府大学，由阿联酋联邦政府统一管理、拨款，并在各酋长国建立分校，主要为阿联酋公民提供高等教育。联邦政府大学共有三所，分别为阿联酋大学、高等技术学院和扎耶德大学。第二类为各酋长国管理的酋长国政府大学，为各酋长国的发展服务，共有 7 所，分别为纽约大学阿布扎比分校、迪拜大学、沙迦美国大学、沙迦大学、沙迦公安科学学院、哈伊马角医科大学、阿治曼理工大学。第三类是私立高等教育机构，这些机构数量众多，经学术评审委员会认证授权办学，包括阿联酋本土私立高等教育机构以及海外机构的国际分校，主要为阿联酋的移民群体以及外国留学生提供高等教育。本节将重点介绍第一类教育机构和第三类教育机构中的国际分校。

（一）联邦政府大学

阿联酋共有三所联邦政府大学，分别是阿联酋大学、高等技术学院、扎耶德大学。联邦政府大学建立时间较早，构架比较完善。近年来，三所大学致力于与国际接轨、与国家发展接轨、与就业市场接轨。了解这三所大学的具体情况，有利于了解整个阿联酋高等教育体系的模式和框架。

1. 阿联酋大学 [1]

阿联酋大学位于阿布扎比酋长国的绿洲城市艾因市，1977 年正式招生，是

[1] 资料来源于阿联酋大学官网。

阿联酋的第一所大学，被誉为阿联酋高等教育的旗舰。在 2018/2019 QS 世界大学排行榜中，阿联酋大学在阿拉伯地区的排名为第 5 名，世界排名第 329 名。

在学院设置方面，阿联酋大学设有商学院、人文社科学院、信息技术学院、工程学院、教育学院、法学院、食品与农业学院、理学院、医学与健康科学学院 9 个独立学院，这 9 个独立学院负责本科生和研究生阶段的教育以及各类学术及科研活动，此外还增设了大学学院以及研究生院。该校有着优秀的教学和科研团队。学术人员共 996 名，其中包括教员、讲师和研究助理、国家助教。教员必须获得学术评审委员会授权的、教育机构颁发的博士研究生学位，教员职称分为教授、副教授和助理教授，共 626 人。讲师和研究助理是大学的辅助教学人员，前者需持有硕士研究生学位，后者需持有学士学位，且在校学习期间表现出一定的学术成就。而国家助教则是大学培养的储备教员，他们必须在本科阶段表现出卓越的学术潜质，由大学资助完成研究生阶段的学习，共 76 人。

阿联酋大学的招生录取主要以网络申请的形式进行。在本科招生方面，根据大学每年发布的招生政策进行招录，要求学生的英语能力测试须达到最低入学要求，并通过大学认证的数学以及阿拉伯语考试。本科生录取为阿联酋国籍或母亲为阿联酋国籍的学生，并且学校为本校教职工子女提供优惠政策，以鼓励本国公民接受高等教育；同时也向非阿联酋国籍的学生提供奖学金席位。研究生招生方面，9 个学院全部提供研究生阶段的项目，申请者需满足研究生院制定的招生标准。

在学生培养和学术科研方面，学校在科研和就业问题上双管齐下。一方面为学生挑选具有地区特色、国际视野的科研项目，注重提高学生的科研素养；另一方面积极联系政府组织、企业等为学生提供稳定的就业选择，注重培养学生的 STEM[1] 能力、情商以及批判性思考能力，以适应当下社会

[1] STEM 为科学（Science）、技术（Technology）、工程（Engineering）及数学（Mathematics）四类学科的英文单词首字母缩写。

的需求。同时，学校为刚入学的学生提供英语、阿拉伯语以及数学预科课程。学校有不同种类的奖学金，针对不同人群设有阿联酋国民奖学金、研究生助学金、未来教师项目奖学金以及本科国际留学生奖学金等，以保障学生的学习生活条件并激励学生在学业方面积极进取。阿联酋大学积极参加各类高层次学术会议，以其杰出的科研成果获得了地区性和世界性的关注，并与一些优秀的学术机构和研究者进行合作。

2. 高等技术学院[1]

高等技术学院于 1988 年由联邦政府成立，起初由 4 个学院构成。1998 年学院进行机构改组，逐渐发展至 16 个学院，成为目前阿联酋规模最大的高等教育机构。[2] 高等技术学院的教育以创新性和实践性为特点，教学过程和课程设置从实践出发，紧密结合劳动力市场的需求。

高等技术学院实行男女分校。1988 年在阿布扎比和艾因市分别建立男校和女校共 4 个校区，并于 1989—2008 年分别在迪拜、哈伊马角、沙迦、富查伊拉、扎耶德等地建立男校和女校，共 16 个校区，总校位于阿布扎比，各校区分设校长。2013 年，各学科大类分设执行系主任，以监管各校区课程落实的情况。2018 年，共有 22 037 名学生就读于各个学院，男女比例约为 4：6。

高等技术学院的教学目标是“为学生提供知识、技能和竞争力，以适应国际标准，以及阿联酋经济社会发展的需要”。学校围绕此目标设置了不同层次的核心课程，授课语言为英语。课程设置与社会工作领域紧密相关，开设领域包括应用媒体、商科、计算机科学、工程科学、医学、教育学等。

---

[1] 资料来源于高等技术学院官网。

[2] 高等技术学院既是阿联酋重要的高等教育机构，同时也承担职业教育的职责，因而本书第六章、第七章将各有侧重地进行介绍。

课程均由工商业业内人士参与设计与制定，以确保学生学习的技能与工作相关，并且水平过关。学校为学生提供了高科技电子化的学习环境，鼓励独立学习和终身学习。为了协调多个校区之间的教学和发展，学校广泛应用网络平台，进行网络授课和远程协作。学校根据学生的不同需求，结合就业市场需求，提供研究型、应用导向型和职业导向型项目，并授予不同学位的学历证明，各项目学制不同，学生最快可两年取得学位，从而快速开启职业生涯。

高等技术学院的定位为“领先的应用型高等教育机构，赋能年轻人以塑造阿联酋的未来”，因此，学校自成立之初便致力于为阿联酋公民提供应用型教育，并不断创新教学模式，提高办学水平及课程质量，以适应就业市场的需要以及阿联酋社会发展的需要。为了适应多校区发展的需求，学校改革领导机构于 2013 年设立校董会，并为各学科大类设置执行系主任。同时，学校不断提高学术水平及录取标准，在《2021 年愿景》国家战略的背景下，于 2016 年出台就业能力提升 2.0 计划，将学校转型为一所更高层次的学术机构，以期提高毕业生的学术能力和对就业市场的适应能力，并在同年将所有专业细分为 84 个学术项目。此外，为了给更多的阿联酋公民提供高等教育，学校提供更多选择方案，为入学成绩未达本科项目要求的学生提供基础预科课程，而进入本科课程的学生可以选择不同的培养和毕业方式，获得不同的学位证明。

3．扎耶德大学[1]

扎耶德大学成立于 1998 年，以开国总统谢赫·扎耶德·本·苏尔坦·阿勒纳哈扬命名。在 2018/2019 QS 世界大学排行榜中，扎耶德大学在

[1] 资料来源于扎耶德大学官网。

阿拉伯地区的排名为第 22 名，世界排名为 701—750 名。

扎耶德大学最初只招收女生，2008 年与美国军队建立合作后，开始招收少量男生。学校在迪拜和阿布扎比设有两个校区，2006 年迪拜校区迁至迪拜国际学术城附近，2011 年阿布扎比校区迁至哈利法新校区。扎耶德大学开设艺术与创意产业学院、商学院、教育学院、传播与媒体科学学院、技术创新学院、人文与社会科学学院、自然与健康科学学院以及多个研究院，提供 28 个本科生项目和 11 个研究生项目。2017 年，共有 8 071 名在读本科生，其中阿布扎比校区 4 740 人，迪拜校区 3 331 人，两校区共有研究生 311 人。

扎耶德大学始终贯彻扎耶德总统提出的现代化原则，致力于培养具有阿英双语能力、拥有批判性思维和全球视野、应用技能和领导能力的学生。成立 20 余年以来，大学主要采取美国的高等教育模式，扩展学术项目，加强管理机构和基础设施建设。艺术与创意企业学院、商学院、传播与媒体科学学院、自然与健康科学学院、技术创新学院下设 30 个实验室，开展相关领域科研及实践性教学活动。自 2012 年以来，科技创新学院、商学院、教育学院、传播与媒体科学学院、艺术与创意产业学院的多个项目分别获得相关领域国际机构的认证。扎耶德大学与世界各地的许多高等教育机构建立了合作关系，如西班牙的马德里大学和日本的早稻田大学。2010 年，扎耶德大学与北京外国语大学合作建立孔子学院。

（二）国际高等教育机构

阿联酋是全球最大的海外分校输入国之一，阿联酋政府在基础设施建设以及运营方面投入了大量资金，以吸引国际分校入驻。[1] 海外分校的设立

[1] 王焕芝．阿联酋构建区域高等教育枢纽的路径与挑战 [J]. 比较教育研究，2018，40（4）：29-38.

既满足了阿联酋高达 85% 的非阿联酋籍居民的教育需求，促进了阿联酋高等教育体系的现代化、多元化、国际化，也为阿联酋政府带来了丰厚的财政收入。阿联酋的国际分校运行模式属于战略联盟模式，即分校的运营资金由东道国政府或来自东道国和母国的私营公司或组织提供，同时保留母校对办学设施、课程及学位授予等方面的管理权。

截至 2017 年，根据英国高等质量保障局的报告统计，阿联酋共有来自英国、美国、印度等 11 个国家提供的 42 所国际分校，其中来自英国的国际分校最多，共有 13 所。[1] 阿联酋联邦政府以及各酋长国政府积极为国际分校提供优惠政策，建立质量保证制度，以吸引国际分校入驻。国际分校的建立在很大程度上解决了阿联酋高等教育供给不足的问题，吸引了大量教育投资，提高了劳动力的质量。国际分校的引进也是阿联酋现代化及其教育多元化的标志，表明阿联酋的经济实力和综合国力在不断提升。

第二节 高等教育的特点和经验

一、高等教育的特点

阿联酋高等教育的兴起，至今仅短短 40 余年。在这段短暂的时间内，阿联酋以其独特的政治、经济、社会、文化等条件塑造了高等教育体系，使其呈现出鲜明的特点。

[1] 资料来源于阿联酋政府官网。

（一）政府发挥积极作用

在阿联酋的高等教育中，联邦政府和各酋长国积极作为，在规划、投融资和监管方面发挥关键作用。

在建国后的20余年内，阿联酋联邦政府先后建立起阿联酋大学、高等技术学院、扎耶德大学三所联邦公立大学，构建了阿联酋公立高等教育体系。三所大学也陆续在各酋长国建立分校，以满足不同区域的人才和教育需求。时至今日，三所大学专业设置涵盖商学、计算机科学、工程科学、理学、教育学、法学、医学、农学、媒体传播、艺术创意、技术创新等方面，全方位为阿联酋培养人才。三所公立大学共有5万余名在读学生，且阿联酋重视女性教育，三所公立大学的女生人数均超过男生，其中扎耶德大学建立时为女子大学，后招收少量男生。2010年以来，联邦政府更加重视科技创新，这为高等教育带来机遇。2017年，教育部颁布2030年国家高等教育战略，此战略要求学生拥有足够的科研技能和就业技能，以投身知识经济、科研、创业以及劳动力市场。战略确定了33项主要实施计划，目的是发展创新教育体系、重视学术、推动私立高等教育机构的发展和更新，构建阿联酋高等教育的独特模式。

联邦政府建立的三所公立大学为阿联酋公民提供免费的高等教育，由政府承担教师工资、科研教学经费、学生开支等运营费用，并且政府为学生提供生活补助以及名额众多的奖学金。政府持续的高投入是阿联酋高等教育得以稳定发展的关键因素。2013年，阿联酋政府对高等教育拨款高达10.6亿美元，这些经费主要用以提高大学科研水平和为学生提供奖学金。[1]《国家科学技术和创新最高政策》计划投入3 000亿迪拉姆，用于扶持知识经济和创新发展，其中就包括对高等教育领域的直接投资。

[1] SPRANZA J. Globalization of higher education in United Arab Emirates[J]. Georgia journal of college student affairs, 2016, 32(1): 16-20.

联邦政府设有高等教育与科学研究部（2016 年后，该机构隶属于教育部），下设学术评审委员会负责管理全国范围内的高等教育和科研相关事务，如制定全国高等教育与科学研究总体规划和综合发展要求、对私立大学的成立进行审查和许可、许可国外高等教育实体并保证其授予证书效力等。学术评审委员会遵循的许可标准包括学校治理、教学质量，课程范围与教学方式、教师和其他专业人士、学生服务与支持、学习资源、财务资源、研究、社会参与等方面，并对国际分校、职业技术教育与培训及在线学习三个领域设置了独立的许可和认证标准。

各酋长国政府在高等教育领域拥有很大的自主性。以阿布扎比和迪拜为例，这两个酋长国是阿联酋经济最发达的酋长国，集中了阿联酋 70% 以上的居民，其中包含大量外来务工人员和移民，阿联酋的大部分国际高等教育机构聚集于此，其中阿布扎比有 19 所，迪拜有 62 所。在规划布局方面，阿布扎比对高等教育机构采取精选策略，设置较高准入门槛并进行严格监管；迪拜则着手建立大量自由贸易区，吸引大学入驻，形成集聚效应。在投资方面，政府通过官方投资机构进行公共融资，如迪拜酋长国政府投资机构、迪拜酋长家族企业——信息科技和通信公司（TECOM Investments）投资建立了迪拜国际学术城、迪拜知识村等。在监管方面，酋长国政府对高等教育拥有监管权并制定相应的监管措施。阿布扎比于 2005 年成立阿布扎比教育委员会，与学术评审委员会共同负责监管国际分校。由于阿布扎比对于国际分校的选择更加严格，监管干预更多，所以阿布扎比的学术机构数量少于迪拜。迪拜于 2007 年成立迪拜知识与人力发展局，该机构与其下属的大学质量保证国际委员会一起，负责对迪拜国际学术城和迪拜知识村的国际高等教育服务进行许可认证。

（二）重视教育国际化

阿联酋高等教育的国际化特点主要体现为以下四个方面。

第一，高等教育提供者国际化。阿联酋的高等教育一直深受国际影响，三所联邦公立大学中，高等技术学院和扎耶德大学两所都是在北美教育模式的指导下建立的。由于石油经济的蓬勃发展，国际投资以及人员持续涌入波斯湾地区，导致集聚效应出现，这有力推动了阿联酋的高等教育枢纽建设工作。以英国和美国为首的越来越多国外高等教育机构的入驻，使得阿联酋高等教育持续欧美化、国际化，同时也倒逼本土教育机构提高办学标准与国际接轨，培养具有市场竞争力的毕业生。阿联酋的国际分校为其学生和教职人员提供与本部相同的各项标准，采用与本部相同的课程、教材、考核方式等。阿联酋多所大学广泛开展国际合作，已与很多享誉世界的高等教育机构建立了合作伙伴关系，包括课程共建、学分互换等。例如，沙迦美国大学与美国高等教育机构合作制定课程，所颁发的学位证书也获得美国中部国家高等教育委员会的认证。

第二，学生国际化。学生国际化体现为本地学生的国际化以及生源的国际化。表 6.1 显示了阿联酋学生出国留学与世界各地赴阿留学的人数情况。[1]

表 6.1 2012—2015 年阿联酋出国留学生与赴阿留学生人数

单位：人

地区	2012 年		2013 年		2014 年		2015 年	
	赴阿留学生	出国留学生	赴阿留学生	出国留学生	赴阿留学生	出国留学生	赴阿留学生	出国留学生
阿拉伯地区	30 830	530	33 679	658	37 682	905	41 317	896

[1] 资料来源于联合国教科文组织官网。

续表

地区	2012 年		2013 年		2014 年		2015 年	
	赴阿留学生	出国留学生	赴阿留学生	出国留学生	赴阿留学生	出国留学生	赴阿留学生	出国留学生
北美、西欧	2 862	5 859	3 477	5 988	3 312	6 769	730	7 304
东亚、太平洋	796	—	880	—	976	—	1 394	—
拉丁美洲	146	—	226	—	211	—	310	—
南亚、西亚	14 419	755	15 570	818	16 421	551	19 716	1 297
撒哈拉地区	2 339	74	3 006	12	3 382	12	4 487	6
中东欧	625	32	868	35	821	43	958	44
中亚	592	—	680	—	763	—	932	1

2012—2015 年，出国留学生的数量和赴阿留学生的数量都在增加。出国留学生的主要去向为北美、西欧等高等教育发达地区。随着本土高等教育提供者的高度国际化，本地学生高等教育的国际化程度也不断提高。受地缘优势影响，赴阿留学生多来自阿拉伯地区、南亚和西亚地区。阿联酋的人口中外来移民占 80%，移民及其子女在阿联酋接受教育，是阿联酋高等教育机构生源国际化的另一个原因。2014 年，赴阿留学生占阿联酋学生总数的 40.5%，2016 年这一比例升至 59.9%。[1] 当前，在学术评审委员会监管下的 78 个高等教育机构共招收 80 000 多名学生，其中非阿联酋籍学生约占 55%。

第三，教师国际化。阿联酋高等教育的发展比较依赖外籍教师，外籍教师在教师总人数中的占比很大（见表 6.2）。2015 年，三所联邦大学中的外籍教师达 4 587 名，而本国教师仅 100 名。2016 年本国教师人数有所增加，达 329 人，其中，非联邦大学的本国教师只有 63 人。外籍教师缓解了本国

[1] 资料来源于阿联酋联邦统计署官网。

教师匮乏的情形，这些外籍教师来自其他阿拉伯国家和北美、欧洲、亚洲的 100 多个国家和地区。[1] 教师国际化一方面是因为阿联酋政府给予教师优厚待遇，以引进和留住人才，另一方面是因为阿联酋广泛开设国际分校，总校派出大量教师到分校任教以保证分校的教学质量。

表 6.2 2012—2016 年阿联酋联邦高等教育机构的教师概况

单位：人

年份	2012		2013		2014		2015		2016	
国别	本国	外国	本国	外国	本国	外国	本国	外国	本国	外国
教授	3	149	4	519	2	463	5	544	11	162
副教授	37	270	7	778	9	741	12	862	43	297
助理教授	131	316	42	1 419	44	1 861	62	1 779	114	399
讲师	20	1 459	8	840	47	1 115	21	1 402	161	1 773
总计	191	2 194	61	3 556	102	4 180	100	4 587	329	2 631

第四，监管国际化。阿联酋的许多大学和学院积极寻求国外相关机构的认证，以此来提高教学质量以及机构声誉。大学质量保证委员会邀请来自澳大利亚、沙特阿拉伯、美国、英国、印度、南非等国家和地区的专家组成国际顾问团对大学进行监管。监管的国际化还体现在本地监管机构与国际机构的合作上。例如，在英国高等教育质量保障局的支持下，迪拜知识与人力发展局于 2014 年联合澳大利亚高等教育质量和标准署、马来西亚学术鉴定局、新加坡私立教育委员会、美国西部院校教育联盟等机构，成立跨国质量保证组织，此组织作为一个非正式的国际质量保证机构，为跨国教育质量保证提供了信息共享平台。

[1] 资料来源于阿联酋联邦统计署官网。

（三）推动教育多元化

阿联酋目前有各类高等教育机构 100 余所，阿联酋公民除了可以在联邦政府的三所公立大学接受免费高等教育外，还可以接受酋长国政府大学以及其他私立高等教育机构的教育，或选择出国留学。各种形式的高等教育都得到了阿联酋政府的支持，阿联酋高等教育呈现出多元化发展的蓬勃态势。

阿联酋高等教育层次多元，提供学士、硕士、博士三个学位层次的教育，同时各高校根据学生情况以及社会需求，提供学制不同、证书不同的各种项目，以满足学生的科研或就业需求，以及社会的劳动力需求。

阿联酋的高等教育曾聚焦于提供以宗教为基础的课程，特别是数量有限的公立高等教育机构以及迪拜的一些私立高等教育机构，它们为学生提供伊斯兰宗教、教法学等学位课程。随着阿拉伯高等教育体系的完善和国际化程度的提高，高等教育机构提供的专业课程类别也不断丰富。现在阿联酋提供的学士、硕士、博士不同学位层级的教育涵盖了社会经济发展需要的大部分学科门类，主要包括艺术和设计、工程学、信息技术、商务管理、教育学、外语、环境与健康科学、医学、大众传媒和社会关系、理学、法律、伊斯兰教法学、人类与社会科学、农学等门类，其中商务管理、工程学、信息技术三个学科门类招收的学生最多。

此外，阿联酋重视女性教育。三所联邦公立大学女生数量都超过男生。根据阿联酋联邦统计署的统计数据，阿联酋在校生人数女生多于男生，且女生人数的增长幅度也大于男生。2016 年，阿布扎比共有 21 326 名男生、35 776 名女生在读，迪拜为 17 142 名男生、17 836 名女生在读，沙迦为 9 969 名男生、16 085 名女生在读。扎耶德大学自 1998 年建校之初，便是为女性提供自由艺术式高等教育的专门机构，之后绝大多数学生也是女性。[1]

[1] 资料来源于阿联酋联邦统计署官网。

二、高等教育的经验

阿联酋结合本国具体情况，积极向西方高等教育机构学习和寻求合作，通过各种方式改进其高等教育体系，使其适应本国经济社会发展，在此过程中积累了丰富经验。

（一）注重构建良好的政策与制度环境

阿联酋将新的科技、创新政策视为其前进和发展的转折点。为了减少对石油经济的依赖，响应波斯湾地区相关国家的发展战略与规划，2010 年，阿联酋政府颁布了《2021 年愿景》国家议程。该愿景包括环境、司法、经济、教育等多方面的改革计划，建设以知识和创新为基础的经济社会是其核心理念之一。阿联酋计划通过建设多样化、灵活化的知识经济，在 2021 年前将国家经济对石油的依赖降低到国民生产总值的 20%。[1]《2021 年愿景》致力于营造一个有利的商业环境，以促进企业进行创新。

创新是实现《2021 年愿景》的关键因素。为了提高创新能力，阿联酋颁布了《国家创新战略》，通过鼓励教育、卫生、水资源、再生能源等关键领域的创新，推动阿联酋的创新能力发展，以达到《2021 年愿景》中将阿联酋在全球创新指数排名提升到前 10 位的目标。为了确保国内友好的创新生态系统，该战略要求健全监管制度、加大投资和奖励力度、提供支持服务、完善基础设施，同时也对高等教育领域提出了新的要求。阿联酋将 2015 年定为创新年，并颁布《国家科学技术和创新最高政策》，对教育、能源、机器人、知识产权保护、生物科技等领域进行国家层面的投资和支持，也明确了人才和大学在该进程中的主要推动者地位。

[1] 王焕芝. 阿联酋构建区域高等教育枢纽的路径与挑战 [J]. 比较教育研究，2018，40（4）：29-38.

阿联酋通过营造优渥的创新环境，大大提高了自身的投资吸引力。阿联酋拥有多个高质量的科学实验室，并且相较于波斯湾地区很多国家，在重要领域具有设立大学和研究中心的优先权，这在很大程度上提高了阿联酋的科研层次，推动了整个国家的科研进程。阿联酋在地区的国际高等教育枢纽地位及其高等教育机构对人才就业导向的培养，为其带来了丰富的人力资本，使阿联酋得到了国际劳动力需求市场的青睐。政府在可再生能源、宇宙空间技术和医疗方面采取了一系列鼓励措施，保障研究人员等创新者的高品质生活，完善吸引并留住人才的机制。

（二）大力吸引海外分校，强调总校责任

阿联酋通过吸引海外分校入驻来解决国内教育资源不足的困境，也促进其高等教育的国际化，使其毕业生能够满足国际标准，适应劳动力市场的需求。同时，阿联酋良好的创新环境、完善的基础设施、充足的科研基金，也使得海外分校在此可以得到良好发展。

阿联酋政府制定的针对跨境大学的质量保证标准强调国际分校与总校的一致性，保证两者具有同样水平的教育质量。为此，大学质量保证国际委员会出台了《高等教育机构分校标准》，对专业质量、学生及教师、与业界的关系以及后勤工作等方面做出要求。例如，高等教育机构总校要在管理上对其分校负责，分校学生享有并履行与总校学生相同的权利和义务；专业内容要及时、完善、合理地更新，保证分校课程管理、教学评估活动与总校一致，如课程内容有所差异，须清晰阐述使学生知情，要对总校和分校学生进行学业评估以及比较分析；分校学生要达到总校的入学标准，分校要监督学生毕业去向；要对教职人员进行资格考察和监督改进，同时也要为其提供发展机会等。

《高等教育机构分校标准》强调国外总校的质量保证责任，这固然

是因为跨境大学在阿联酋的海外分校大多没有独立法人资格，因而，要求跨境大学总校承担一定的质量保证责任对于保证分校的质量具有重要意义。

（三）以自由区为依托，形成聚集效应

为了促进经济多元化发展、加大对外开放力度，阿联酋成立了多个自由区。自由区最初仅针对经贸领域提出，后来涵盖教育、金融、传媒、航空、工业等领域。入驻自由区的机构通常被视为境外实体，独立于阿联酋法律监管之外，但受自由区的法规约束。自由区内实行非常优惠的政策，如 100% 外资控股、100% 资本和利润汇回母国、免除 100% 的进口税和出口税、50 年无需缴纳公司税等。目前，阿联酋已建立 40 多个自由区，大部分国际分校设在阿布扎比、迪拜和哈伊马角的 10 个自由区内（见表 6.3）。

迪拜国际学术城和迪拜知识村聚集了大部分国际分校。迪拜国际学术城是世界上唯一的高等教育专门自由区，旨在建立地区人才库，推动阿联酋建成知识型经济体。迪拜知识村提供高质量的基础设施和支持服务，并集聚了 450 余家培训、人力资源、资质评估领域机构。一些专门类大学选择将学校建立在相应的自由区，以获得行业支持以及便于信息的流通。如美国的罗切斯特理工大学（Rochester Institute of Technology）建在迪拜硅谷城，爱尔兰皇家外科医学院（Royal College of Surgeons）建于迪拜医疗城，两所来自伦敦的商学院建在迪拜国际金融中心等。

阿布扎比虽然没有建立自由区，但与一些著名高校签订了关于财政支持、设施定制等内容的协议，而哈伊马角自由区则以低于迪拜 50% 的生活费和学费吸引了来自印度、巴基斯坦等国家的学生。

表 6.3 阿联酋主要国际分校分布情况 [1]

地区	国际学校名称
阿布扎比（没有建立自由区）（6 所）	巴黎索邦大学、欧洲工商管理学院、穆罕默德五世大学、思克莱德商学院、纽约理工学院、纽约大学
迪拜国际学术城（10 所）	澳大利亚莫道克大学、SP 贾殷全球管理学院、ESMOD 法国服装设计学院、阿米提大学、比尔拉科学技术学院、印度行政管理学院、印度麦里普大学、圣约瑟夫大学、沙希德贝利布托科学技术研究院、赫瑞 · 瓦特大学
迪拜知识村（9 所）	SAE 创意媒体大学、迪拜卧龙岗大学、伊斯兰自由大学、圣彼得堡国立经济大学、曼彻斯特商学院、迪拜米德塞克斯大学、埃克塞特大学、布拉德福德大学、迪拜密歇根州立大学
迪拜朱美拉湖塔自由区（2 所）	维也纳模都尔大学、莫斯科国立工业大学
迪拜硅谷城（1 所）	罗切斯特理工大学
迪拜互联网城（1 所）	霍特国际商学院
迪拜媒体城（1 所）	迪拜美国大学
迪拜医疗城（1 所）	爱尔兰皇家外科医学院
迪拜国际金融中心（2 所）	伦敦城市大学卡斯商学院、伦敦商学院
哈伊马角自由区（6 所）	比尔拉科技学院、洛桑联邦理工学院、瑞士商学院、巴斯斯巴大学、英国博尔顿大学、英国西伦敦大学

[1] 资料来源于阿联酋联邦统计署官网。

第三节 高等教育的挑战和对策

一、面临的挑战

阿联酋高等教育以其鲜明特点受到了世界各地留学生、高等教育机构以及投资机构的青睐。然而，仅发展40余年的阿联酋高等教育体系仍处于成长阶段，面临着种种问题和重重挑战。

第一，阿联酋高等教育体系存在过度欧美化问题。阿联酋高等教育体系自建立以来，受欧美成熟的高等教育体系的启发和引导，虽呈现出惊人的发展速度，但也存在过度欧美化问题，主要体现在以下几个方面。首先是课程方面，大部分学校采取英文授课，这固然有利于学生接受原汁原味的成熟课程体系，并为学生接受更高层次的英文学术训练奠定语言基础，但事实上也导致阿联酋社会各界尤其是学界对阿拉伯语重视程度不够，阿拉伯语使用率下降不利于本土语言文化的发展。其次是科研方面，针对阿联酋本土的区域特色科研项目不足，虽然阿联酋大学、扎耶德大学等要求重视区域特色项目，但整体而言，这样的区域特色科研项目数量仍然较少。再次是管理方面，各国际分校追求与总校的等效模式，虽然实行了科学高效的管理模式，但客观上导致分校缺少独立意识，甚至疏于管理。此外，对于海外分校的追捧也导致这些分校的知名度和公信力超过阿联酋本土大学，不利于阿联酋本土大学的发展。

第二，阿联酋高等教育监管体系极具复杂性。这种复杂性的产生有诸多原因。首先，海外高等机构数量、类型众多，阿联酋本国的监管制度难以适配，常直接采用海外监管机构的标准和规则。其次，各酋长国政府独立性强，其建立的自贸区优惠政策多种多样，监管标准难以统一。最后，阿联酋高等教育监管机构包括学术评审委员会、国家资格认证局、迪拜酋长国的知识与人力发展局等，各机构认证原则和标准不同，各种认证的效力有所差异，各监管机构之间缺乏协调，也缺乏联邦层面的计划。

第三，私立高等教育机构存在无序性。由于阿联酋高等教育体系中私立机构众多，受市场和利益的驱动，以及监管机制不协调的影响，阿联酋的私立高等教育发展呈现一定的无序状态。有些资本为了追逐“教育淘金热”，在缺乏市场调研的情况下贸然创办学校，导致供过于求，难以招收到足够的学生，并加剧了高等教育的同质化倾向。同时，这些私立高等教育机构重利轻质，造成了私立学校良莠不齐、教学质量下滑的现象。很多教师由于担心失去生源或失去教职，故意虚高分数，这在一定程度上导致学业成绩评定不真实。

第四，来自其他国家的竞争。阿联酋以其地缘优势获得了区域高等教育枢纽的地位，然而，近来卡塔尔、马来西亚、新加坡等国也通过类似的方式建立区域高等教育枢纽，并获得集聚带来的经济社会效应。这些国家在很多方面与阿联酋形成竞争关系，使阿联酋高等教育的区域枢纽地位受到挑战，不得不面临抢夺师资、生源等问题。综上所述，阿联酋的高等教育在发展过程中应注意从知识消费国向知识生产国的转变，加强联邦政府与各酋长国之间的协调和规划，维持高等教育的可持续发展，提高高等教育的国际竞争力。

二、应对策略

第一，效仿西方高等教育发展模式的同时，阿联酋政府逐渐认识到学科发展和学校建设本土化的重要性，设立符合本土宗教文化传统的伊斯兰教法学等学科，注重文理平衡，加大对科研工作的财政支持，提升本土高校应用科学教研发展水平。

第二，阿联酋政府着力构建开放、包容、自由的学术环境，避免宗教激进主义思想对高校教学、学术活动产生消极影响，鼓励高校积极进行制度改革，大力开展国际合作，吸取国际成功经验，推动本土高教机构改革创新。

第三，阿联酋政府积极推动与其他国家共建学历认证体系，扩大高等教育认证范围，建立公平可行的学分互换机制，吸纳更多国际生源前往阿联酋攻读学位。同时，阿联酋政府为本国高校毕业生提供良好待遇，吸引他们留在国内继续深造或就业，着力解决本国人才流失等问题。

第七章 职业教育

第一节 职业教育的发展和现状

近年来，在新型工业迅速替代传统手工业和农牧业的背景下，阿联酋的职业技术教育出现快速发展的势头。1993 年，阿联酋全国只有 5 所中等技术学校，在校生人数不足 500 人，至 2000 年，全国的工业、商业、农业中等职业技术学校的在校生数量已接近 2 000 人。同时，在女性职业教育方面，阿联酋妇女联合会以及所属的相关协会还在全国开设了 18 个培训中心，专门对妇女进行各类职业技术培训，至 2000 年，受训女性达 3 993 人。[1]

阿联酋的职业技术教育发展规划是在德国的帮助下制定的，具有较强的操作性和前瞻性。根据职业技术教育发展计划，1999 年阿联酋建立国家级职业技术教育计算机实验室和建材测试实验室，为此，阿联酋政府聘请了法国和美国专家来帮助管理。

阿联酋发展职业技术教育的基本理念是，加快培养专业技术人才的步伐，以适应国家社会、经济、文化发展的需要，最终实现专业技术人才的民族化、本土化。这些年的发展证明，阿联酋的职业技术教育发展模式符合其国情，所培养的人才已得到市场和用人单位的认可。[2]

---

[1] 资料来源于阿联酋教育部官网。

[2] 蔡伟良．阿联酋的教育 [J]. 阿拉伯世界研究，2005（1）：37-39.

一、历史沿革

（一）起步阶段（1958—1988 年）

阿联酋历史上第一所专门讲授机械、电气、建筑贸易等学科的技术学校是由英国政府于 1958 年在沙迦建立的，其建立标志着阿联酋职业教育的起步。此后，在 1964 年和 1969 年，迪拜和哈伊马角也分别建立起类似的技术学校。1971 年阿联酋成立，阿联酋政府对于教育事业给予了高度重视，并在全国范围内严格地开展通识教育，但此时阿联酋政府更多重视的是基础教育，对于发展职业教育的关注度还不足，对于职业教育的规划、政策支持、机构建设等仍处于探索阶段。

（二）快速发展阶段（1988—2010 年）

直到 20 世纪 80 年代随着高等技术学院的出现，阿联酋的职业教育才得到更多的重视。新兴行业需要大量有特定技能的人才，职业教育建设迫在眉睫。80 年代初期，各类学院和阿联酋大学等学术机构是学生们接受教育的选择，没有任何职业教育机构供选择以满足当地经济发展的需求。在这样的背景下，来自世界银行和国际劳工组织的访问团建议阿联酋建立职业技术学校。[1] 于是，高等技术学院于 1988 年建立，它提供一种旨在吸引年轻人的新型职业技术教育，培养新一代的专业技术人员，并为学员颁发文凭，从而支持阿联酋经济的持续快速增长。高等技术学院最初建立于阿布扎比，现在已经在全国拥有 17 个校园，自建校来，已有超过 50 000 名毕业生。

为确保公立和私立职业教育学校的教育质量，阿联酋高等教育和科学

[1] 资料来源于阿联酋国家新闻官网。

研究部于 2000 年成立了学术认证委员会作为权威机构来证明职业学院学历的可信度。学术认证委员会制定了一套政策体系和标准框架，待确认职业技术学校培训课程的学术水平和教育质量达标后，学术认证委员会为其颁发许可证。

此外，阿联酋政府于 2006 年成立了国家职业教育学院，其办学理念是根据政府、社区、雇主等利益相关者的劳动力市场需求，培育一支熟练的劳动力队伍。高等技术学院的建立以及中等职业技术教育快速兴起，共同推动了阿联酋职业教育的发展。

（三）稳定发展阶段（2010 年至今）

2010 年，阿布扎比技术和职业教育培训中心（Abu Dhabi Centre for Technical and Vocational Education and Training，简称 ACTVET）成立，该中心旨在促进个人技能发展和实现社会经济多元化，阿联酋的职业教育发展也由此进入新的阶段。ACTVET 负责从国家层面制定职业教育的发展战略，以鼓励个人接受职业教育，提升技能，同时也激励他们继续接受高等教育。ACTVET 为阿布扎比公共和私人职业技术教育机构提供指导和支持，并按照本地市场标准对职业技术教育培训师颁发执照，通过培养熟练掌握相关职业技能的阿联酋年轻人，以使他们获得更多的职业发展机会。ACTVET 是阿联酋最大的职业教育机构，由政府认可并资助，拥有 31 个应用技术高中和中等技术学校，向学生传授职业技术技能。此外，ACTVET 还经营着 19 个大专院校，提供高等职业教育和培训课。[1]ACTVET 的核心功能包括：（1）负责制定改善职业技术教育的方案；（2）协助阿联酋的公共和私人机构进行职业培训；（3）负责发放满足阿联酋当地市场需求的培训师和导师执

[1] 资料来源于阿联酋国家新闻官网。

照;（4）与职业培训机构和用人公司发展伙伴关系，以使多方受益。同时，该中心还致力于规范和改革阿布扎比酋长国的职业技术教育与培训部门，以建立一支能够有效参与国家可持续发展的职业教育队伍。

同年，阿联酋政府成立了国家资格认证局，该机构成为负责制定阿联酋教育国家学术标准的法律机构。国家资格认证局强调要建立一个保证职业教育质量的监督与认证体系，大力推动职业教育发展，以满足经济和社会发展的需要。以此为起点，阿联酋政府致力于在本国建立国际认可的职业培训体系，提高职业教育的国际化水平。此外，阿联酋成立职业教育和培训奖励委员会，这对于吸引更多社会资源投入本国职业教育发展起到了积极作用。

阿联酋高等教育委员会在2010年做出了提高大学准入门槛的决定，这一决定使许多学生无法进入大学学习，于是许多人便开始选择接受职业教育，阿布扎比职业教育与培训学院和其他职业教育机构的学生人数因此大大增加。随着阿布扎比技术和职业教育培训中心的建立和相应国家战略的实施，阿联酋的职业教育平稳发展。

二、发展现状

阿联酋发展职业技术教育的基本理念是，加快培养专业技术人才的步伐，以适应国家社会、经济、文化发展的需要，最终实现专业技术人才的本土化与民族化。这种理念在阿联酋政府的官方报告中被细化为:（1）为阿联酋培养能够适应工作环境并投身于国家建设的职业技术人才;（2）增加用于培养高技能人才的资金投入;（3）鼓励个人增加职业知识技能;（4）使个人的职业技能在劳动力市场中得到最大限度的发挥;（5）认可劳动力的职业技能水平并奖励技能突出者;（6）建立保障职业教育质量的国家体系;（7）在经济领域相关行业推动下发展满足劳动力市场需求的职业教育。[1]

基于这一理念，阿联酋政府推出技术和职业教育与培训（Technical and Vocational Education and Training，简称 TVET）计划。该计划是指通过正式或非正式的学习方法向人们提供就业知识和技能，它被认为是促进社会公平、包容和可持续发展的重要工具。TVET 一词最初是 1999 年在韩国汉城（今称首尔）举行的世界职业技术教育大会的主旨，随后被各国广泛使用。现在 TVET 被理解为与职业、生产、服务和生计有关的教育、培训和技能开发。TVET 作为终身学习的一部分，可以在中学、大专教育和大学教育中进行。阿联酋的 TVET 计划由阿布扎比技术和职业教育与培训中心制定具体内容，包括：（1）建立能够满足劳动力市场需求的灵活、现代化、响应迅速、行业主导和有质量保证的国家职业教育和培训体系；（2）制定政策和发布倡议，并建立行业咨询委员会；（3）授权教育和培训组织颁发国家资格证书；（4）确保 TVET 为个人提供有关职业道路和前景的信息；（5）向参与劳动者技能评估的实体提供建议和支持。

截至目前，阿联酋有 73 家公认的高等教育机构，其中 10 个提供职业教育与培训计划。这些机构总共提供 589 个受国家认可的职业教育课程。当前，阿联酋较为知名的职业教育机构有阿布扎比职业教育与培训学院、阿联酋高等技术学院、阿布扎比理工学院、阿联酋国家职业教育学院、法蒂玛健康科学学院、迪拜航空航天企业大学、阿治曼科技学院等。

阿联酋的职业教育逐步发展，在阿联酋职业培训中心注册的学生数量持续增长。在 2015—2016 学年，八所阿联酋职业院校共有 4 676 名学生注册，表 7.1 显示了该学年内阿联酋职业教育和培训领域的在校学生人数和学生性别分布情况。[2]

[1] 资料来源于阿联酋标准局官网。

[2] Al HAMMADI J, MOHIUDDIN S S. Ten years of in-depth growth contribution by ADVETI in the vocational education system of the UAE[J]. International journal of scientific & engineering research, 2018, 9 (3): 213-219.

表 7.1 2015—2016 学年阿联酋职业教育和培训领域学生人数及学生性别分布

单位：人

院校类型	男性学员	女性学员	总数
职业技术学院	965	957	1 922
中等技术学院	1 087	739	1 826
职业教育发展中心	928	0	928

三、机构介绍

（一）阿布扎比职业教育与培训学院

阿布扎比职业教育与培训学院（ADVETI）成立于 2007 年，根据国家资格认证局的标准和学员个人需求，提供旅游、环境研究、物流与工程、商业、设计、信息技术和工业技术七个领域的教育培训。此外，ADVETI 还为英语语言能力较弱的学员提供必要的语言培训。[1]

ADVETI 提出为全体学生提供适合自身专业特长的工作岗位和实习机会的理念，从而帮助学生获得工作实践经验，有效地将所学技能应用到实际工作之中。法国和英国的相关机构与 ADVETI 建立合作关系，并为 ADVETI 学生提供了许多实习生计划，学生因此有机会接触到国际公司，获得新的技能，同时也为本国的社会经济发展做出贡献。

ADVETI 重视对教学课程大纲的创新与改革，以确保为学生提供符合当前市场需求与标准的职业培训。在聘请教员对学生进行培训之前，教员需要经过严格的审查。ADVETI 还不断推出新的培养计划以满足劳动力市场的

[1] 资料来源于阿联酋教育部官网。

需求。这些培养计划经过反复的审查，确保了大多数 ADVETI 的毕业生能被就业市场接纳。

ADVETI 自成立以来，一直致力于丰富课程内容，为不同性别的学生提供平等的职业教育机会。目前，参加 ADVETI 职业培训课程的学生为 2 234 人，其中 883 人参加了颁授文凭的基础教育课程。截至 2016 年 5 月 30 日，从 ADVETI 毕业的学生总数近 2 000 人。此外，自 2010 年以来，大约 74% 的学生供职于世界各地的知名企业。[1]

（二）高等技术学院

高等技术学院（HCT）于 1988 年由联邦政府建立，在阿布扎比和艾因市共设有四个校区、16 个学院以及各类应用研究与培训中心。高等技术学院总校位于阿布扎比，各校区分设主管校长，2013 年为各学科大类分设执行系主任，以监管各校区课程的落实情况。学校自成立之初便致力于为阿联酋公民提供应用型教育，不断提高办学水平及课程质量，并探索创新模式，以适应就业市场及阿联酋社会发展的需要。

根据 1999—2000 年的数据，高等技术学院毕业生中有 89% 选择直接就业，其中有 60% 的毕业生在私营企业工作。据统计，迪拜酋长国中有 68% 的大型企业雇主定期招募高等技术学院毕业生，而招募阿联酋大学毕业生的大雇主则只有 50%。[2] 随着职业教育的兴起，高等技术学院的注册人数也逐年增长，下表 7.2 是 2012—2013 学年阿联酋高等技术学院各专业的注册人数。[3]

[1] 资料来源于阿联酋教育部官网。

[2] WILKINS S. Human resource development through vocational education in the United Arab Emirates[J]. Journal of vocational education and training, 2001, 54(1): 5-26.

[3] 资料来源于高等技术学院官网。

表 7.2 2012—2013 学年阿联酋高等技术学院各专业注册人数

单位：人

	普通教育	应用交流	商业	教育	工程科技	健康科学	信息科学	总计
男性	2 146	158	1 724	225	2 056	15	756	7 080
女性	4 267	574	3 209	637	595	547	1 403	11 232
总计	6 413	732	4 933	862	2 651	562	2 159	18 312

（三）国家职业教育学院 [1]

在阿拉伯联合酋长国副总统兼总理、迪拜酋长谢赫·穆罕默德·本·拉希德·阿勒马克图姆的指示下，国家职业教育学院（NIVE）于 2006 年成立，旨在使学生有机会获得特定的工作技能，以提高他们的就业能力。

国家职业教育学院隶属于阿联酋知识和人力发展局，代表着阿联酋职业教育发展的全新愿景——在经济全球化的背景下，提升阿联酋青年的就业力以及国家竞争力。该学院的目标是促进创建一个有利于阿联酋经济和社会发展的知识和技能的教育环境；提供一条可以升读本科学位的职业教育途径；为行业专业人士提供继续教育的机会。

国家职业教育学院教学语言为英语，教师均在其领域有较高的专业素质，并善于在教学中运用最新科学技术。截至 2010 年，有 600 名全日制学生从该学院毕业，他们几乎都在知名跨国企业供职。这些学生在会计、信息技术和人力资源等领域具有职业技术优势。此外，该学院还培训了 434 名非全日制学员。

[1] 资料来源于阿联酋教育部官网。

（四）中等技术学校

除高等职业教育外，阿联酋同样重视中等职业教育，旨在为年轻的阿联酋人提供以职业技术教育为重点的高中教育。中等技术学院是阿布扎比职业教育与培训学院在阿布扎比技术和职业教育与培训中心的领导下建立的职业中学。作为试点男校，第一所中等技术学院学校于 2010 年在阿布扎比成立，2011—2012 学年，艾因、哈伊马角和富查伊拉三地又开设了三所男校。中等技术学院学校为学生提供了应用技术高中作为中学教育的替代选择。在 2012—2013 学年开始时，阿治曼和迪拜开设了另外两所男校，阿治曼、艾因市和阿布扎比开设了三所女校。随着阿联酋经济的快速发展，国家对职业人才的需求不断增长，沙迦等地也随之开设了中等技术学院分校。中等技术学院提供高中基础课程教育并颁发十二年级的高中毕业证书，成为许多不愿继续普通基础教育学生的选择，2014—2017 年的中等技术学院毕业生数达到 3 244 名。[1]

技术中学的建立，使阿联酋学生除了传统的科学和艺术学习之外，还拥有了第三条可供选择的学业路径，为阿联酋的年轻人提供了更多的发展选择，并有效提升了阿联酋的职业教育质量。中等技术学院课程基于以下原则：（1）使学生为工作做好准备，达到教育部制定的培养要求；（2）着重于英语的学习，以及实用技术、数学和科学的运用，使学生具备现代生活的技能；（3）职业教育主要集中于以工程、商业和航空业为核心的三大集群职业领域；（4）重视和鼓励动手实践，强调知识的应用和技能的发展，培养学生专业、卓越和正直的价值观。

[1] 资料来源于阿联酋教育部官网。

第二节 职业教育的特点和经验

一、职业教育的特点

（一）接轨国际、起点较高

阿联酋的职业教育是在西方发达国家的帮助下起步的。阿联酋的第一所专门讲授机械、电气和建筑贸易等学科的技术学校由英国政府于1958年在沙迦建立，后来，阿联酋在德国的帮助下制定了职业技术教育发展规划。1999年，为建立国家级职业技术教育计算机实验室和建材测试实验室，阿联酋政府又聘请了法国和美国的专家来帮助管理。在这些国家的帮助下，阿联酋的职业教育避免了许多发展弯路，发展起点较高，短时间内便具有较完备的职业教育体系。

（二）重视专业认证制度建设

阿联酋的职业教育拥有较为成熟的专业认证制度。2000年，阿联酋高等教育和科学研究部成立了学术认证委员会（Commission for Academic Accreditation，简称CAA），作为权威机构来评估公立和私立职业学院的教学活动，以确保教育质量。学术认证委员会制定了一套符合国际标准的高质量政策体系和标准框架，对职业院校及其单个课程进行认证。此外，知识与人力发展局于2008年成立了大学质量保证国际委员会，对开展职业教育的高校进行教学质量监督和评估。

获得政府职业教育许可证的机构通常拥有完善的管理结构、职业教育细则和完备的教学程序，同时也拥有足够的物质和财政资源、专业的技术和职业教育与培训计划、高素质的教学团队，以及足以完成其教学任务的质量保证措施。初次授予许可证的最长有效期限为五年，之后职业培训机构可以每五年申请一次许可证续领，持证机构须每年向学术认证委员会提交教学质量相关数据。只有在获得许可证后，职业培训机构才能申请符合国际标准的技术和职业教育与培训计划的资格认证。但授予机构许可证并不意味着对全部课程的认可，也不意味着此类课程将来可能会获得认可。课程的资格认证是另一个完全独立于机构认证的过程。每个技术和职业教育与培训计划必须先获得资格认证，然后该机构才能进行招生。通过这样专业严格的认证体系，阿联酋的职业教育质量得到相应的保障。

（三）兼顾中高等职业教育

阿联酋政府对发展中等和高等职业教育均给予了重视。2010 年，在阿布扎比技术和职业教育与培训中心的领导下，阿联酋中等技术学院（STS）成立。该校录取已获得九年级文凭的学生，入学条件是通过该校的英语和数学入学考试，学生只要符合入学要求，就可以从其他学校进入该校。学校采用接轨国际标准的教学计划和课程，为学员提供以技术教育为重点的高中教育，以满足现代职业技术教育以及劳动力市场对技术人才的需求。在政府的资助和支持下，阿布扎比技术和职业教育与培训中心已建成 31 个应用技术高中和中等技术学校。在中等技术学校，十到十二年级的学生学习数学、阿拉伯语、英语、信息技术、金融等核心科目。此外，他们还学习商业、工程维护、航空维护、健康科学或创意媒体制作方面的选修课程。[1]

中等职业教育为阿联酋的年轻人和雇主提供了更多的双向选择机会，

[1] 资料来源于阿联酋国家新闻官网。

也使阿联酋的职业教育体系更加完善。对中等职业教育的重视使阿联酋与其他中东国家相比，拥有更为灵活而熟练的劳动力，这是阿联酋经济增长的重要动力之一。至今，阿联酋获得批准的中等职业教育机构已约有800家。[1]

二、职业教育的经验

（一）强调动手实践能力

阿联酋的职业教育十分注重培养学生的动手实践能力，这一点在许多职业院校的培养计划里都有体现。例如，中等技术学校的教学原则里很重要的一条就是运用“动手实践”的教学方法，强调知识的应用和技能的发展。高等技术学院也强调打造“应用型职业教育”。在许多职业院校，学校倾向于“边学习边工作”的培养模式，这为学员们提供了充足的实践机会，为工作做好准备。对动手实践能力的强调，使阿联酋的职业教育更有成效，更能满足劳动力市场的需求。

（二）重视英语教学

阿联酋大部分职业院校都采取英语教学的模式。国家职业教育学院直接规定教学语言为英语，在其他的院校里，如阿布扎比职业教育与培训学院，还会为英语语言能力较弱的学员提供语言培训。在中等技术学校，十到十二年级的学员们也会接受相应的英语课程。这些职业院校多与外国公

[1] 资料来源于阿联酋教育部官网。

司开展合作，这为学生在工作实践中提供了外语学习环境，例如，阿布扎比职业教育与培训学院就与法国和英国的多个公司建立了合作关系，提供了许多在国际公司实习的机会，从而锻炼学员的沟通交流能力和适应能力，使学员在国际公司的实习过程中收获宝贵的工作经验。使用英语教学，使阿联酋职业教育培养的人才与国际接轨，能够胜任更多国际化工作，使学员不局限于国内就业，他们也将有能力进入外国企业。

（三）推动企业积极参与职业教育

阿联酋的许多大公司都参与到职业教育中。阿联酋全球铝业公司（Emirates Global Aluminium，简称 EGA）是阿联酋除石油和天然气领域之外最大的工业公司，也是阿联酋第一家提供职业培训计划的工业公司。其计划在获得知识和人力发展局许可后，EGA 在迪拜建立起专门的技术培训学院。在这个计划之前，EGA 自 1982 年以来一直积极执行国家的职业教育“学徒计划”。完成 EGA 的“学徒计划”需要三年，该计划包括课堂培训和在职培训两部分。至今已有 500 多名技术人员顺利完成 EGA 的“学徒计划”，其中许多人选择继续在 EGA 工作，也有人成功入职阿联酋的其他大型工业公司。[1] 其他大型公司，如阿布扎比国家石油公司，也建立起了自己的职业发展中心，以协助数百名阿联酋中学生获得专业技能。此外，阿联酋的许多职业院校也与国内外企业签订协议，为公司定向培养职业技术人才。例如，隶属于阿布扎比职业教育与培训学院的职业教育发展中心（Vocational Education Development Centre，简称 VEDC）就与阿提哈德航空公司签署了一份备忘录，根据该备忘录，阿提哈德航空公司每年将赞助该校 20 名学生，并向能力突出的毕业生提供就业机会。大型公司参与到职业

[1] 资料来源于阿联酋全球铝业公司官网。

教育计划的制定中来，使得阿联酋的职业教育更具有针对性，更能满足雇主对技术人员的用人需求。

第三节 职业教育的挑战和对策

一、面临的挑战

（一）民众对职业教育兴趣普遍不高

阿联酋职业教育面临的最大问题是缺少对职业技术教育与培训感兴趣的学员。阿联酋职业院校的入学率较低。相较于职业教育毕业生，大学毕业生的薪水更高，因而学生和家长都更偏向于选择大学学位课程而不是职业教育课程。根据阿布扎比职业教育与培训学院的数据，只有 3% 的大专毕业生对职业培训计划表现出兴趣。阿布扎比职业教育与培训学院的毕业生总数从 2013—2014 年度的 306 名下降到 2014—2015 年度的 285 名。[1] 在阿联酋的职业教育机构中经常可以看到这样的场景：在偌大的校园，能容纳 120 人的教室里却只坐着不到 30 个学员。阿联酋现在正积极宣传职业教育的重要性，试图改变学生和家长们对职业教育的态度。

（二）职业教育机构缺乏优秀教师

和波斯湾地区其他国家一样，阿联酋的职业教育缺乏优秀教师资源，

[1] Abdul Rahman Jassim Al Hammadi, Indicators of the vocational education sector in UAE[J]. International journal of scientific & research, 2016, 7(6): 104.

大多教师都是海外聘请人员，他们主要来自埃及、苏丹、约旦等国家，本土优秀教师严重匮乏。这些外籍教师通常有 5—10 年的阿联酋生活经历，并在自己国家有几年的教学经验，但他们通常没有专业的教学资格，其中一些人也没有足够的技术教学经验。外籍教师的月薪大约在 4 500—6 000 阿联酋迪拉姆[1]，而阿联酋的生活成本相对较高，阿联酋人在私企工作的工资可以达到该工资的两倍，因而本国籍人员不愿从事职业技术教学工作。此外，大多数阿联酋人都认为，在职业教育院校教授中低端技能是较为低等的工作，即使薪酬高，许多阿联酋人仍不愿在职业教育领域工作。例如，在对沙迦女子学院的商业和信息技术专业学生进行的一项调查中，只有 14% 的被调查者表示她们对职业教育教学工作感兴趣。[2] 同时，虽然大多数职业院校规定教学语言为英语，但这些外籍教师有时候并不能流利地用英语教学。本土优秀教师的缺乏和教师质量的参差不齐，降低了学员的学习效率，也对职业教育的质量产生消极影响。

（三）缺乏对高级技能的培养

只强调动手能力，而忽略对认知能力、情感能力、心理素质等较高技能的培养是阿联酋职业教育中经常出现的问题。阿联酋传统职业技术教育和培训的范围侧重低级技能的培养，但随着社会的发展，用人单位越来越需要拥有独立解决问题能力、团队协作能力、较强沟通能力等高级技能与素质的技术人才，单纯掌握职业技术已经不能满足劳动力市场的需要。所以阿联酋职业教育现在面临的问题之一是如何在培养学员工作技能相关知识的同时，提升他们的沟通协作能力和综合素质。

[1] 资料来源于阿联酋教育部官网。

[2] 资料来源于阿联酋教育部官网。

二、应对策略

（一）积极开展宣传工作

为了让人们更重视职业教育，阿联酋政府与职业培训机构进行了积极的宣传工作，如组织大型比赛吸引公众的兴趣，力图改变阿联酋人对职业教育的态度，并鼓励阿联酋高等教育部门开展技术和职业教育培训。例如，阿布扎比技术和职业教育与培训中心发起了“阿联酋技能计划”，并于 2017 年承办了第 44 届世界技能大赛。世界技能大赛由世界技能组织举办，是世界技能组织成员展示和交流职业技能的重要平台，被誉为“世界技能奥林匹克”，其中的竞技水平代表了当今职业技能发展的世界先进水平。举办这次世界技能大赛，增加了阿联酋民众对职业教育的兴趣，使其对职业教育更加重视。

经过多年的努力，阿联酋人对职业教育逐渐改观。阿布扎比技术和职业教育与培训中心在 2005 年有大约 2 500 名阿联酋学生注册，而目前这一数字已经增加到 15 000 多名。[1] 近年来，关于中学生职业教育的文化观念也发生了变化，许多父母改变了态度，不再把希望只寄托于高等教育课程上，职业院校成为许多青年及其家长的新选择，这是政府积极宣传和公众看到职业培训产生积极影响的结果。

（二）推动职业教育师资本土化

为了提高阿联酋本地居民在阿联酋公共部门和私营企业的参与度，阿联酋政府提出师资本土化的举措，希望以本国的优秀师资，培养更多优秀

[1] 资料来源于阿联酋教育部官网。

的阿联酋青年参与市场竞争，为社会经济发展做出贡献。

长期以来，阿联酋严重依赖外籍劳工（1996 年，阿联酋劳动力中近 90% 是外籍劳工），而阿联酋本地青年失业率却在不断上升。直到 1998 年，阿联酋国民参与劳动力的比例仅略高于 50%。相较于公共部门，阿联酋人在私营企业的参与度更低。据统计，在 1995 年，阿联酋国民在私营企业的参与度仅占 1%。[1] 阿联酋政府面临的重大挑战之一是鼓励国民从事体力、技术及私营企业相关工作。当阿联酋国民考虑在私营企业就业时，他们通常只愿意担任管理类职务，但是，这些申请人常常缺乏雇主所要求的经验和技能，而外籍劳工则有更多的经验和技术，并且接受较低的工资和较长的工作时间，因而外籍劳工在阿联酋劳动力市场中占有更大比例。

具体到职业教育领域，职业院校的教师多为外籍职工，教师素质参差不齐，教学质量难以得到保证。加之人们不愿意在私营企业从事体力和技术工作，对职业教育兴趣也不高。在这样的情况下，阿联酋政府提出职业教育本土化的提议，加大对教育的投资，在 2010 年对教育领域的投资达到 26 亿美元，占国民教育年度总预算的 22.5%。[2] 政府积极开展多项举措，加大对本土职业教育师资的投入与培养力度，并为高中辍学或者毕业后没有渠道进入高等教育机构学习的阿联酋公民，提供适应阿联酋本国基本工作环境的技能培训，从而推进职业教育和职业技术人才的本土化进程。

[1] 资料来源于阿联酋教育部官网。

[2] 资料来源于阿联酋教育部官网。

第八章　成人教育

第一节　成人教育的发展和现状

自1971年建国以来，阿联酋政府始终秉承“接受教育是人人享有的权利”的战略目标，推动教育事业发展。在阿联酋，政府有义务向所有公民提供受教育的机会，成人教育在阿联酋政府的教学计划中发挥着重要作用，阿联酋采取“多条腿走路”教育发展方针，即基础教育、高等教育、职业教育和成人教育齐头并进，力求在较短时间内提高国民的文化素质。[1] 20世纪末，阿联酋政府为发展本国教育事业，在全国各地设立扫盲中心、成人教育中心、妇女协会、社会发展协会等来完成扫盲计划，并取得了可观的成绩。2009年，政府提出设立综合成人教育管理部门，并丰富成人教育的内涵，细化成人教育的职能，新的成人教育系统包括扫盲教育、学术教育、技术教育、家庭培训等。值得说明的是，2009年阿联酋政府决定将“成人教育”更名为“综合成人教育”，更名后的成人教育在阿联酋承担着比传统意义上继续教育更为丰富的职能。[2]

---

[1] 蔡伟良．阿联酋的教育 [J]．阿拉伯世界，2005（1）：37-39.

[2] 未特殊说明时，本书中的“成人教育”均指2009年更名后的教育体系、内容、职能等。

一、成人教育的发展

阿联酋政府在1972年颁布第11号《义务教育法》，将扫盲放在优先地位，教育与青年部的扫盲行动方针有二：一是关注新一代的教育，要求父母和法定监护人送适龄儿童上学；二是主抓成人教育，国家为那些错失了学习机会的公民敞开知识大门，建立夜校，公民有机会接受夜校出色的教育服务。之后许多在夜校学习的成人学生陆续到大学求学并顺利毕业。

2009年，阿联酋教育部提出将“成人教育”更名为“综合成人教育”，并建立成人教育局为此前的成人教育提供更全面的教育规划，使得成人教育的模式不局限于成人教育中心，而是延伸至大学，从而对成年学生进行更加系统化、技术化的培养。同时，教育部计划将成人教育中不同年龄段的学生分开培养，有针对性地制定培养计划，改革教育内容与教学活动，为学生毕业后更好融入劳动市场做准备。2012年阿联酋教育部部长会议将成人教育列为政府教育事务重点发展内容。2017年阿联酋教育部提出成人教育战略，旨在为已经完成基础教育阶段学业的人们提供学习机会，帮助他们进入大学深造，使他们能根据自己的专业技能与人才市场的需求寻找适合自己的职业，同时也为已经参加工作的人提供继续深造的机会。

二、成人教育的办学理念

阿联酋成人教育分为扫盲教育、学术教育、技术教育，同时开展依托家庭进行的线上、线下结合的培训项目。学术教育是基于阿联酋社会现状，为希望接受八到十二年级教育的阿联酋女性提出的教育计划，各地区指定的社区中心以及高等教育学院专门为女性提供学术教育；技术教育是注重专业技术培训、男女皆可参加八至十二年级的基础教育以及专业教育；家庭教育则是面向全体公民的网络授课，学生可根据自己的时间安排选择上课时段，因此成为在职人员的首选教育形式。成人教育是通识教育与技术教育相结合的平行教育，其主要受众是希望接受正规教育的成年人，其目的是为希望通过另一种技能进行职业发展的人们提供学习机会，以便完善其知识结构、提高创造力和技术水平。值得一提的是，家庭成人教育以线上、线下结合的教学模式为主，使不方便参加线下教学的学生可以居家接受网络教育，学习专业知识，家庭教育对学员的自学能力要求较高，学员可在课程结束时通过参加考试获得结业证书。

阿联酋始终致力于在教学实践中传递可持续教育的理念，并在降低国民文盲率方面取得成绩。据统计，1975 年阿联酋成人文盲率为 56.7%，1993 年下降到 16.8%，2005 年下降到 8.8%，到 2017 年，阿联酋国民识字率达到 93.8%。[1] 在性别方面，男性识字率为 93.1%，女性为 95.8%，政府提出在 2020 年之前消除文盲。[2]

阿联酋《2021 年愿景》中明确提出关于发展成人教育的构思，教育部将推进成人教育定为最重要的发展目标之一，将成人教育与先进的设备和教育方式联系，鼓励各高等教育学校建立成人教育中心，打造一个具有阿联酋特色的成人教育系统，满足社会对不同专业的需求，解决国民就业问题。

三、成人教育的构成 [3]

2009 年，阿联酋政府决定，将针对非适龄人员的教育，即年龄超过正

[1] 蔡伟良．阿联酋文化事业发展现状研究 [J]．阿拉伯世界研究．2006（2）：54-58.

[2] 金絮，沈骑．阿联酋《2021 年愿景国家议程》教育战略探析 [J]．世界教育信息，2017，30（14）：9-15.

[3] 资料来源于阿联酋教育部官网。

常接受系统教育人员的教育，由“成人教育”更名为“综合成人教育”，教育部为此共设立 7 个综合成人教育中心。该新系统的职能集中于四方面：扫盲教育、家庭教育、学术教育、技术教育。扫盲教育分为两阶段，即覆盖一到四年级的基础教育阶段和覆盖五到七年级的完善教育阶段；家庭教育覆盖八到十二年级；学术教育覆盖八到十二年级；技术教育覆盖八到十二年级。

其中扫盲教育属于低年级教育，目的是降低国民文盲率，提升国民对基本知识的理解程度。家庭教育、学术教育、技术教育三个方面则属于高年级教育。家庭教育，男女皆可参加，学生根据学习大纲自行制定学习计划，无需考勤和线下出席，但需要在学期末参加由教育部统一举办的考试。学术教育则主要针对有一定教育基础并渴望继续完成学业的女性，需要学生在各地成人教育中心线下学习课程。技术教育为男女皆可参加，旨在培养学生的专业技能，满足市场的职业需求。

四、成人教育的办学规模

在阿联酋“成人教育”更名为“综合成人教育”后，教育的开展形式更加丰富，除了传统的成人教育中心之外，还增设了线上的家庭教育模式以及高等教育院校提供的成人教育中心。

更名前的阿联酋成人教育主要通过家庭发展基金会的成人教育中心开展线下教学。成人教育分为三个阶段：为期四年的基础阶段第一周期；为期三年的基础阶段第二周期（初等教育）；为期三年的中等教育阶段。全国范围内设置了多处成人教育中心，分为以下三类：以夜校为主的成人教育中心、专为女性设立的日间成人教育中心、为犯罪入狱的成年人设立的教育培训中心。

更名后的成人教育，即综合成人教育还包括以线上教学为主的家庭教育。家庭教育始于阿联酋公立学校，是成人教育的途径之一。阿联酋政府在境内共设置了 77 个家庭教育网站，目标群体为七到十二年级的学生。学生基于自学能力通过网络注册报名，根据教育部发放的学习所需书籍和其他材料自主学习。通过家庭教育途径获得的证书等同于阿联酋公立学校颁发的普通教育证书。

根据阿布扎比统计中心最新数据显示，阿布扎比的成人教育和家庭教育中心数量在 2017—2018 学年增加到 132 个，与 2016—2017 学年同期相比增长 22%。目前阿联酋国内文盲率为 4%，根据阿联酋教育部于 2017 年发布的成人教育战略，阿联酋将逐步实现消除文盲的目标，2018 年阿联酋教育部下属的成人教育中心共有 9 个专为女性设立的成人教育中心、18 所夜校。[1]

根据教育部统计数据显示，2017 年参加综合成人教育课程的人数达 10 600 人，其中 4 600 人接受的是学术教育、技术教育、扫盲教育，6 000 人接受的是家庭教育，接受四个阶段全部教育的公民人数为 2 001 人，大部分为女性。在 2017 年，成人教育中家庭教育的毕业生人数达 3 487 人，毕业率为 58.12%；接受学术教育、技术教育的毕业生人数达 1 870 人，毕业率为 40.65%。[2]

五、成人教育的课程设置

（一）低年级教育

表 8.1 反映了成人教育低年级的阶段划分、教学内容等情况。

[1] 资料来源于阿联酋阿布扎比统计中心官网。

[2] 资料来源于阿联酋教育部官网。

表 8.1 阿联酋成人教育低年级情况

<table>
<tr><th>教育类型</th><th>教育阶段</th><th>时间</th><th>覆盖年级</th><th>教学内容</th></tr>
<tr><td rowspan="4">扫盲教育</td><td rowspan="2">第一阶段
（基础教育）</td><td>1 年</td><td>一、二年级</td><td rowspan="4">基础阿拉伯语、英语、数学、通识科学、伊斯兰教育、社会学、通俗文化等</td></tr>
<tr><td>1 年</td><td>三、四年级</td></tr>
<tr><td rowspan="2">第二阶段
（完善教育）</td><td>1 年</td><td>五、六年级</td></tr>
<tr><td>1 年</td><td>七年级</td></tr>
</table>

（二）高年级教育

高年级课程主要目标群体为已经完成前七年级学习任务，或曾接受过基础教育但辍学，或接受过高等教育并有意愿选择其他专业深造的申报者。高年级教育内容偏专业性，也主要分为两个阶段教学，第一阶段为八到九年级（基础教育），第二阶段为十到十二年级，即学术教育及技术教育的专业知识教授阶段，只有通过第一阶段的测试，才可以升入第二阶段继续学习。

其中第一阶段的课程主要为：基础阿拉伯语、英语、数学、通识科学、伊斯兰教育、社会学、民族教育等。第二阶段课程偏向专业性，其课程主要包括：专业课程（如工程、商业、卫生医疗等相关专业课）、基础阿拉伯语、英语、数学、物理、通识科学、伊斯兰教育、社会学、民族教育、卫生健康教育（仅限女性）等。

六、成人教育中心

阿联酋高等教育机构与技术培训院校为响应教育部的号召，建立了隶属于本校的成人教育中心，面向社会开设专业培训课程。成人教育中心主要分为两类，一类是隶属于大学的综合性中心，另一类是隶属于职业技术学院的专业性中心。以下分别介绍两类成人教育中心的代表院校。

（一）阿联酋大学成人教育中心 [1]

阿联酋大学位于艾因市，成立于1976年，根据第231号总理令，于1998年建立成人教育中心，旨在帮助学员通过发展技能、获取知识和挖掘潜力来满足社会及个人的需求。阿联酋大学成人教育中心力求实现以下目标：联通社会，利用大学的平台和可能性充实社会成员的文化知识；监测与跟踪科学技术发展，并将其转移到社会相关部门；与社会专业人员取得联络以方便各种计划的实施。

在课程设置方面，阿联酋成人教育中心根据市场需求和客户要求来聘请培训师，针对不同的群体开设相应的课程：专门为政府机构及私营企业开设的培训课程；为社会其他领域及个人提供的行政、管理、科学、技术、语言等学科领域的培训课程，如国际培训师、人力资源管理、商业行为认证业务、企业社会责任与声誉管理、人工智能、大数据、移动应用程序编程、信息技术、商务英语、西班牙语等相关课程，其中一部分被国际机构所认可。

在教育资源方面，成人教育中心提供适合各年龄段的集体和个人的专业培训计划、就业咨询以及资格证考试，聘请来自全球各地的高素质培训师，为公众提供更多具有影响力和创新性的培训机会。成人教育中心提供短期培训课程和讲习班，主要目的是在短时间内让参训者掌握专业基础知识，由于参训者多为已工作职员，空闲的学习时间有限，因此培训时间多控制在一天内3—6小时不等，提供的课程包括工商管理基础、食品原理基础、机动车驾驶、时间管理等。成人教育中心面向社会开设专业语言

[1] 资料来源于阿联酋大学官网。

培训课程，包括德语、韩语、西班牙语、日语等。此外还有英语资格考试培训课程，如雅思、托福预备课程、商务英语（BEC）、通用英语课程（CEFR-B2）等。课程结束后，学生可直接在成人教育中心申请报考，获得资格认证证书。

在资格认证方面，成人教育中心提供一系列专业文凭的课程，并提供在职学历，可获取的文凭包括人力资源管理文凭、秘书及现代办公管理文凭、社会服务专业文凭、社会责任专业文凭。成人教育中心也向学生提供资格证考试的机会，资格证书包括业务管理、信息技术、金融会计、人力资源管理等方面，可参与的专业证书考试包括注册会计师、认证财务分析师、人力资源管理师、财务会计证书、非母语人士的阿拉伯语分级测试、雅思、托福等。在完成学时并通过专业考试后，学生可获得由阿联酋大学颁发的相关证书。

在学习生活方面，阿联酋大学成人教育中心提供课程旁听的服务，希望获得已申报专业以外其他特定专业知识的学生，可以在官网上提前申请非本专业的可旁听课程，但旁听不能获得学术证书及学分，学生只能在课程结束并获得教师批准后，得到成人教育中心颁发的出勤证书。

（二）阿联酋技术学院成人教育中心[1]

阿联酋技术学院成立于1993年，并于1995年建立成人教育中心，通过提供技术培训课程，提高学生专业知识技能，进而促进阿联酋的成人教育与技术发展。

在课程设置方面，阿联酋技术学院成人教育中心主要针对在职人员，提供夜校的教学服务，学员可自行选择适合自己时间的课程。目前开设的

[1] 资料来源于阿联酋技术学院官网。

课程有：职业教育与培训课程，包括人力资源四级证书考核、人力资源五级证书考核；专业技能培训课程，包括专业写作技巧、针对非财务人员的财务管理技能、商务礼仪、谈判技巧、时间管理、团队领导、区块链技术等；公司企业培训课程，包括业务分析师、项目经理必备能力、网络项目开发；认证课程，包括注册管理会计师、注册公共会计师、注册内部会计师等。阿联酋技术学院成人教育中心根据社会需求随时调整教学课程及大纲，以培养学生的专业技术以及社会交往能力。

在教育资源及资格认证方面，阿联酋技术学院成人教育中心在阿布扎比技术和职业教育与培训中心注册为职业课程许可培训机构，并被阿联酋国家资格管理局认定为职业培训和文凭公认培训机构。阿联酋技术学院成人教育中心聘请国内高素质专业培训师，并为专家团队提供交流机会，与国内外同领域专业培训师交流教学经验，同时设置个人培训计划并开设面向企业的集体研讨会。阿联酋技术学院成人教育中心聘请的培训咨询师多数为非专职人员，根据课程所需调整教师结构，目前该中心聘请教师有 100 余人。此外，阿联酋技术学院成人教育中心为国内中小型企业及非营利组织提供咨询服务，咨询内容涉及市场营销计划可行性、业务计划、市场调研、培训流程等，并为企业提供与专业顾问见面咨询的机会，讨论行业挑战及应对措施。

七、评估与测试 [1]

阿联酋对于成人教育的评估与测试分为扫盲教育、学术教育、家庭教育及技术教育四个方面。

---

[1] 资料来源于阿联酋教育部官网。

扫盲教育和学术教育的评估与测试方式相同，开设课程可分为三类。第一类课程需要阶段性测试及期末考试，如阿拉伯语、英语、数学、物理、化学、生物等。第二类课程需要阶段性测试但无需期末考试，如社会学、通识科学、伊斯兰教育、健康科学等。第三类课程是网络教育课程，主要根据学生网络课堂表现进行评估，如计算机、创新设计等。网络教育课程有规定时长，每门课程每周至少开设一节课，每节课不得少于 30 分钟。网络教育课程成绩没有及格与不及格之分，学生如果没有修够规定学习时长（通常规定总时长不少于 11 小时），则不授予资格证书，而只要修满规定学习时长，系统统计的实际学习时长就将被添加到资格证书上。

学生参加课程考试，若成绩及格则正常升学，若成绩不及格则留级重修该学年的课程（三到十二年级）。学生应严格遵守上课时间，课程结束后按时参加测试。

家庭教育所有课程通过网络平台授课，开设课程分三类。第一类仅需要参加期末考试，总教学时长为 55 小时，如数学、化学、物理、生物等。第二类仅需要参加期末考试，总教学时长为 11 小时，如阿拉伯语、英语、社会学、伊斯兰教育等。第三类根据网络课堂表现评估，无及格与不及格之分，总教学时长为 11 小时，如创新设计、计算机、商业管理等。每门课程每周或每天（按照课程规定总时长而定）至少开设一节课，每节课不得少于 30 分钟，考生通过用户名进入网络学习系统，在网络系统参加考试。

技术教育分为两个教学阶段，第一阶段为准备阶段，时长 6 个月至 1 年不等，学习八到九年级的基础课程，如阿拉伯语、英语、数学、伊斯兰教育、通信技术、企业管理等；第二阶段为专业阶段，时长 3 年，学习十到十二年级的专业课程，如物理、信息技术、工程、商务管理等。在这两个阶段中，每八周进行一次知识测试，其成绩占总成绩的 30%。课程期间有 2 或 3 次需自主完成的教学作业，教学作业成绩占总成绩的 60%。期末考试成绩占总成绩的 10%。

阿联酋的成人教育在全国范围内进行统一期末考试，共有三个时间段。第一阶段测试在每年 12 月进行，针对之前参加全部家庭教育课程和学术教育十二年级课程测试未通过的学生，以网络测试的形式开展。第二阶段测试在每年 4 月进行，针对接受扫盲教育、学术教育 A 类课程学生和家庭教育 A、B 类课程的学生，对于参与扫盲阶段一到三年级课程测试的学生以线下的纸质测试形式开展，对于参与其他课程的学生以网络测试的形式开展。第三阶段测试在每年 6 月进行，针对接受扫盲教育、学术教育 A 类课程和家庭教育 A、B 类课程的应届学生及未通过上一次测试的学生，以网络测试的形式开展。

第二节 成人教育的特点和经验

一、成人教育的特点

阿联酋成人教育起步于 20 世纪 70 年代，从起初注重扫盲以提高全体国民素质，到如今各高等教育学校开设成人教育中心面向全社会提供综合性课程，成人教育方式不断丰富，成人教育体系不断完善。在成人教育更名为“综合成人教育”后，其内涵进一步丰富，功能进一步拓展，呈现出鲜明的特点。

（一）面向社会、尊重差异

阿联酋成人教育面向社会全体具有基础教育背景，且有继续进行专业知识与技能学习需求的成年人，秉承“接受教育是人人享有的权利”的战略目标，阿联酋教育部2016年颁布的第580号部长令规定：扫盲教育面向10岁以上没有识字基础的公民，提供国家教育大纲中一到十年级的教育内容，以便全社会公平接受教育。

在全球化、数字化和国际移民的背景下，阿联酋成人教育除了面向本国公民外，也面向非公民学生。教育部宣布持有身份证件的阿联酋公民可自行报名参加成人教育课程，而非公民则可以参加成人教育中的家庭教育课程。高等教育院校的成人教育中心立足多元文化，设计多样化课程，开设10余门外语课程供本国公民选择，并开设基础阿拉伯语课程供外籍居民选择学习，且上课形式灵活便捷，学生可自行选择线下研讨教学或线上网络教学。

观察阿联酋成人教育的设置，可以发现，政府十分重视女性教育。为提高妇女知识水平，1990年全国妇女联盟在各级妇女协会和分支机构制定针对女性的教育行动方案，这不仅是为了扫盲，更是为了帮助女性学习保健、社会交往、职业规划、家庭等方面的知识，并方便女性在家中就可以接受教育。全国妇女联盟与教育部合作制定了一套远程学习系统，妇女们可以在系统中报名，在家中接受课程教育，并在当地教育机构参加考试获得资格证书，这种教学方式演变成为如今的家庭教育。除此之外，政府还专门为女性设立了学术教育，鼓励女性接受基础教育，毕业后可继续申请国内外高等院校接受高等教育。妇女联盟还在阿联酋各地区组织各种技能培训班，涉及文秘、计算机、语言、教师培训等方面，并提供资格证考试机会，帮助妇女以最适合自己的方式进入并尽快适应劳动力市场。

（二）顺应需求、灵活协同

阿联酋国内成人教育中心多隶属于高等教育院校，聘请社会各界相关专业培训师，课程内容根据社会需求不断调整，同时也为学生提供个性化教学方案。自 20 世纪末，成人教育中心的课程内容不断丰富，涉及领域包括商业、金融、科技、社会、语言、健康等。根据学生个人情况不同，各中心会制定合适的课程计划，供学生自行选择学习时段。随着信息技术的不断发展，成人教育中心增加了人工智能、大数据、移动应用程序编程等信息技术方面的课程，同时，为了提高国民健康素质，增加了食品原理基础、时间管理、心理压力疏导等帮助成人妥善管理身心健康的课程。

各成人教育中心由家庭发展基金会的成人教育中心资助，也受到所属高校、政府和其他社会组织的资金支持和人员支持，成人教育中心的培训师大多是聘请自企业的非专职讲师。同时，成人教育中心也为政府部门、社会组织、企业提供教育课程，定期开设讲习班、研讨课，满足企业对员工的能力要求。因此，成人教育中心拥有较为广泛的社会基础，根据院校性质、功能的不同，各中心开设的课程也不同，双方各取所长，协同互助，这些课程不仅帮助提高了员工素质，优化企业组织内部管理模式，还为成人教育中心的可持续发展创造条件。

（三）面向国际、交流互鉴

在阿联酋政府的大力支持和各高校成人教育中心的积极配合下，阿联酋国内成人教育中心与世界各国高等教育院校和研究所交流互访，这不仅为培训师们提供彼此交流学习的机会，也让就读学生有机会参与到双方的座谈、讲座中。这类交流的对象主要是成人教育发展比较健全完备的欧洲国家，阿联酋成人教育中心致力于与对方的成人教育机构沟通合作意向并达成合作协议，共同研究开设相关培训课程。此外，双方还可达成交流访学、师资交换等协议，部分成人教育中心开设多门外语课程，或从国外聘请母语者进行教学。如阿治曼大学与来自 15 个国家的 20 所大学及国际组织建立合作伙伴关系，以提高学生的跨文化交流能力，并组织冬季游学团，利用假期时间增进学生与教职工之间的了解与互动，加强不同国家高校之间交流互鉴。

除了国际交流外，各成人教育中心之间、成人教育中心与企业之间，以及社会培训机构之间也会签署合作协议。如隶属于国际货币基金组织的伊斯兰金融培训机构与阿联酋技术学院成人教育中心签署战略合作协议，以加强人力资源、伊斯兰银行研究、资本市场风险管理、商务咨询等方面的合作，该伊斯兰金融培训机构向阿联酋技术学院成人教育中心提供培训师以及就业机会，相应地，阿联酋技术学院成人教育中心则为该机构培养所需人才。学生选择该合作项目中的课程，可获得双方认可的文凭，从而增强个人就业竞争力。

二、成人教育的经验

阿联酋政府始终重视成人教育的发展，自首任总统扎耶德提出重点发展人才教育以来，政府从政策、资金、技术方面为成人教育提供保障，尤其针对其中的扫盲教育，通过在全国各地建立扫盲学习班，取得了显著成效，而阿联酋成立初期，国民识字率仅为 2017 年数据的一半左右。在扫盲教育发展逐渐成熟后，政府着手推进实施成人教育中具有学术性、技术性的培养方案。

（一）线上教学成熟

由于上课时间与地点灵活，阿联酋成人教育中的家庭教育部分备受国民欢迎。家庭教育主要采用线上教学模式，政府在阿联酋境内共设置 77 个家庭教育网站，此外还有许多教育组织机构设立的线上教育网站。家庭教育始于阿联酋公立学校，以自主学习为主。除了家庭教育采取线上教育的方式之外，一些高等教育学院的成人教育中心也会采取线上研讨会的形式开展课程。因此，成人教育的线上教学模式比较成熟。

在2020年新冠肺炎疫情暴发期间，阿联酋政府更是加大对远程教学的完善力度，教育部成立促进“远程学习”计划的综合小组，确保教育机构系统和技术准备就绪，改良教学功能与评估方式，教育部为教师们开设关于如何使用远程教育系统的培训讲习班。由于此前有开设家庭教育的经验，目前大多数成人教育机构为保证课程进度，将课程调整为线上教学为主。

（二）评估方式完善

阿联酋成人教育拥有一套完备的评估方案，对于每个阶段教学的阶段性测试与期末考试都有统一的规定，而根据课程类别的不同，评估测试的侧重点与成绩的比例分配也不同。到学期末，接受成人教育的学生被组织起来集中参加考试，通过者可以接受下一年级的教育或获得结业证书。同时，政府对于教学成果与行政管理也是绩效化管理，阿布扎比教育委员会、迪拜教育委员会等各地方教育主管机构，均制定了学校自评和机构评估框架，从职能履行到人文关怀都有明确的规定，并对教学质量进行定期评估调查，如阿联酋继续医学教育会向受训医疗人员发放问卷调查，主要调查内容涉及培训师的培训经验、培训课程的内容、培训方式、对职业发展的帮助等，以便更好地调整教学内容，提高教学质量。[1]

[1] YOUNIES H, BERHAM B, SMITH P C. Perceptions of continuing medical education, professional development, and organizational support in the United Arab Emirates[J]. Journal of continuing education in the health professions, 2010, 30(4): 23.

第三节 成人教育的挑战和对策

一、面临的挑战

（一）国民参与度不高，技术教育受众有限

由于社区教育普及不够，国民对于成人教育的参与度不高，2017 年阿联酋国民识字率为 93.8%，距离 2020 年消除文盲的目标还有一些距离，因此，推进扫盲教育尤为重要。[1] 加之教育资源分配不公，教育发展很不平衡，阿联酋的成人教育中心主要集中在阿布扎比、迪拜、沙迦，其他许多地区没有本地的成人教育培训机构，当地居民接受学术教育与技术教育并不方便，尤其是偏远地区的受教育程度较低的人们更是难以接受系统性的成人教育。此外，一般成人教育中心都是隶属于高等教育学院，但各中心往往拥有自己的独特教育体系，并不与所属高等教育院校保持一致，这常常导致管理和合作困难。阿布扎比教育理事会总干事表示，近五年阿联酋在科学、技术、工程、数学领域的毕业生人数较少，因此国内科研开发产出量较低，缺乏创新发展动力。

（二）课程所涉及领域有限，创新性不强

虽然接受扫盲教育的成年人也需要注重培养自身的分析逻辑能力和国际视野，但目前大部分扫盲中心开设的课程都是基础学科课程，缺少与逻辑能力和国际视野相关的课程设置。阿联酋的成人教育中心开设的课程所涉及领域有限，主要涉及商业、工程、卫生等基础学科，聘请的培训师多

[1] 资料来源于阿联酋教育部官网。

为来自企业的非专职讲师或其他国家资深专家学者，因此成人教育中的高年级教育部分缺乏本国的独创性。目前大部分扫盲中心开设的课程都是基础学科课程。此外，阿联酋政府一直倡导多元化、国际化，因此成人教育中的授课语言多为英语，这对阿拉伯语推广有一定冲击，也会影响国民对本土文化的接受程度。缺乏科学技术领域的人才导致成人教育中心依赖国际合作和聘请国外专家授课，忽视了培养本国的创新型人才。

二、应对策略

（一）加快社区普及，加大政策支持

据阿布扎比统计中心数据显示，阿布扎比的成人教育和家庭教育中心数量在2017—2018学年为132个，与2016—2017年学年相比，同期增长22%。[1]政府改变了传统的成人教育夜校的形式，加快成人教育在社区普及的速度，并为应该接受扫盲教育的人建立数据库，制定教育计划。阿联酋政府在2017年建立了七个技术类综合成人教育学习中心，分别位于迪拜、沙迦、阿治曼、富查伊拉、乌姆盖万、哈伊马角六个酋长国，以上地区的应用技术学院的总部位于迪拜。

（二）结合自身特点，满足发展需求

阿联酋政府于2010年提出的《2021年愿景》国家议程结合阿联酋社会自身特点、国民受教育程度、市场需求，针对成人教育分设了四种教学类

[1] 资料来源于阿联酋阿布扎比统计中心官网。

型，即扫盲教育、学术教育、技术教育、家庭教育。在课程设置上也更全面，每一阶段的教学内容都包括阿拉伯文化教育课程。此外，阿联酋政府针对教师、医疗工作者、政府公职人员、企业员工开设成人教育中心，以保持人们在工作过程中的知识汲取和信息更新。在课程内容方面，在扫盲教育、学术教育、技术教育中都设有基础阿拉伯语、英语、伊斯兰文化等课程。同时，为了培养技术创新型人才，技术教育的第一阶段必修课包括数学、物理、化学、生物、通识科学等，并且全国七个应用技术学院均配备智能化设备与实验器材，做到师资力量共享，这促进了阿联酋技术教育的整体发展。对于家庭教育，教育部给予技术设备与资金支持，使远程教育建设更加完备，便利接受家庭教育的公民。

三、结语

阿联酋政府在提出《2021年愿景》后，关注成人教育的开展，重视扫盲教育的推进，鼓励国民参加成人教育以适应社会需求，同时督促各高等院校建立成人教育中心，给予已经参加工作的公民充实自己、再次选择职业的机会。为了保证成人教育毕业生的质量，教育部制定严格、全面的测试评估体系，增加成人教育相关文凭的含金量，帮助提高就业者的市场竞争力。在国际教育环境中，阿联酋成人教育努力顺应潮流与国际接轨，致力于加强国际合作交流。虽然目前面临种种挑战，但相信在阿联酋政府的高度重视与大力支持下，在教育部认真研究与适当调整的基础上，阿联酋的成人教育体系会不断完善，为更多的国民提供更系统全面的教育，以适应社会发展的需求。

第九章 教师教育

第一节 教师教育的发展和现状

教师教育是对教师培养和培训的统称。在终身教育的思想指导下，教师教育贯穿教师的整个职业生涯，按照不同发展阶段的需求，教育工作者分别参与职前培养、入职培训和在职研修等环节，从而得到内外能力的提升。阿联酋教师教育致力于建立教师职业生涯发展各阶段的创新性教育体系，积极跟进新时代教育发展的需求，帮助教师提升专业技能、丰富教学经验。阿联酋教育部重视教育工作者的职业发展，致力于培养教育部职员和阿联酋各级教育单位的教师、领导者和管理人员，进而保障阿联酋整体教育水平，推动建设具有世界影响力的知识型社会，满足未来劳动力市场的需求。[1]

一、培训机构

阿联酋教师教育由阿联酋教育部统领实施，培训与职业发展局、教师

[1] 资料来源于阿联酋教育部官网。

培训学院、阿布扎比教育与知识局等机构组织具体的教育培训工作。培训与职业发展局和教师培训学院均隶属于阿联酋教育部，根据教育部不同的发展要求开展针对性培训项目。阿布扎比教育与知识局前身为2005年成立的阿布扎比教育理事会，该机构致力于提高教育工作者的领导能力和教学技能，旨在建立一支高水平且具有发展潜力的教师队伍，确保阿联酋学生在未来获取更优质的教育。

（一）培训与职业发展局

培训与职业发展局基于业已存在的职业标准，结合不同领域的人才需求为教育工作者制定职业发展计划，并根据教师教育领域的国际标准来评估培训项目的成效，以期提高教师教育的发展水平。

该机构的职能包括指导培训、管理培训以及评估培训三个方面。在指导培训方面，该机构指导各地区各级教育单位开展相应的培训项目，培训内容包括教育技能、管理能力、技术培训等。在管理培训方面，该机构致力于完善与教师教育相关的各类培训服务，并确保满足各教育单位在项目管理、技术获取等方面的需求。在评估培训方面，该机构与相关组织单位一起跟进培训项目的开展情况，以国际标准检测培训目标的完成情况，并提出相应的改进措施。

培训与职业发展局重视不同层次教育工作者的职业发展需求，其关注对象包括一线教师、不同级别的学校工作人员和负责人、各类别行政管理人员等，力求将培训、研修对教育工作者全覆盖，全面提升其个人能力和综合素质，为推动国家教育发展培养优质人才。

（二）教师培训学院

教师培训学院隶属于阿联酋教育部，旨在通过引入现代化的教学工具，为各级教育单位的管理者和教师提供专业培训，以期提高教学单位的管理、科研和创新能力。该机构积极跟进国际上的教育发展情况，根据不断变化的教育发展理念为教育工作者提供培训内容，提高各级教育单位教学水平、创造激励性的学习环境，以使阿联酋学生具有国际竞争力、符合未来劳动力市场的发展要求。

学院为阿联酋教育工作者提供专业培训与持续培训，培训方式多样，教师可直接前往培训中心参加线下培训，也可以通过网络会议等形式进行线上培训。学院根据不同专业的特点为教育工作者组织外出考察活动，包括参加国内外研讨会、参加培训与职业发展局组织的各类活动和会议等，帮助教师提升职业能力、拓宽教学视野。参训教师根据项目要求完成相应任务，在项目结束后还需进行测试以检验培训成果。

（三）阿布扎比教育与知识局

阿布扎比教育与知识局坚持“教育至上”理念，努力构造富有竞争力、创新性的综合性教育体系，提供全球性的教育机会，促进知识型经济的发展。[1] 阿布扎比教育与知识局致力于培养和提升教育工作者的领导能力、教学技能，旨在建立一支高水平的教育工作者队伍，确保阿联酋学生在未来拥有更出色的成就，进而促进阿联酋教育的创新发展和可持续性发展。

阿布扎比教育与知识局制定了一系列教育发展战略，其重点为营造具有吸引力的教育环境，使阿布扎比成为国家和地区教育发展的中心。在教

[1] 资料来源于阿布扎比教育与知识局官网。

师教育领域，该机构为所有学习者提供个性化的培训项目，使学员获得适合自身发展的教育服务，提高各级教育工作者的个人能力。

二、培训项目

阿联酋教育部重视构建全面的教师教育制度，各教育部门关注的培训目标多元、培训范围广泛，教育管理部门、教学单位和各类别的教育工作者积极参与各类培训项目，共同提升阿联酋整体教育水平。为了满足多元化的培训需求，相关教师教育培训机构制定并推出了较有针对性的一系列培训项目。

（一）常规培训项目

1. 职员培训

职员培训主要面向教育部职员、学校负责人、管理人员、行政人员等，主要培训项目多由教师培训学院组织完成。根据学院相关文件显示，在2019—2020学年，教师培训学院针对上述不同类别的参训人员共推出了数十项培训项目。

在教育部职员培训方面，学院推出了以下几种项目。“集中培养计划”，是根据不同管理人员的需求和目标，制定多周期的年度培训项目。“专业证书项目”，是提倡任职于教育部的管理人员接受各个专业领域的培训，培训结束后授予学员相应专业证书。“部门领导培训项目”致力于提升各部门领导的专业能力、组织能力和管理能力。“提升能力项目”则旨在培养职员的技术能力以及必备的实践能力，以提升其日常工作效率。此外，还有针对教育部新任管理层职员的“新管理者项目”。

在学校负责人培训方面，“阿联酋学校领导人计划”旨在拓宽阿联酋学校各级领导的教育视野，提升其领导能力；“现任领导项目”为不同学校的80名领导开展培训；“领导才能项目”为30名学校领导开展培训；“培养培训员项目”为258名教师培训人员开展培训，使其具备引领、组织培训项目的能力。[1]针对各级学校的管理人员，学院同样组织了相应的培训项目，包括“我们的孩子如何学习”工作坊，该项目为95名学校管理人员提供培训，帮助参训人员了解儿童教育领域最优质的国际实践经验；“学习型社会项目”，致力于使所有的学校管理者有机会在阿联酋的学校从事研究工作；“执行性培训项目”，致力于提升所有一线管理者的职业技能，提高其领导与管理能力。

在教师培训方面，学院推出了针对新教师的“提升”项目，培训时长共计225小时；于2016年开始实施的“新教师”培训项目，旨在通过直接培训、自主学习、引导指正、实地跟进等手段为新教师提供帮助，截至2017年，该项目已开展116个培训班次，培训总时长共计56 985小时。除此之外，学院还于2016年推出“培训师打造计划”，旨在帮助从事教师教育的培训师领导教育改革，并向全社会传授专业知识。该项目于2017年开办190个培训班次，培训总时长为48 600小时。“工程师培训”项目旨在培训稀缺领域的优秀毕业生，致力于培养其任教能力，培训时长为6个月。[2]

2. 技能培养

在教育全球化的背景下，教师培训学院重视现代化的数字科技手段，为教育工作者开展各类软件培训，并培养教育工作者的多语种沟通能力。

---

[1] 资料来源于阿联酋教育部官网。

[2] 资料来源于阿联酋教育部官网。

2019—2020学年，学院推出“软件工具项目”，为1 239个教育、管理机构开展培训，培训重点为帮助教育工作者学习使用各类教育软件，提升教学水平，改善教育质量；“智能学习工具项目”为1 878个教育、管理机构开展培训，帮助教育工作者学习使用智能工具，改进科技化的教学手段；“电子测试项目”为3 079个教育、管理机构开展培训，帮助教育工作者学习使用电子测试系统，提升测评效率与质量，项目满意度达86.76%；“CYBER C3项目”为550位教育工作者开展培训，帮助教育工作者了解信息安全知识，更好地掌握技术操作。[1]

同时，学院也推出了一系列语言培训项目：“英语培训项目”旨在提升教育工作者的英语技能，使其在对话、写作、听力等方面达到优秀水平，参训者需每周接受测试以检验培训质量，并参与各类活动以提升英语沟通能力；“非阿拉伯语母语者的阿拉伯语培训项目”旨在为任职于教育部且母语为非阿语的教师和工作人员提供个性化的教学方案，按照高标准、高要求为这些职员提供高质量的阿拉伯语教学；“其他语种项目”为教育工作者提供中文、朝鲜语、日语、法语、西班牙语、意大利语、德语等多个语种的教学培训服务，培养其多语种的服务能力。[2]

（二）其他培训项目

教师培训学院重视提升教育工作者的综合能力，致力于开展各类教学以外的实践、交流、深造项目，促进教育工作者拓展学术视野、提升综合素质。

在2019—2020学年，学院推出“吉达孔·瓦亚娜项目”，为1 019名教师开展培训，培养其生活技能与语言技能，培训总时长58 928小时；“训练营项目”包括生活技能训练营与技术训练营，生活技能训练营为80位教师

[1] 资料来源于阿联酋教育部官网。

[2] 资料来源于阿联酋教育部官网。

开展培训，帮助其掌握实用的生活技能，技术训练营为94位教师开展培训，帮助其学习教学技术软件；"Stream学术计划"旨在提升教师的教学能力，涉及领域包括数学、工程学、技术、语言等，此外，该计划还培训教师如何教授学生掌握必要生活技能，以及如何培养学生具备符合就业市场需求的相关能力。

在研修深造方面，"未来教师奖学金项目"旨在为阿联酋以及阿拉伯青年教育工作者提供攻读更高学位的机会，培养其成为阿联酋各学校的领军人物。阿联酋教育工作者有机会获得攻读硕士与博士的奖学金以接受更高层次的学习，进而提升专业水平、深化教育思想。此外，各类培训机构也为教育部的工作人员开展各类高等教育项目，为其提供继续深造的机会。[1]

第二节 教师教育的特点和经验

一、特点与优势

阿联酋致力于建立完善、科学的教师教育制度，有效管理各领域的教育工作者，助力打造具有国际竞争力的知识型社会，从而满足未来劳动力市场的需求。在职前教育方面，阿联酋教育部实施严格的教师资格认定制度，重点考察教师的专业能力与综合素质；在职后教育方面，阿联酋各教育培训部门全面、多角度关注教育工作者，有针对性地根据各领域的工作需求制定相关课程，重视教师教育理论与实践的结合。

[1] 资料来源于阿联酋教育部官网。

（一）严格的教师资格认定与在职考核

教师资格证书是衡量教师专业水平、鉴别从教资质的重要凭证。阿联酋教育部十分重视对教师专业技能、教学能力的考核，要求教师应具备与时俱进的业务能力以及高尚的道德操守。任何人在阿联酋从事教师职业都必须具有本专业领域的学士及以上学位，并提供无犯罪记录证明、医疗健康报告、教育证书原件等材料。如果申请人毕业于海外高校，则需提供由外交部及留学所在国驻阿联酋大使馆的共同证明。

阿联酋国家资格管理局、教育部、迪拜知识和人力发展局、阿布扎比教育与知识局以及阿布扎比职业教育和培训中心，共同开发了阿联酋教师许可系统。2017 年，阿联酋教师许可系统进入试验阶段。2020 年年底，获得该系统颁发的教学许可证成为在阿联酋从事教育领域工作的必备条件，该要求适用于阿联酋所有公立和私立学校的校长、副校长、其他管理者和教师。通常来说，申请人需要通过教育学以及专业领域的测试才可获得教学许可证，如果申请人无法达到考核标准，该系统会根据其最终考试结果推荐针对性培训课程，以帮助申请人达到相关要求。在两年内，申请人可重新参与未通过的考核项目。[1]

此外，阿联酋教育部对在职的教育工作者实施高标准、多元化的专业考核项目。例如，阿布扎比教育与知识局建立了面向教师与校长的专业考核标准，包括专业、课程、课堂和社区四个维度。在专业维度，教师需根据教学情况进行反思与总结，增进与教师团体的合作等；在课程维度，教师需关注自身专业水平的提升，努力增加知识储备，并结合教学评估中的建议改进教学计划；在课堂维度，教师需尊重每个学生并根据学生的具体情况和特点进行针对性指导，加强班级管理，建设安全有保障的学习环境；

[1] 资料来源于阿联酋教育部官网。

在社区维度，教师应与家长及时联络沟通，并将建设性意见反馈给家长。这些指标根据各专业的性质，将教育工作者应具备的专业知识与技能引入到教育工作者工作情况的评估考核体系中，这有助于了解学校教师的教学质量，帮助教育管理者加深对专业发展要求的理解、确定未来长远发展的路径以及确定教学改革的方向。

（二）全面多元的教师教育制度

阿联酋的教育管理部门、学校和教师均非常重视在职教育，目前已形成一套比较全面的教育工作者进修制度。此外，阿联酋教育部还强调各相关部门、机构积极合作，共同组织、协调和跟进相关培训活动和进修项目。

隶属于阿联酋教育部的培训与职业发展局是负责教育部门工作人员以及全国各教学单位教育工作者的培训、进修等相关事务的教育职能部门，其主要职责包括根据实际情况制定和发布相关培训指导意见和项目要求。一方面，该局会根据不同职位、不同专业的特点、工作评估考核结果，以及教育领域的全球发展情况，分别制定针对教师、一般管理者、领导层，以及其他岗位教育工作者职业发展项目需求，用来指导地方教育职能部门，以上述培训需求分析为基础，改进学校发展战略，协助教师做好个人职业发展规划，帮助学校领导基于当地实际情况制定改革计划，并为学校领导者、一般管理者和教师提供具体培训项目；另一方面，该局会细化教育工作者类别，例如，将学校行政人员分为校长、校长助理、学术事务部门负责人、保密员、学习资料专员、实验室专员、学术督导等多个小类，每个小类又进一步细分为新任从业者、现任从业者等群体，方便各类教育培训机构提供类型多样、内容丰富，且更有针对性、个性化的培训项目。

总体来看，阿联酋教师教育制度多元的目标受众及全面的关注角度，有助于各领域的教育工作者提升专业水平、管理能力和领导才能，提升了各教育单位的整体水平与协调能力；而更具针对性的培养目标与培训项目则考虑了各领域教育工作者的实际需求，提高了教师教育的有效性。

（三）注重教师的专业水平与综合素养

教师的专业化发展和建设已成为阿联酋教师教育的重点。阿联酋各教育部门因材施教地为教育工作者提供专业领域外的培训项目，帮助教师提升综合素养。

隶属于阿联酋教育部的教师培训学院以线上线下相结合的方式为教师提供专业技能培训，教师通过合作教学、交流经验、开展实践等方式，提升职业能力，拓展对不同专业领域学术材料的认知。该学院还设置了完善的网络培训机制，为教育工作者提供多个领域的网络研修班，以先进的互动教学环境与多样化的远程教育技术，帮助教师完成技术项目与培训项目的学习。例如，针对教育部职员的相关培训中，远程培训系统运用电子教学工具为教育工作者提供远程教育；电子培训系统为检测参训者培训时长提供便利；“软件 365”项目为参训职员提供各类软件的应用培训，学习者还可以通过各类软件同各领域的专业人士进行沟通与合作。

此外，教师培训学院提供的培训内容还包括提高参训者应用技术相关的外语能力，以提升教育工作者的综合素质。在应用技术方面，各教育机构、管理机构需学习使用教育软件工具、电子测试系统以改善教育质量，以及使用智能学习工具以更好地利用科技改进教学手段；机构职员需了解信息安全知识，以进行更顺利的技术操作。在外语培训方面，教育工作者可接受英语培训项目或非阿拉伯语母语者的阿拉伯语培训项目，这类项目帮助教师在对话、写作、听力等方面达到更高标准。教育工作者还可根据需要接受中文、朝鲜语、日语、法语、西班牙语、意大利语、德语等其他语言培训。

在地方层面，阿布扎比教育与知识局启动了一项名为“塔姆基恩”[1]的计划，旨在向教育工作者提供适宜的职业发展计划，提升其专业能力，进而提高学生的学习效率，增强阿联酋学生的国际竞争力。该计划力求实现三个主要目标：其一为支持教师提升教学技能，以期达到相应领域的国际标准；其二为支持教师学习全球教学案例，进行教学法理论研究；其三为支持教师进行专业领域的经验交流。该计划提供的培训项目种类多样，培训内容涉及教师合作学习、教学案例研究、教学理论拓展等，力图帮助教育工作者改善教学安排、增进师生交流以及安排网络教学等。接受培训的教师按各自需求接受针对性的训练，并就培训内容相互讨论、交流思想、分享经验，在这个过程中了解自身优势和不足，完善个人职业发展计划。截至 2017 年，该项目共为阿布扎比市、艾因市以及阿布扎比酋长国西部地区共 253 所学校提供教育培训服务，共有 567 名学校领导、10 803 名教师接受相应的培训，累计培训时长超过 300 000 小时。[2]

此外，阿联酋各教育培训部门与阿联酋高等教育学院[3]合作，为教育工作者提供攻读硕士与博士学位的奖学金，提高其教学水平与专业素质。对于教育部的工作人员，教师培训学院提供参加国内外高等教育项目的机会，以培养教育领域的优质人力资源。对于青年学者，阿联酋设立了相关奖学金，旨在为国内以及其他阿拉伯国家的青年学者提供攻读学位的机会，提供职业支持，培养他们成为阿联酋各学校的领军人物。

---

[1] “塔姆基恩”为阿拉伯语词音译，意为“使某人能够做某事”。

[2] 资料来源于阿布扎比教育与知识局官网。

[3] 阿联酋高等教育学院（此处为机构名，不同于“高等教育学院”）成立于 2007 年，机构致力于为在职教育工作者提供学士和研究生阶段学位的研修机会以及其他专业发展的机会，自 2018 年起，该学院开始全面关注研究生教育。

（四）科学合理的课程体系

阿联酋根据教师教育整体课程的需要，结合教师教育的特点和教师专业化的发展方向，建立了具有前瞻性的课程体系。阿联酋各教育培训部门借助现代化的教学设施以落实课程体系的具体内容，服务广大教育工作者，致力于培养具有合理知识结构、高超专业能力和远大发展前景的教育人才。

阿联酋教师教育的课程体系注重教师的可持续发展。例如，教师培训学院计划培养教师的领导力，使其有能力在学校、社区等地领导开展各项培训，从单纯的参训者成为培训参与者、建设者，进而保持教师队伍的整体活力；阿布扎比教育与知识局推广的相应职业发展计划，旨在提高学校工作人员和教师的领导能力、教学技能，建立一支高水平且具有长期发展潜力的教育工作者队伍，为阿联酋的学生在未来拥有更出色的成就提供教育人才保障。

阿联酋教师教育的课程体系计划性较强，且注重反馈机制。例如，教师培训学院提出“制定培训路径与评估培训效果”计划，同时建设用于高效评估的电子系统，助推打造一个更合理、优质、高效的课程体系。阿联酋各教育培训部门针对教学、管理、技术等方面的每个培训项目都设定预期参与人数目标，并于项目结束后进行满意度调查，不断调整、改善培训项目内容，提高效益。

阿联酋教师教育的课程体系目标较宏大，重视教育工作的创新性。例如，教师培训学院发起了“教育大使”项目，旨在使教师和学校领导具备创新能力，掌握各类现代化教学工具，鼓励项目参与者前往世界各地拓展职业发展视野。

此外，阿联酋各教育培训部门具有全球化视野，致力于为教育工作者提供多元的、国际化的培训进修项目。例如，教师培训学院发起“教育学科”项目，目的在于培养教师和学校负责人关注全球教育研究前沿成果。此外，该学院还发起“我们的孩子如何学习”工作坊，旨在帮助学校管理者学习儿童教育领域最优质的国际实践课程。

（五）教师教育实践与理念并重

教育实践是促成经验转化和培养教师专业能力的重要环节。阿联酋教育部注重教师教育中的教学实践，实践使教学过程摆脱了程式化的束缚，成为尊重差异、体现个性的多元范畴体系。例如，教师培训学院为参训教师组织田野考察，根据教师的专业领域拓展其职业技能。此外，该学院要求教师积极参与国内外研讨会等活动，通过学术交流提升职业能力。

与此同时，阿联酋教育部重视在教学、管理、领导等多个领域培养教育工作者的教育理念，并在全社会积极宣传先进的教育理念，致力于构建一个具有吸引力、富有教育意识的社会环境。例如，教师培训学院发起了“培养社会意识”项目，该项目通过提供教育、培训与持续沟通，对阿联酋家庭宣传教育理念、教育方式等，帮助其消除教育方面的困惑。

二、经验与启示

当前，教师教育在世界范围内备受关注，建设高质量的教师队伍是全面推进素质教育的基本保证。阿联酋教师教育在多年的摸索过程中，建立了一套运作合理、协调密切的教师教育制度，其教师教育的发展经验值得他国关注。

（一）强调教师的自我发展

传统教师教育重视系统化的知识传授，注重通过客观知识的讲解来辅导教师教学，在评价机制上侧重标准化考试，由此形成了一种“应用理论”的教师教育模式。根据建构主义的教学观，教学不是内容的传递，而是通过创设一定的环境和支持，激发学员原有的相关经验，以促进学员的知识构建活动。[1] 而教师关于教育、教学的知识，不仅由教师主动获取吸收，也受到教师个人经历、人格特质、文化背景等多重因素的影响。因此，为使教师更好地构建学生的知识体系，教师教育需关注教师的主体性，教师是自身专业发展的主导者，也是学校教育教学的实践者。

阿联酋教师教育致力于通过合作教学、经验交流、开展实践等方式，提升教师的综合素养，各项培训项目因材施教，重点关注教师的专业能力、技术能力以及必备的实践能力。此外，阿联酋教师教育注重教学、管理、领导等方面的理念培养，并将相关理念与当代世界高等教育的改革和发展趋势相结合，提升教育工作者对职业的认知水平。阿联酋教师的专业成长得到了主体性的关照，教育工作者会更积极地提升自身水平，努力投身到教育教学的实践中，进而推动国家整体教育质量的提升。

（二）强化教师教育的课程建设

教师教育是一项系统工程，整体规划是保证教育质量的关键因素。教师教育实践方式的改进需要通过加强体系建设予以规范和保障，并将本国文化传统、政治体制、社会发展等多方面的影响纳入考虑范围。构建从职前到职后的教师教育发展体系，能够有效凝聚各方力量，国家、社会机构、专家及教师在这个体系中各司其职、各尽其责，共同推动教师教育的深度发展。

全面多元的教师教育项目、较为完善的课程体系是阿联酋教师教育的特点。阿联酋各教育机构的目标受众多元，从不同专业的教师，到学校不

[1] JONASSEN D, ROHRER-MURPHY L. Activity theory as a framework for designing constructivist learning environments[J]. Educational technology research and development, 1999, 47(1): 61-79.

同层级的管理者，从教育部的工作人员，到各职能部门的新任从业者，各级各类教育工作者均能在其专业领域得到针对性的提升，并且在多样化的课程体系中强化自身综合素质。此外，阿联酋教师教育的课程体系注重教师队伍的可持续发展，除了在各级教学单位内培养有潜力的教育工作者，阿联酋还致力于激励经验丰富的教育工作者、退休人员或大学毕业生从事相关志愿工作，加强社会整体的教育意识。

（三）重视教育工作者的教育实践

传统的教师教育课程往往以知识为中心，忽略教育实践，进而导致教师与课堂教学实践的分离，以及教师与同行交流的缺失。教学活动的本质是一种复杂的实践活动，教师需在真实的教学情境中不断地检验、反思、总结，并与国内外的教育工作者交流经验，以更好地提升自身的专业水平。

阿联酋各教育培训部门重视教师教育的相关实践项目，致力于根据教师的专业领域制定实践方案，以拓展其职业技能，并要求教师参与阿联酋国内外各类学术活动，以学术交流的形式提升职业能力。此外，对于在职教师的教学实践质量，阿联酋教育部制定了多元化、高标准的绩效考核制度，以帮助教育者加深对专业发展要求的理解，更好地完成教育实践的目标。

第三节 教师教育的挑战与对策

一、面临的挑战

教师教育是提高教育工作者整体素质的有力保障。随着时代发展，阿联酋教师教育也面临着不同的问题与挑战，主要体现为政策支持不足、培养机制不完善、发展状况不均衡。

（一）政策支持不足

教师教育有助于提升教师教学水平、促进教育人才培养，是关乎国家发展的重大事业。政府、学校、培训机构等各部门需制定全方位、立体化的方针政策与措施，保障教师教育发展，推动该领域的不断改革。进入 21 世纪以来，阿联酋陆续颁布了与教师职业发展相关的教育政策，但总体而言，政策数量相对较少且针对性不强，所提供的支持不够全面、具体。

近年来，阿联酋教育部公布的与教师教育相关的公开性、专门性文件数量较少，更新频率不高，一些综合性文件中涉及教师教育部分的比重也不大。《阿联酋教育体系（2015—2017 年）》概括梳理了阿联酋在 2015—2017 年取得的教育发展成就，展望了 2018—2021 年的国家教育发展前景，但未对教师教育体系进行详细阐述，只对取得的成绩做简单陈述。该文件指出，在 2015—2017 年，阿联酋教师教育的项目种类、参与人数、培训时长均有一定程度的增长。2071 年建国百年计划提出发展科技推动教育建设，致力于打造专业化、职业化和道德化的教育机构，但未具体提及教育机构中教师队伍建设、相关人员培训等内容。

2020 年，阿联酋教育部发布《阿联酋学校：教育人士的职业发展》报告。该报告概括性地介绍了阿联酋的整体教育情况、教育人士的培养模式，以及阿联酋教师教育的发展状况，指出阿联酋教师教育通过线上线下相结合的方式培养教育工作者的教学能力、领导能力和管理能力，并在培训后对其进行评估考核，项目整体满意度较高。但报告未阐述项目内容、培养方案，仅对项目理念做简要概述，且缺少对阿联酋不同地区的教师教育发展情况的具体分析。

（二）培养机制不完善

专业化的发展道路是世界教师教育发展的核心理念，专业发展需要良好的教育培训体系和评估监测机制来进行指导和规范。阿联酋教师教育在培养体系、培养目标、课程设置等方面的发展还不够完善，且缺乏有效的内部评估管理机制。

阿联酋尚未建立系统化的教师教育培养体系。教师职前培养仅为教师专业培养的起始阶段，职后的专业培养对教师的成长与发展具有更为重要的作用，教师的在职进修已被视为促进教师专业化发展的重要途径。此外，教师教育体系的建立需要政府部门、学校和教师教育机构的共同努力和相互合作，但实际上相关群体在各层面并未形成有效合作。在体系构建方面，阿联酋教师教育体系的整体布局和层次结构尚不合理，教育部尚未出台系统化的教师教育制度，各教学单位缺乏统筹教师教育的专门部门，教育工作者个人也缺乏制定长远的、详尽的发展规划的意识和方法；在地方发展方面，各酋长国对教师教育发展关注程度不足，地方层面教师教育培养体系的建设有较大进步空间；在培训机构方面，阿联酋教师教育未形成高校、官方与民间培训机构和各教学单位之间的良好沟通与合作关系，培训活动的选择和开展较为随意，缺乏系统性和连贯性，培训项目与培训机构间的衔接程度较低。

阿联酋教师教育培养目标不够完善，定位不够明确，课程设置尚需改进。意识是促进专业发展发生的必要条件，教师追求自身的专业发展，积极主动的专业发展意识不可缺少，而教师对科研的认知、对理论的学习应是自身专业发展意识的重要组成部分。[1] 阿联酋教师教育培训课程中缺乏对教学理论的指导，导致教师相关理论意识淡薄，在一定程度上制约了教学

[1] BAILEY K M, CURTIS A, NUNAND. Pursuing professional development: the self as source[M]. Beijing: Foreign Language Teaching and Research Press, 2004: 86.

质量的提高。教师教学任务负担重、压力大，这进一步消耗了他们对教学进修、理论学习的热情。教师教育的人才培养既要满足学员个人成长发展的需要，也要满足国家和社会发展对教师职业的要求，阿联酋在新时代的社会发展需要拥有高学历的师资队伍以及相关领域的研究人才。阿联酋教师教育的目标主要聚焦在对教育工作者领导能力、教师教学技能的提高方面，未充分关注教师在提高学历、加强研究能力等方面的需求。高度专业性是教师职业的特质，实践教学是教师教育的重要内容，教育工作者除了学习相应的理论知识、接受技能培训以外，还需在教育实践中检验自身专业素养，在实践中不断反思、进步。阿联酋教师教育课程设置缺乏对教学实践的关注，教育部提供的培训计划中，大部分内容依然以参训者、学习者接受专业技能、学校管理方法等方面的课程培训为主，涉及实践的培训项目较少，在一定程度上脱离了教学实际，导致参训教师有教育理论知识却无法合理实际应用的现象，使教师难以敏锐发觉现实教学情况中所存在的问题，无法及时思考、正确分析与反馈，这不利于培养教师的专业素质。此外，未来教育的发展方向不可局限于提升学生知识和技能的层面，而必须考虑更深层次的态度和价值观念问题，也就是说，教师不仅向学员教授知识，更需要关注学员思想品德、塑造意志、培养学习习惯和待人处事方式等，使学员符合未来社会发展和国家建设要求。阿联酋教师教育对教育工作者的相关素养发展需求的关注还不够，一些培训项目忽视了对教育工作者良好态度、正确价值观的培养。

阿联酋教师教育缺乏完善的评估机制。合理、有效的评估机制是保证教师教育质量的重要手段，阿联酋教师教育缺乏一套完整、系统的评估监督机制，教育部在教师教育评估理念、评估指标、评估组织等问题上的相关阐述较为模糊，未有明确的定义和说明。在评估理念上，教育部未对阿联酋教师教育评估的基本理念和基本目标做较为确定的说明，缺少教师教育质量评估的探索；在评估指标上，阿联酋大部分教师教育项目无明确的质量评估机制，缺少充分的定量、定性指标，在已有的评估项目中，常用的评估指标仅有“满意度”一项，指标体系单一，难以全面评价复杂的教师教育质量，评估指标亟须从研究工具、研究方法和应用实践等方面进行突破。在评估组织上，阿联酋教师教育未明确指出评估主体，未落实官方机构评估、非官方机构监督、教师自我评估等多元主体的评估管理机制。尽管阿布扎比教育与知识局建立了面向教师与校长的四个考核指标，但这些指标同样未明确规定评估主体，未设置具体的量化指标。在这种情况下，阿联酋各高校以及教育培训机构很难对教师教育培训过程中出现的问题进行及时诊断和调整，使得教师教育中存在的许多问题难以得到有效解决，进而影响到教育质量的提升。

（三）发展状况不均衡

随着时代的发展，教师教育已成为教育工作者终身学习历程中提高自身素养的必要方式，而因生产力发展、资源配置、政策制定、行业重点等方面的不同，以及不同教育单位对教师教育重视程度、关注重点等方面的差异，不同国家和地区或同一国家内部不同区域的教师教育发展状况不尽相同，发展程度存在较大差异。阿联酋教师教育的发展也面临着地区发展不均衡，以及对不同专业、不同层次的教师教育关注程度不均衡的问题，同时，阿联酋国内普遍缺少教师教育的相关学术研究。

总体来看，阿联酋各地教师教育的开展情况存在较大差别。阿联酋国内的教师教育培训机构主要集中在阿布扎比和迪拜酋长国，这两个酋长国中教育工作者的数量也最多，因此各项教育政策、各种教育设备、各类教育培训等也向这两个酋长国倾斜，导致阿联酋各地教师教育发展情况存在较为明显的差异。此外，阿联酋教育部制定的教师教育政策，在学习电脑软件、接受技术培训、学习外语、接受管理技术培训等方面对阿布扎比和迪拜酋长国的职员有较大倾斜，未普遍关注各地各级教育单位的培训需求。

阿联酋涉及教师教育的学术研究成果数量较少，研究领域比较局限。从研究领域上说，已有的相关研究大多关注语言教师的培养和培训，注重分析英语教师的培训状况，而较少关注其他专业的教师，这直接导致教育理念、教育成果等无法在多个专业领域得到试验与应用，研究成果普及度不高，无法更好地推动教师教育的发展。从研究对象上看，相关研究大多关注高等教育、关注阿布扎比和迪拜等较大城市教师教育情况，未普遍包含各级各类的教学单位，案例研究具有局限性。此外，相关学术研究未能对新时代本国教师教育面对的挑战展开详尽分析，这导致阿联酋教师教育缺乏全面地自我审视，教师教育改革缺乏内在动力。

二、应对策略

教师教育的规范化、体系化建设有助于提高专业人才培养的有效性，从而在各级教育单位培育优秀的教师队伍，满足学校、社会和国家发展对高质量教育工作者的需求。阿联酋各级政府、各类高校和教育单位应着眼体系完善、目标设定、课程设置、评估管理等多个方面，建设专业化程度高、针对性强、评估机制完善的教师教育体系，进而不断改善新时代阿联酋教师教育的人才培养质量。

（一）优化教学结构，调整课程内容

在文化丰富多元、技术支持充分的新时代，教师角色被给予的期望正在发生变化。在这种背景下，教师不再仅满足于通过简单教学手段来教授最基础的知识，他们还要培养学生思维方式（创造力、批判性思维、解决

问题的能力、决策和学习的能力），教授工作方式（沟通和协作）和现代工作工具（信息技术）方面的知识，帮助提升学生的综合素质。[1] 这对教师教育的教学结构和课程内容提出了进一步的要求。为此，阿联酋教师教育学院曾于 2017 年提出了泛媒体学术倡议“Stream”，该倡议涉及领域众多，包括数学、工程学、技术、语言等，旨在综合培养和提升教师多方面的教学能力，引导教育工作者教授学生掌握符合就业市场需求的技能。

（二）强化实践教学，增强同行交流

制度化、系统性的教育实践是师资培养不可或缺的内容，基于所从事的学科展开的教学实践有助于提升教师专业教学能力，学科教学以外的教育实践活动则有助于扩大教师视野，增进不同专业领域同行间的交流与沟通。政府、学校、培训机构等应重视教育实践的组织和开展，增加实践的时间，丰富实践的形式和内容，帮助教师有能力应对多样的教学情景，提高教师队伍的专业素质。教育工作者在工作中应注重教学实践的评估与反馈，培养自我反思和改进的能力，并在与同行的交流中分享自身体会、吸取他人经验，高效地提高自身教学水平。除此之外，各级教育单位与教育工作者需紧跟时代，不断增进对其从事的中小学教育、高等教育的相关最新政策的了解，明确教育改革、教学标准对教师提出的最新要求，灵活调整教育实践的形式和内容。2012 年，迪拜知识与人力发展局推出了“何为有效”（What Works）项目，旨在为教育工作者共享知识和技能提供专业性平台，促进同行相互学习与交流；2015 年推出“灯塔”（Lighthouse）计划，该计划旨在召集学校领导分享各自工作中的心得体会，通过交流推动个体工作能力的提高；2016 年推出“积极 100 天”（100 Days of Positivity）运动，

[1] SCHLEICHER A. Preparing teachers and developing school leaders for 21 century[M]. Paris: OECD Publishing, 2012: 149.

旨在改善现有的教育实践，改进课程设置。此外，阿联酋教育部还提出专业化培训倡议，旨在根据不同职位和专业的特点提升教育工作者的能力，并鼓励其与同专业领域的人员交流经验，从而达到最佳的实践效果。

（三）改进评估机制，提升师资水平

教师教育的专业建设能否达到预期效果，既与教师学习者的学习能力和学习效率有关，也与各级教育机构是否设立完善、多元的监督机制与评估机制有关。合理的监督与评估能极大地改善教师教育的质量，各级教育机构需对培训制定标准，而教育工作者自身及其工作单位也需提高自我审查与评估的积极性和自觉性，科学地分析评价结果，并及时进行专业发展的反思与调整。教师教育的评估指标需结合新时代的课程发展要求与学生发展要求，评估内容不限于专业发展目标完成度、课程设置及其满意度，还需关注班级与学校管理能力、道德培养能力等。为此，阿布扎比教育与知识局根据专业属性、专业技能要求，建立了针对校长和教师的专业评估标准，根据是否保证学生参与学习、尊重学生、创造良好学习环境、及时与家长进行建设性的沟通等具体内容，使用在线绩效评估系统对学校教师的工作表现进行评估，给予教师相应的绩效评价，并将评估结果作为制定教师专业发展计划的基础。此外，阿联酋教师教育学院提出了“评估培训效果”计划，帮助处于领导层的教育工作者掌握评估培训效果的必要技能，以改善各培训项目的效益。

第十章 教育政策

第一节 教育政策与规划

阿联酋十分重视教育事业的发展，实行免费义务教育制，重视培养科技人才，主张男女在教育上享有平等的机会和权利。[1] 在波斯湾沿岸的国家当中，阿联酋在男女平等享有教育权利方面处于相对领先地位，这得益于其国内较为完备的教育体系和政策体系。阿联酋的教育政策主要由内阁以及教育部颁布，包括但不限于一系列内阁决议、教育部决议以及规章指南。

一、教育部 2017—2021 年战略计划

教育部 2017—2021 年战略计划（Ministry of Education Strategic Plan 2017—2021，简称 2021 年计划）是阿联酋当前教育事业发展的基本战略，对阿联酋未来人才培养、国家经济进一步多元化发展具有重要的战略意义，该计划是《2021 年愿景》中教育战略相关内容的具体体现。《2021 年愿景》

[1] 中华人民共和国外交部．阿拉伯联合酋长国国家概况 [EB/OL]. (2020-05)[2020-06-12]. https://www.fmprc.gov.cn/web/gjhdq_676201/gj_676203/yz_676205/1206_676234/1206x0_676236/.

是阿联酋副总统兼总理、迪拜酋长谢赫·穆罕默德在 2010 年一次内阁会议上提出的国家发展规划，旨在使阿联酋在 2021 年建国 50 周年之际，成为世界上经济最发达、人民生活水平最高的国家之一。而这一战略计划在阿联酋教育部网站上位于十分显眼的位置，是所有教育政策中唯一单独在网站首页列出的，由此可见该计划的重要地位以及教育部对它的重视程度。

（一）任务

2021 年计划致力于提高阿联酋教育质量，在本国建立一种以获取知识、开拓创新为宗旨的创新型教育体系，为国内外学生提供最优质的教育资源，培养国际社会需要的高端人才，提高阿联酋公民在国际舞台上的竞争力，以契合未来劳动力市场的需求。[1]

2021 年计划是一项放眼国际、开放包容的教育政策。一方面，该计划不仅谈及国内全学段学生，也谈及外国留学生；另一方面，计划中多次提出“为国际社会培养高端人才”“提高国际竞争力”等目标，这与阿联酋的国情相契合。阿联酋是波斯湾地区较为开放的国家，很多世界名校在阿联酋设有分校，同时，很多阿联酋学生也有海外留学的经历。长远来看，阿联酋的教育体系会越来越开放。

2021 年计划的主要内容涉及公民身份与责任、宗教原则与价值观、承诺与透明、平等与正义、参与及问责、科学技术及创新六个方面。[2] 在价值观念方面，该计划致力于增强阿联酋公民的身份认同感，提高其社会责任感，弘扬宽容、节制、包容、爱好和平、乐于助人等价值观念。从历史上来看，阿拉伯民族以游牧为生、习惯于部落生活，民族认同感不强，大部分阿拉伯国家在公民身份认同方面与其他国家相比有着较大差异，尤其是像阿联

[1] 资料来源于阿联酋教育部官网。

[2] 资料来源于阿联酋教育部官网。

酋这样由多个酋长国组成的国家，甚至在现代社会中仍然保留了一些部落生活的痕迹。因而，加强公民身份认同感对保持阿联酋国家稳定、增强民族团结来说具有重要意义。在公平正义方面，该计划致力于实现教育上的公正与平等，建立健全教育监督管理及问责机制，确保人人享有平等的教育机会。阿联酋在波斯湾沿岸国家中较为富裕、开放，实施免费义务教育制，其目的是提高国民文化水平和综合素质，而实现教育公平是实现这一目标的重要保障。建立健全教育监督管理及问责机制不仅有利于进一步保障教育环境的公平公正、教育资源的合理应用、教育体系的健康发展，从长远来看，也有利于建立更加廉洁公正的政府，促进社会良性发展，为阿联酋未来外向型、多元化经济发展奠定良好的基础。在社会发展方面，该计划致力于将阿联酋建设成一个由科学、技术以及创新驱动的社会。科学技术是第一生产力，而创新则是科技发展的驱动力。阿联酋盛产石油，但有限的国土面积限制了其国内工业的发展，其经济发展主要依靠石油工业、金融业、旅游业等，如果阿联酋要补齐工业短板、提高国家工业化水平，那么大力发展科技尤为重要，这有助于阿联酋在国际产业链中占据高位，依靠高新技术获取利润。

（二）目标

1. 战略目标

2021 年计划的战略目标主要有八项：保障包容性的优质教育（包括学前教育）；提高教育效率，培养学生的领导能力；保障教育及培训机构（包括学前教育相关机构）的教学质量、效率以及良好的内部管理状况；营造安全、有效且富有挑战的学习环境；为学生日后在国内外接受更高水平教育打下良好基础，以迎合未来劳动力市场需求；在保证教育质量、效率、透明的前提下，提高学生科研和创新能力；为教育事业提供优质、高效且透明的行政服务；在教育部内部建立创新文化。[1]

这八项战略目标涉及所有教育阶段，涵盖了教师、学生、教育机构及监管部门四个类型的主体，力求全方位地提高阿联酋的教育质量，对教育体系和教学方法进行全方位改革。

2. 指标评价体系

为了更好地完成上述战略目标，阿联酋政府采用多项指标指导制定具体发展目标，形成了一套较为完善的评价体系，力图将战略目标落到实处，使教育发展成果可量、可测、可评，更具操作性。该指标评价体系主要包括表 10.1 所示的九个方面。[2]

表 10.1 阿联酋教育指标评价体系

	指标名称	指标含义 [3]	计划目标
1	TIMSS[4] 平均指数	四年级和八年级学生在 TIMSS 中的分数与排名	世界前 15 名
2	高中毕业率	年满 18 岁人口的高中毕业率	98%
3	幼儿园入学率	4—5 岁儿童入学率	95%
4	PISA[5] 平均指数	15 岁学生在 PISA 中的分数与排名	世界前 20 名

[1] 资料来源于阿联酋教育部官网。

[2] 资料来源于阿联酋教育部官网。

[3] 资料来源于阿联酋《2021 年愿景》官网。

[4] TIMSS 即国际数学与科学趋势研究的英文首字母缩写（Trends in International Mathematics and Science Study），1995 年国际教育成就评价协会首次发布研究报告，此后每四年发布一次。这项研究主要评估各国四年级和八年级学生的数学与科学知识水平，旨在比较不同国家的教育水平，为各国制定教育方针提供依据。

[5] PISA 即国际学生评估项目的英文首字母缩写（Program for International Student Assessment），该项目是一个由经济合作与发展组织（OECD）筹划的对全世界 15 岁学生学习水平的测试计划，主要测试阅读、数学、科学三项内容，最早开始于 2000 年，此后每三年进行一次，是目前世界上最具影响力的国际学生学习评价项目之一。

续表

	指标名称	指标含义	计划目标
5	熟练掌握阿拉伯语的学生比例	九年级熟练掌握阿拉伯语的学生比例	90%
6	拥有高素质教师的学校比例	拥有经过特定考核、符合要求的教师的学校比例	100%
7	领导能力强的学校比例	通过学校监管评估标准评估的学校比例	100%
8	预科入学率	本地大学生中需要接受预科教育的学生比例（预科课程主要为阿拉伯语、英语、数学和信息技术）	0%
9	研发支出	科学研究开发支出占国内生产总值的百分比	1.5%

不难发现，阿联酋政府十分重视基础教育的发展。国际数学与科学趋势研究（TIMSS）和国际学生评估项目（PISA）两项均是针对基础教育阶段学生的评估标准，为了解阿联酋基础教育的发展状况提供了可参考的量化指标，便于进行国际间对比。同时，2021 年计划的评价体系还纳入了幼儿园入学率、高中毕业率等指标，便于把握国内学前教育和基础教育的整体发展情况。此外，阿联酋政府还注重提高阿拉伯语在基础教育中的地位，将九年级熟练掌握阿拉伯语学生比例这一指标纳入评价体系，用来了解、评估、改善阿联酋学生整体的阿拉伯语水平。该指标是政府为增强国民身份认同感、弘扬传统文化和宗教价值观而采取的具体实践措施之一。基础教育的发展将有助于给高等教育提供更优质的生源，缩短甚至取消学生在进入大学学习前接受预科教育的时间，因此预科入学率这一指标本质上也是对基础教育水平的一种反映。在学校层面，该评价体系主要从教师质量以及学校领导力两个方面对学校发展状况进行量化评估，这也是决定学校综合竞争实力以及展现其未来发展潜力的两个基本要素。

二、2030 年国家高等教育战略

2030 年国家高等教育战略（National Strategy for Higher Education 2030，简称 2030 年战略）是阿联酋教育部部长侯赛因·本·易卜拉欣·阿尔·哈马迪于 2017 年 9 月在政府年度会议上提出的一项发展高等教育的国家战略。

（一）目标

2030 年战略旨在建立科学的、专业的教育标准，为阿联酋公民提供更好的教育。该战略着眼于为阿联酋培养新一代专业人才，使其掌握必备的知识与技能，提高科研能力、创新创业能力、促进阿联酋劳动力市场的发展和加速国家整体的经济发展。[1]

2030 年战略是阿联酋政府针对高等教育提出的专门性发展战略，体现了国家对高等教育的极大重视。侯赛因·哈马迪部长指出，该战略将助力阿联酋建设现代化、高标准、国际顶尖的高等教育体系，提高国家的创新能力、国际竞争力以及学生的专业化水平。[2] 值得关注的是，这项战略将私营企业引入到高等教育体系的建设与发展中，这能极大地缓解政府面临的财政压力及学生面临的就业压力。

（二）四大支柱

2030 年战略主要从教育质量、效率、创新、实践四个方面指导阿联酋的高等教育体系建设与发展。

在教育质量方面，阿联酋政府从国家层面支持高等教育的发展，为高

[1] 资料来源于阿联酋政府官网。

[2] 资料来源于阿联酋教育部官网。

校发展师资队伍、提高学术水平以及创新能力提供便利与支持，提出相应的激励计划。同时为高校的发展制定严格的执行标准，向其施加压力。[1] 多种措施相结合，从而提高阿联酋高校在世界上的竞争力。

2020 年 7 月，阿联酋教育部与阿卜杜拉·古赖尔教育基金会达成为期两年的合作，宣布成立阿联酋高校高质量网络教学联盟。在合作期间，阿卜杜拉·古赖尔教育基金会将为联盟内高校提供资金、需求评估、教师培训等多方面支持，以应对新冠肺炎疫情对教育领域带来的挑战。

在效率方面，效率与质量是衡量高校科研产出的重要指标，仅仅学术成果质量高还不足够，还需要保持较高的学术成果产出效率才能体现高校强大的科研能力，才能使阿联酋高校跻身世界名校的行列。阿联酋政府建立了专门的融资机制，为科研高效的院校提供更多的资金支持，力求通过有效的融资机制向学术成果丰硕、科研能力强的高校以及相应的学术项目提供资金支持。[2]

在创新方面，阿联酋政府大力支持高校改善其学术环境，为优秀的科研人员提供薪酬、设备、科研环境等方面的支持，助力他们取得重大创新成果，进而带动阿联酋学术以及经济水平的提高。例如，改善学术环境，为优秀的科研人员提供优越的环境、有竞争力的薪酬，旨在取得重大研究成果，为阿联酋学术及经济发展做出贡献。[3]

在实践方面，阿联酋政府致力于将高校与企业联系起来，由二者共同为学生提供相应的培训、课程以及实践的机会，让学生边学边用，活学活用，以提高其专业水平和工作能力，更好地满足劳动力市场的需求。通过加强学校与私营企业之间的联系，为学生设计相关课程与培训计划，以培养出

[1] 资料来源于阿联酋政府官网。

[2] 资料来源于阿联酋政府官网。

[3] 资料来源于阿联酋政府官网。

在劳动力市场上具有竞争力的高校毕业生。[1]

（三）核心措施

2030年战略提出了33项具体措施以完成战略目标，核心措施有以下四点。

第一，制定国家质量框架计划。国家质量框架计划考虑到了不同地区的需求与实际情况，较为公平、公正地进行评价，建立起一套针对高等教育机构教育质量的控制体系。[2] 通过这一计划，阿联酋政府对所有大学进行质量评级，然后将高校分成若干类别，分别对应不同的教学层次，以供学生报考时参考。此外，这一套评价标准还适用于所有的科研机构。

第二，阿联酋政府成立了私营企业理事会。该理事会主要任务是使高校毕业生与用人单位之间能更好地对接。这一方面规范了劳动力市场，为高校毕业生提供更多、更可靠的就业机会，另一方面能了解毕业生就业需求，并为其提供更具针对性的就业服务。[3] 高校学生可以通过该理事会获得私营企业的实习机会、与经验丰富的职员面对面交流的机会，以及参加职业技能培训的机会等。

同时，阿联酋政府计划建立一个融资平台，使得私营企业可以通过该平台向高校的科研活动提供资金，而高校则通过竞争的方式获得私营企业的资金支持。这一举措旨在加强私营企业与高校之间的联系，同时在高校之间形成良性竞争，提高高校的投入产出比。

第三，知识投资计划。高学历毕业生在劳动力市场上更具有吸引力，而该计划定位便是使更高的教育水平与更好的工作机会之间建立联系，从

[1] 资料来源于阿联酋政府官网。

[2] 资料来源于阿联酋政府官网。

[3] 资料来源于阿联酋政府官网。

而增强高等教育尤其是研究生阶段教育的吸引力。[1] 该计划从国家层面向高等院校硕士及博士的培养提供资金支持，扩大研究生招生规模，同时将毕业生规模扩大三倍。

第四，注重发展多元化学习方式。阿联酋政府计划建立一个全国性的教育门户网站，为学生提供学术以及就业上的指导和帮助，如提供电子设备、实习岗位等，并提高电子设备在教学过程中的使用率，使高等教育更加智能、便捷。[2] 再如，为提高高校毕业生质量，阿联酋政府推出了一项针对在校生的监测系统。该系统能够实时监测、综合分析评价学生的学习情况，向可能无法完成学业的学生发出预警并提供必要帮助，以提高高校学生毕业率。

总体来看，2030 年战略十分重视学生的就业问题，多项核心措施都与之相关，通过各种方式提高学生在劳动力市场上的竞争力，采取多种途径实现学生与劳动力市场的直接对接。这些措施主要从资金支持和信息透明两个方面出发，通过多种手段加强学校与就业单位的联系以及学生与研究岗位的对接，帮助学生在毕业后能够更为顺利地找到自己人生目标、为国家及社会的发展做出贡献。

三、高级技能战略

高级技能战略由阿联酋教育部在 2018 年第二届政府年会上提出，该战略被视为 2071 年建国百年计划的重要组成部分，致力于推广终身学习理念，提高阿联酋国民素质，培养高级技能型人才。阿联酋副总统谢赫 · 穆罕默德曾

[1] 资料来源于阿联酋政府官网。
[2] 资料来源于阿联酋政府官网。

经高度评价该战略，认为“我们应当庆祝学习成为一项终身事业的时刻”[1]。

（一）愿景与任务

高级技能战略定位为服务国家教育事业，致力于推动学习成为一种生活方式，建立知识密集型经济。其主要任务是激发阿联酋国民终身学习的积极性，为个人提供良好的教育条件，引导其发挥主观能动性，主动迎合国家对技能型人才的需求。[2]

总体来看，该战略的主要任务可以分为两个方面：一方面是服务于国家整体教育战略，推动“学习”“终身学习”，使其成为深入人心的生活方式，这对任何一个国家都具有长远的战略意义，能够切实有效提高国民素质，进而推动国家经济发展；另一方面服务于国家现实需求，解决当前高级技术人员不足的问题，推动经济发展模式向知识密集型转变，逐渐减少对金融、旅游等产业的依赖，有助于提高国家抗风险能力。

该战略与阿联酋高级科学战略、人力资源战略、国家食品安全战略、阿联酋文化议程、人工智能战略和人民幸福福祉的国家计划等共同构成实现阿联酋 2071 年建国百年计划的重要一环，从广义上讲，该计划旨在将阿联酋置于全球技能评估领域的最前端，其最终目标是在 2071 年阿联酋建国一百周年之际把阿联酋建成世界上最具竞争力的国家之一。[3]

（二）核心内容

高级技能战略的核心内容主要包括五项：高级技能的定义、高级技能

[1] 资料来源于阿联酋高级技能战略官网。

[2] 资料来源于阿联酋高级技能战略官网。

[3] 资料来源于阿联酋通讯社官网。

水平的评估、目标群体、制定政策与计划、创建品牌活动。

1. 高级技能的定义

该战略把高级技能分为两大类，第一类是软技能[1]，第二类是专业技能。这种分类方法不仅考虑到个人的特殊能力水平，也考虑到了每个人的综合能力，可以更好地展现一个人的综合能力与发展潜力。

具体来说，软技能又被细分为分类别专业技能、基本技能、性格特质三类。首先，分类别专业技能包括科学技能、技术技能、金融技能三个方面：科学技能主要指综合运用自己所掌握的科学知识或原理去理解并解释生活中的现象，能够对未知现象提出假设并对其进行检验的能力；技术技能主要指能够理解并主动接受新兴技术，并在生产生活中使用这些技术的能力，如查找并交换信息、处理数据、回答问题、与他人交流互动等；金融技能主要指能够理解金融领域的一些概念与数据处理方式，并把这些知识运用到实际生活当中的能力。其次，基本技能包括批判性思考、创新能力、交流能力、合作能力四个方面：批判性思考主要指能够进行复杂的联想以及识别、分析和评估信息来制定解决方案的能力；创新能力主要指能够展开想象并采用创新的方法来解决问题，或者可以通过运用知识来描述事物的能力；交流能力主要指能够通过口头、视觉、文字等方式来传达、接收和理解信息并对其进行整体研究的能力；合作能力主要指能够为实现或加快实现小组共同目标而在团队中合作，并且能够根据实际情况来调整对小组其他成员行为反应的能力。再次，性格特质包括适应性、领导力、社会文化意识、共鸣力、前瞻性思维五个方面：适应性主要指能够根据新信息、新环境、新技术来更改原有的计划、方法或观点的能力；领导力是

[1] 软技能是一个社会学术语，与一个人的情商、个性、社交礼仪、沟通、语言、个人习惯、与人为善和乐观等人际关系方面的特质相关。

指通过制定目标、与团队成员合作并且支持团队成员以实现团队目标的能力，该能力可以有效管理和激励团队；社会文化意识主要指能够调和分歧、解决冲突并以恰当的社交、文化和道德方式与其他人共处的能力；共鸣力主要指能够注意到其他人的反应并可以理解他们行为的能力；前瞻性思维主要指相信自己可以通过奉献和努力工作来追求自我发展的能力。[1]

专业技能是对推动阿联酋国家整体发展的 17 个优先领域和基础领域的技术能力要求，涵盖了理学、工学、农学、医学、艺术学等多方面的专业能力，包括 3D 打印技术、高新材料、架构与程式设计、园艺技术、计算机科学、数据科学、生物医学、纳米医学、视觉设计、人工智能、心理学、多媒体设计、设计思维、数字品牌等分支。[2]

2. 高级技能水平的评估

为顺利实施高级技能战略，阿联酋政府成立了高级技能委员会。该委员会由联邦和地方政府的相关部门人员组成，高等教育和高级技能国务部长艾哈迈德·本·阿卜杜拉·乌迈德·贝卢尔·阿尔法拉西博士担任主席。高级技能委员会监督相关政策、计划和倡议的实施情况，推动全民终身学习，提高国民对高级技能重要性的认识，为所有人提供机会来学习高级技能。

高级技能委员会通过与多家正在开发技能水平评估工具并处于领先地位的机构合作，从而使阿联酋能够在全球高级技能衡量方面发挥领导作用，对国内发展而言，全球领先的高级技能水平评估标准也可以为阿联酋带来更多的工作岗位，进一步解决国内就业问题。目前阿联酋政府与其他机构开展的技能评估合作项目中，最成功的是 ACT Tessera[3]。它是一项使用李克

[1] 资料来源于阿联酋高级技能战略官网。

[2] 资料来源于阿联酋高级技能战略官网。

[3] ACT Tessera 是一套帮助人力资源专业人员评断测试人社交情感技能的测评方案名称。

特量表[1]、强制性选择[2]、情景判断测试[3]三种模型来进行技能水平评估的项目，主要用以评估毅力、团队合作能力、好奇心、韧性、领导力五项关键能力，适用于各教育阶段的学生以及已经就业的毕业生。[4]

3. 高级技能战略的目标群体

高级技能战略的目标群体主要为在校学生、近期毕业生、经验丰富的员工。[5]

在校学生包含的范围很广，无论是在公立还是私立教育机构就读，只要是正在接受K–12教育或高等教育的在校学生，都属于这一范畴。针对在校学生群体，阿联酋政府希望能够将技能教育融合到日常的课程、作业以及课外活动当中，在教学方法上更加注重多种能力的培养。

近期毕业生指的是工作经验在15年及以内的个人。针对这一群体，阿联酋政府希望能够让他们专注于学习工业领域的最新技术，并根据每个人的工作需求来特别培养其所需要的不同高级技能。

经验丰富的员工是指工作经验在15年以上的个人。针对这一群体，阿联酋政府希望能为他们提供更多的培训机会，强化其已拥有的高级技能并助其获取新技能，以确保这一批人有能力适应未来的劳动力市场。

---

[1] 李克特量表是一种心理反应量表，是目前调查研究中使用最广泛的量表。当受测者回答此类问卷时，他们表明自己对该项陈述的认同程度。

[2] 强制性选择是一种通过选择模式和响应时间来衡量人或动物主观体验的方法，它给受试者提供了两个备选选项，其中只有一个包含目标刺激，强迫受试者选择正确的选项。

[3] 情景判断测试是一种心理测试，向受试者展示现实的假设情景，并要求他们确定最合适的应对方式或以他们认为最合适的顺序对其排序。

[4] 资料来源于阿联酋高级技能战略官网。

[5] 资料来源于阿联酋高级技能战略官网。

4．制定政策与计划

高级技能委员会根据国家战略部署制定特定的政策与计划来支持国家战略的实施，力图在促进高级技能发展方面承担多种角色，并最终通过制定特定政策与计划服务国家建设。

5．创建品牌活动

高级技能战略致力于激励目标人群学习并精进高级技能，树立终身学习的意识。为此，阿联酋政府创立了一系列品牌活动，人们可以在现场直接参加活动也可以通过社交媒体间接参与互动，以提高对高级技能的认知。其中，最具知名度的活动是阿联酋副总统兼总理谢赫·穆罕默德发起的“我的技能 12 × 12”运动。[1]

“我的技能 12 × 12”运动于 2019 年由阿联酋内阁会议通过并宣布实施，被视为落实高级技能战略的第一步。该运动名称中第一个“12”代表了运动将持续 12 个月，第二个“12”则代表了侧重的 12 项技能，每个月针对其中一项进行重点培训。该运动依据高级技能委员会对高级技能的定义，侧重对基本技能、分类别专业技能、性格特质 3 个类别下的 12 项技能进行培训，致力于帮助阿联酋人树立终身学习观念，并赋予他们面对挑战、塑造未来的能力，努力将阿联酋建设成全方位的世界强国。运动开展了一系列线上和线下讲座，为国民提供更为便利的学习机会，并进行技能水平评估。高级技能委员会在扎耶德大学主校区提出了“技能立方体”构想，即使用一个边长 3 米的立方体展台的 4 个展示面来宣传不同的内容，第一面主要播放本月重点技能的培训视频，第二面主要展示个人如何对自己的技能水平进

[1] 资料来源于阿联酋高级技能战略官网。

行评估，第三面主要介绍本月要举行的线下技能培训班，第四面则介绍高级技能战略与高级技能委员会。

第二节 实施与挑战

前文介绍了阿联酋政府近年在教育领域提出的一系列政策与规划，这些政策的实施推动阿联酋教育向更加普及、公平、高质量的方向发展，但在具体实施的过程中也不可避免地出现了一些问题，面临不同的挑战，需要及时调整。

一、教育部 2017—2021 年战略计划的现状与问题

（一）实施现状

2021 年计划在制定时选择使用 9 项具体的、可量化的指标来设定目标，因此，这 9 项指标的具体情况一定程度上也可以真实反映 2021 年计划的实施情况与阿联酋教育的发展现状。总体来看，2021 年计划的推进并不是特别顺利，截至 2020 年 8 月，9 大指标中仅学前班入学率与高中毕业率基本达到目标水平，其余指标与目标指标仍有一定差距。[1]

从 TIMSS 平均指数上来看，阿联酋政府定下的目标是进入世界前 15 名，2015 年最新一期 TIMSS 报告显示，阿联酋四年级学生数学与科学的排名为第 35 名，八年级学生在数学与科学上分别排第 19 名与第 22 名。[2] 在

[1] 资料来源于阿联酋《2021 年愿景》官网。

[2] 资料来源于阿联酋《2021 年愿景》官网。

四项排名中，四年级学生在数学与科学方面距离目标水平有较大差距，八年级学生在数学与科学方面的排名与目标水平较为接近。TIMSS 报告每四年发布一次，2019 年度报告尚未发布，目前较难判断阿联酋政府能否在较短时间内缩小各指标与目标指标的差距。

从 PISA 平均指数上来看，阿联酋政府定下的目标是世界前 20 名，2019 年最新一期 PISA 报告显示阿联酋学生在数学、科学、阅读上排名分别为第 42 名、第 43 名、第 36 名，距离目标水平均有较大差距，可以认为阿联酋政府在 PISA 平均指数这一指标上想要完成目标的难度较大。[1]

从预科入学率上来看，阿联酋政府希望提高教育质量以使学生能直接达到下一阶段入学要求，即不需要预科的过渡和衔接，因而定下预科入学率为零的目标。从实际情况来看，2016 年阿联酋预科入学率为 46.8%[2]，2018 年为 33.9%[3]。可见，阿联酋政府在降低预科入学率上取得了一定的成就，但在 2021 年实现预科入学率为零的目标仍然存在较大困难。

从领导能力强的学校比例与拥有高素质教师的学校比例上来看，阿联酋政府定下的目标均是 100%，但截至 2019 年，两项指标分别为 58%、56%，距离目标水平仍有较大差距，且提高学校领导能力与教师素质难以在短期内见到成效，因此，阿联酋政府如期达到目标水平的可能性相对较小。[4]

从熟练掌握阿拉伯语的学生比例上来看，阿联酋政府定下的目标是 90%，而 2016 年的统计结果为 67%[5]，2018 年的数据为 48.8%[6]，与目标水平均有较大差距，且这两年间，该项数据反而下降了约 18%。该项数据统计的

[1] 资料来源于阿联酋《2021 年愿景》官网。

[2] 金絮，沈骑．阿联酋《2021 年愿景国家议程》教育战略探析 [J]．世界教育信息，2017，30（14）：9-15.

[3] 资料来源于阿联酋《2021 年愿景》官网。

[4] 资料来源于阿联酋《2021 年愿景》官网。

[5] 金絮，沈骑．阿联酋《2021 年愿景国家议程》教育战略探析 [J]．世界教育信息，2017，30（14）：9-15.

[6] 资料来源于《2021 年愿景》官网。

是，在阿联酋政府制定的特定标准下，九年级学生阿拉伯语水平达标的学生比例。不同年份该项指标可能有所波动，但就目前情况来看，阿联酋政府在推广阿拉伯语教学方面可能存在一些问题，难以如期达成目标。

从高中毕业率与幼儿园入学率上来看，阿联酋政府定下的目标分别是98%与95%，这两项指标在2016年分别为93.16%与93.40%。[1] 截至2019年，这两项数据分别达到了97.75%与95.55%，相对来说已经处于一个较高的水平。[2] 可以看出阿联酋政府在基础教育和学前教育普及方面付出了相当多的努力，已基本完成目标。

（二）面临的问题

截至2020年，2021年计划已提出三年多，综合分析目前阿联酋政府对计划的完成情况，可以发现其在实施的过程中存在一些问题，主要有以下两点。

第一，目标设定偏高。整体来看，阿联酋政府在计划目标的达成上取得了一定的成绩，但超过半数的指标仍然与目标水平有较大差距，如上文提到的TIMSS平均指数、PISA平均指数、预科入学率等。自计划提出以来，阿联酋政府确实为计划的实施和目标的达成付出了巨大的努力，不断缩小与目标水平的差距，努力与世界教育先进国家看齐，在很多领域取得了一定的成果。然而，由于阿联酋现代教育起步较晚，国内教育水平基础较差，整体发展水平滞后，想要通过仅仅几年的时间实现较大飞跃并不容易。在这种情况下，阿联酋政府应当思考提出该计划时定下的目标是否偏高，导致大多数指标完成情况不够理想，是否应该结合国内教育现实重新定下更为合理的目标水平，而不是单纯地一味追求与国际先进水平

[1] 金絮，沈骑．阿联酋《2021年愿景国家议程》教育战略探析 [J]．世界教育信息，2017，30（14）：9-15.

[2] 资料来源于《2021年愿景》官网。

看齐。只有不断夯实基础，高质量的变化才能水到渠成，教育事业尤其如此。

第二，英语冲击阿拉伯语地位。阿拉伯语是阿联酋的官方语言，但在教育领域，阿拉伯语的地位却不如英语，造成这种现象的原因有很多。其一，在教育发展的起步阶段，阿联酋受到殖民历史以及人口结构的影响，选择发展西式教育的模式，很多阿联酋人对于西方的教育、文化较为推崇。其二，阿联酋建国后，随着外来人口的增多，阿联酋本国人在总人口中所占的比例越来越低，在这样的情况下，英语交流更为方便、通畅，客观环境使得人们在生活、工作中更愿意使用英语，英语成为阿联酋通用的语言。其三，阿联酋政府认为高质量的英语教育有助于保障国民就业率，因此大力推广英语教育，提供免费的、非强制性的英语教育。其四，阿联酋的高等院校相对更重视英语授课，阿拉伯语课时通常在第一学期之后大幅缩减。[1] 综合上述原因，不难理解熟练掌握阿拉伯语的学生比例这一指标为何始终较低，甚至不升反降。政府应该正确引导民众认识阿拉伯语与英语的关系，提高公众对阿拉伯语以及民族传统文化的自信心和自豪感。同时，教育领域也应从课时安排、课程设置、课后活动等多个方面为阿拉伯语教学创设更为积极优质的环境，提升学生阿拉伯语的综合运用能力。

二、2030 年国家高等教育战略的现状与问题

（一）实施现状

2030 年战略从质量、效率、创新、实践四个方面入手，提出了一系列

[1] 金絮，沈骑．阿联酋《2021 年愿景国家议程》教育战略探析 [J]．世界教育信息，2017，30（14）：9-15.

具体措施，以发展阿联酋的高等教育。在该战略框架下，阿联酋政府在机构设置、项目设计、制度完善、科研奖励等具体方面已经取得一定进展。

阿联酋政府通过学术认证委员会对高等教育机构及其学术活动开展许可认证工作，促使其提供符合国际标准的高质量教育。[1] 2020 年，阿联酋政府成立了阿联酋高校高质量网络教学联盟，用以改善新冠肺炎疫情期间的网络教学状况。

为应对新时代高新科技的发展需求，阿联酋政府于 2018 年启动了人工智能实习项目，以加强高等教育学科建设，推动阿联酋人工智能教育的发展。该实习项目计划组织 500 名阿联酋学生接受人工智能教育专业技术培训，拓宽学生视野。此外，阿联酋教育部还设立了机器人科学课程以及人工智能课程。目前阿联酋已建成 73 个机器人实验室，并计划推出 6 个智能平台，旨在帮助学生掌握前沿数字技术，预计将有 592 所学校、超过 27.5 万名学生以及 2.1 万名教师使用该平台。[2]

阿联酋教育部制定并出台了学校审查框架，开发了高标准的评估体系。这一评估体系综合考虑多种因素，经过多年的实践和总结改进，目前已较为完善。该体系主要通过定期与随机两种方式对学校教学质量进行测评，同时获取学生反馈，促使学校完善教学。该体系不仅适用于高等教育，也适用于其他阶段的教学评估，其操作模式日趋标准化，参与各方在工作过程中保持沟通，不断提高评估的效率与有效性。[3]

2020 年 2 月，阿联酋教育部宣布向来自阿拉伯联合酋长国大学、哈利法大学、伍伦贡大学迪拜分校 3 所高校的 4 个优秀科研团队发放合作研究计划补助金，用以资助其项目研发取得更大的突破。选择这 4 个科研团队是基于其科研项目的科学价值、与国家科学技术与创新政策的相关性等因

[1] 资料来源于 QS WOWNEWS 全球教育新闻官网。

[2] 腾讯网．中国企业向阿联酋出口 25 亿元 AI 教育项目，系史上最大订单 [EB/OL]. (2019-11-12)[2020-08-15]. https://new.qq.com/omn/20191112/20191112A0GN0B00.html.

[3] 资料来源于 QS WOWNEWS 全球教育新闻官网。

素。每个团队将会在 3 年内获得 750 万迪拉姆的资金。补助金计划被视为 2030 年战略创新部分的重要一环，目的在于促进阿联酋高等教育机构研究人员之间的竞争性和协作性研究，在科学、技术和创新政策的基础上发展大型、高质量的研究团队，推动研究生人数的增长，支持国家战略的实现。阿联酋教育部部长侯赛因·本·易卜拉欣·阿尔·哈马迪曾表示："我们相信，获得资助的研究项目将有助于推动阿联酋向知识型经济过渡，加快国家发展步伐，我们协助阿联酋的年轻人成为掌握实用技能的科学家、企业家。教育部将继续努力满足科研机构研究经费的需求，将资金用于与本国战略相关的进阶高质量研究"。[1]

（二）面临的问题

2030 年战略在很多方面促进了阿联酋高等教育的发展，通过多种途径解决资金、人才等问题，但在具体实施过程中也遇到了一些问题和挑战。

首先是发展较为波动。上海大学吕明霞针对"一带一路"沿线 39 个国家的高等教育毛入学率[2]进行了回归分析，认为阿联酋属于高等教育发展波动型国家。[3]分析结果显示阿联酋高等教育毛入学率在 2009 年之前持续下降，2009 年之后有所回升，但仍未达到较高水平，该研究指出阿联酋高等教育发展波动性较强，易受到外部环境的影响。而 2030 年战略并未对此情况给予足够重视，2030 年战略更加关注学生进入高等教育机构之后的学习与毕业后的发展，绝大多数措施是基于这一点提出的，其中包括扩大研究生招生规模、加强用人单位与高等教育机构的联系等，很少涉及学生进入高等教育机

[1] 资料来源于阿联酋教育部官网。

[2] 高等教育毛入学率是衡量一国高等教育普及化的公认指标。根据马丁·特罗的高等教育发展三阶段理论，毛入学率为 15% 以下为精英教育阶段，15%—50% 为大众化教育阶段，50% 以上是普及化教育阶段。

[3] 吕明霞. "一带一路"沿线国家高等教育的发展趋势分析——基于 39 国的统计数据 [J]. 现代教育管理，2019（1）：92-97.

构这一环节。事实上，外部环境一旦出现变化就可能对阿联酋高等教育造成很大的影响，例如，全球性金融危机的冲击造成国家经济整体下行，国家以及家庭对教育投入相应减少，从而造成高等教育机构入学率降低、生源质量降低等问题，这些将极大地限制高等教育的发展。因此，2030 年战略应当关注保障高等教育机构发展环境的稳定，降低外部环境变化对生源、入学率的影响，推动实现高等教育的稳步发展。

其次为地区发展不平衡。由于历史及政治原因，阿联酋的 7 个酋长国之间发展水平差异极大。从高等教育机构分布情况来看，阿联酋共有 42 所国际分校，主要分布在阿布扎比、迪拜、哈伊马角 3 个酋长国，3 所联邦政府大学全部位于阿布扎比酋长国，84 所私立大学集中在阿布扎比、迪拜、沙迦 3 个酋长国。[1] 此外，高等教育经费分配也不平衡，阿布扎比、迪拜、沙迦 3 个酋长国得到的政策支持和资金多于其他酋长国。[2] 这样的情况一方面促使学生更愿意选择到上述三个酋长国接受高等教育，另一方面则使拥有优质教育资源的酋长国对全球各地优秀教师有更强的吸引力，而导致其他酋长国在生源质量、师资力量等方面处于劣势，使国家高等教育发展不平衡的程度进一步加深。在酋长国层面，知识密集型产业不断发展，高等教育对地方经济文化的带动作用越来越强，高等教育发展受限一定程度上意味着酋长国整体的社会发展受限；在国家层面，高等教育发展不平衡将会带来经济文化发展的不平衡，不利于国家安全与稳定，同时也加大了跻身世界先进国家行列的难度。在这种情况下，阿联酋政府应当发挥引导作用，根据不同酋长国的实际发展情况按需分配教育资源，在不影响其他酋长国发展的情况下，适当照顾高等教育发展水平相对落后的酋长国，同时加强分配过程中的监管力度，确保政策得到落实。

[1] 王焕芝．阿联酋构建区域高等教育枢纽的路径与挑战 [J]. 比较教育研究，2018，40（4）：29-38.

[2] 资料来源于阿联酋教育部官网。

三、高级技能战略的现状与问题

（一）实施现状

截至 2020 年 8 月，高级技能战略共举办 12 场研讨会与讲座，380 人参与其中，超过 6 000 人参加关于个人能力特质的测试，同时高级技能委员会与阿联酋国内外多家机构展开了合作。[1]

2019 年 4 月，阿联酋举办了第 11 届国家技能大赛，其中包括飞机维修、汽车维修和机器人设计等专项赛事，哈利法大学、应用技术研究所、法蒂玛卫生科学学院、阿布扎比职业教育与培训研究所等教育机构参加了比赛。此外，赛事组织方还展示了阿布扎比技术和职业教育与培训中心研发的 3D 打印技术，并为阿联酋学生提供技术培训。[2]

2019 年 6 月，高级技能委员会与阿联酋综合电信公司签署战略合作协议，阿联酋综合电信公司将积极参与“我的技能 12×12”运动，并在政府的支持下开展员工技能培训。[3] 2019 年 7 月，高级技能委员会与阿联酋外交部、迪拜警察总局、迪拜道路和运输管理局等就提升职员高级技能水平合作开展了一系列活动。

受全球新冠肺炎疫情影响，2020 年 7 月，阿联酋教育部宣布启动 2020 夏季活动的线上系统，保障学生完善个人技能和学习知识的途径。该活动旨在利用暑假使学生获得生活技能、提高创造能力，充分调动阿联酋青年的创造力和优秀才能，带动整个社会的进步与发展，并在此过程中继续推广终身学习理念，尝试将新的技能与科学实践以及教育理念联系起来，为在阿联酋生活、工作的各个专业领域的所有年龄和国籍的人提供志愿服务

[1] 资料来源于阿联酋高级技能战略官网。

[2] 资料来源于阿联酋教育部官网。

[3] 资料来源于阿联酋高级技能战略官网。

机会，鼓励他们参与各种教育计划，并树立社会责任意识。[1] 一些政府机构及企业积极参与此次线上活动，加强与学生的联系。

（二）面临的问题

第一，参与度较低。从数据上来看，高级技能战略自 2018 年提出以来，实际参与人数不足 400 人，相对于国家层面的重视程度，这一成绩不算理想。参与技能水平测试人数稍多，但其中仅有 6% 左右的人参与了后续的系列活动，这表明政府推出的配套活动吸引力不足，很多人在了解活动内容之后，深度参与的意愿依然不强。

第二，普及率不高。从可获得的信息来看，高级技能委员会大部分合作对象为政府机构，参与合作的企业仅有阿联酋综合电信公司，且未有更多的关于普通群众参与相关活动的信息或报道。目前来看，高级技能战略更多是在政府机构内部推行，尚未在社会上普遍推广，这一定程度上限制了该战略切实推动国家进步的能力。

四、经验与启示

通过分析阿联酋教育发展过程中的具体做法以及实践中遇到的困难、挑战，可以总结出以下五点经验与启示：制定适宜目标、教育与其他领域协同发展、建立量化评估体系、均衡分配资源、关注目标受众反馈。

[1] 资料来源于阿联酋教育部官网。

（一）制定适宜目标

如上文中所说，阿联酋政府在制定2021年计划时提出了过高的目标，其中很多目标的达成存在一定困难，这可能导致2021年计划最终无法顺利完成。

目标的制定一方面应综合考虑政策制定时社会的发展状况以及发展潜力，另一方面也要对这项政策有正确的态度与立场，对它有一个合适的定位，以保障后续工作有条不紊地开展。过高的目标会错误地引导发展方向，陷入只顾盲目追求结果、忽视任务完成过程和质量的僵局；而过低的目标则无法最大化开发参与者的潜力，妨碍前进步伐。总体而言，教育政策目标的制定应该遵循实事求是、找准定位的原则，既要参考发展现状，也要考虑发展潜力，努力将政策带来的收益最大化。

（二）教育与其他领域协同发展

阿联酋政府在发展教育的过程中并不仅仅考虑到教育本身，而是将教育与科技、文化等领域有机结合实现共同发展，这一方面可以充分调动相关机构、部门之间的相互协作的积极性，最大程度活跃可利用的资源，另一方面也可以完善国家产业结构，以点带面，起到一个领域带动多个领域的联动效用。

在发展教育的过程中还应综合考虑除教育之外的更多因素，例如，利用最新的科技来服务教育领域的发展。远程协作平台的发展为新冠肺炎疫情期间开展线上教学提供了技术支持，降低了师生感染病毒的风险；人工智能技术可以快速批改作业、实时跟踪学习状态并反馈，将教师从一些重复单调的工作中解放出来；虚拟现实技术的发展可以让学生突破场地、设备的限制进行科学实验，为学生提供传统教材无法实现的沉浸式学习体验。

反过来，受益于科技发展而得到更好教育的学生又可以促进技术的进一步发展与应用，二者相辅相成、协同发展，形成良性循环。

（三）建立量化评估体系

阿联酋政府在制定2021年计划时提出了八大战略目标，并将其具体化为九项基本指标，以此建立了量化评估体系，实现了目标的量化管理，便于通过清晰、客观的具体数据来分析不同目标的完成度。计划制定者将目标转化为量化指标体系，做到目标可测、可量、可调、可评，通过数据评估计划的执行情况、发展空间，更好地监督计划的推进，及时总结经验教训，进行必要的调整。

（四）均衡分配资源

阿联酋政府十分重视发展教育，每年的政府年度预算中约有15%用于教育领域，但这些资金的分配却很不均衡，前文提到阿布扎比、迪拜以及沙迦酋长国经常获得大部分资金支持和其他教育资源支持。因此，这三个酋长国在教育领域取得的成就更多，拥有更多不同层级的教育机构以及教职工，其中阿布扎比教职工人数几乎占到了阿联酋教职工总人数的一半，教育资源的分配差异进一步加深了社会发展不平衡的情况。

教育发展的不平衡不利于国家整体教育水平的提高，教育资源的均衡分配一定程度上有利于缓解这个问题。这里的教育资源均衡分配并不是指绝对的平均分配，而是考虑到不同地区发展的实际情况做到按需分配，同时为教育不发达地区提供额外的教育资源支持，这样能够在保证教育发达地区正常或加速发展的同时，带动教育不发达地区的发展。

（五）关注目标受众反馈

阿联酋政府在推进高级技能战略时面临的一个突出问题是普通群众的参与度较低，相关活动和最终目标的达成较难取得突破性进展。

人民群众在任何国家都是社会发展的主要推动者，任何计划或项目如果不能做到较大范围地普及和推广，并使广大群众真正获益，都很难实现对整个社会的有力推动。因此，在制定教育政策时，应当考虑到不同群体的实际需求与喜好，通过多种渠道时刻关注目标受众的反馈，并根据这些反馈及时对政策进行调整。

第十一章 教育行政

第一节 中央教育行政

阿联酋所在地区在公元 7 世纪皈依伊斯兰教，其早期教育主要由宗教人士负责管理。18 世纪末期，随着采珠业的兴起，珍珠商人成为该地区教育发展的主导，而酋长国政府在教育发展中的作用很小。第一次世界大战后，阿联酋采珠业遭到重创，各酋长国政府开始接手一些学校，并探索现代化的教育行政管理模式。1971 年阿联酋建国并成立教育部，将教育管理权力收归中央。2017 年，阿联酋在全国推行教育改革，合并教育部与阿布扎比教育委员会，致力于形成“阿联酋教育行政管理模式”。可以看出，阿联酋在建国前后实行的教育行政管理模式截然不同。本章将回顾阿联酋教育行政管理的历史沿革，着重探讨其现代教育行政管理模式和建国后两次较大的教育改革，一方面梳理阿联酋教育行政整体情况，另一方面展示其教育改革在现代教育行政管理模式中的作用。

一、教育行政的历史沿革

（一）建国前的教育行政

同其他阿拉伯伊斯兰国家一样，阿联酋建国前的早期教育主要由宗教人士主导，教育的内容、形式和考核方式均由宗教人士制定，政府在教育中并没有扮演重要角色。

19 世纪初期到 20 世纪中期为“半系统”的教育行政管理模式。此时的阿联酋处在英国的“保护”之下，但英国仅参与阿联酋的对外关系事务，并不参与阿联酋的内政事务。而在内政方面，当时的阿联酋政府对于教育极为轻视，“几乎不存在”政府的教育行政管理，教育的发展依赖本地商人建立起来的教育机构和周边国家的援助。[1]1907—1953 年，阿联酋地区靠着珍珠商人们的努力，逐步建立起了“半系统”的教育行政管理模式。此时各酋长国的政府对于建立学校并不重视，但依然为珍珠商人建立学校提供了一些便利。这些学校通常遵循一定的教育体系，但是十分落后且不完整，阿拉伯人称此为“半正规”学校。1938 年，迪拜酋长任命其堂弟拉希德·本曼纳·阿勒马克图姆主管迪拜的教育事务。与此同时，随着珍珠业的复兴，其他酋长国一些先前倒闭的学校也陆续在政府的支持下重开。至此，各酋长国的政府在教育行政管理中的作用开始提升，并积极探索新的教育行政管理模式，但这种探索在 20 世纪中期以前并没有从根本上打破原有的珍珠商人建立的教育模式。

20 世纪中期到建国前为现代化的教育行政管理模式。科威特在阿联酋现代教育行政体系的建立过程中起到了关键作用。1952 年，时任科威特埃米尔[2]

[1] BURDEN-LEAHY S M. Globalisation and education in the postcolonial world: the conundrum of the higher education system of the United Arab Emirates[J]. Comparative education, 2009, 45(4): 528.

[2] 音译词，在科威特和卡塔尔指国家元首。

的谢赫·阿卜杜拉·萨利姆出访沙迦酋长国，他参观了沙迦的学校，了解了当地教育发展状况，访问期间还承诺派遣一批专家到沙迦酋长国指导教育相关工作。谢赫·阿卜杜拉·萨利姆回国后立即派遣了一批主管教育的专家到沙迦，并在沙迦当地开设学校。1961 年科威特宣布独立，建立了一个专门负责波斯湾地区各酋长国相关事务的援助委员会，并于 1963 年在迪拜设立了代表处。[1] 在科威特的帮助下，阿联酋政府开始真正认识到教育的重要性，并建立起了与科威特一样的包含小学、初中和高中三个阶段的现代化教育模式。除此之外，英国也帮助阿联酋建立起了一批采用英国课程体系的现代化学校。

（二）建国后的教育行政

建国后，阿联酋成立教育部，统管各酋长国的教育。自此，阿联酋的教育行政管理全部收归中央，这进一步强化了国家对教育的管理权力，力求把原来在周边国家和英国手里的教育权力重新收回，建立起独立的国家教育行政管理模式。同时，阿联酋政府不断地在政府内部进行调整，使教育能够更好地发展。第一，为帮助过着传统游牧或半游牧生活的偏远地区的人民获得教育，政府在教育部成立之初就明确了把教育普及到乡村和偏远地区的目标。第二，1972 年，负责北部五个酋长国 [2] 的教育事务管理司从科威特驻迪拜教育办事处搬到了阿联酋教育部，实现了机构合并，这有利于国家整合资源、统一部署。第三，政府分别在阿布扎比和迪拜各设立一个教育部，以保证建国初期教育的稳定发展，直到后来才将两个教育部合并。第四，建国后的第三年，阿联酋政府还统一了全国的教育学制，规定小学六年、初中三年、高中三年，1975 年取消小学毕业文凭，1985 年取消初中毕业文凭。

[1] ALHEBSI A. A history of education in the United Arab Emirates and trucial Sheikdoms[J]. The global elearning journal, 2015, 4(1): 3-5.

[2] 即沙迦、阿治曼、哈伊马角、富查伊拉、乌姆盖万五个酋长国。

二、现代中央教育行政

（一）教育管理部门 [1]

阿联酋现行的教育管理部门由联邦和酋长国两级构成，在中央一级设有教育部，在地方一级设有教育区，其中阿布扎比设有教育与知识局和阿布扎比技术和职业教育与培训中心，迪拜设有知识与人力发展局和迪拜教育委员会，沙迦设有沙迦教育委员会和沙迦私立教育管理局。

早期的阿联酋教育管理部门设立情况和其他许多阿拉伯国家一样，对于不同教育阶段设有不同管理部门，也会对某些城市设立专门教育管理机构，管理结构比较复杂。2010 年，阿联酋总统谢赫·哈利法·本·扎耶德·阿勒纳哈扬签署 2010 年 1 号联邦法令，成立阿联酋国家资格管理局。2016 年，阿联酋内阁重组，将高等教育与科学研究部并入阿联酋教育部。2017 年 9 月阿联酋总统签署法令，将阿布扎比教育委员会并入总部在迪拜的阿联酋教育部，在此基础上于 2018 年出台相关法律成立教育与知识局，取代原来的阿布扎比教育委员会部分职能。至此，形成了现在的两级管理结构（见图 11.1）

1. 阿联酋教育部 [2]

阿联酋教育部是负责全国教育事务的政府部门，从学前教育到高等教育进行全阶段监督。在公立教育管理上，阿联酋教育部对阿布扎比酋长国和迪拜酋长国实行直接管理，对沙迦酋长国、乌姆盖万酋长国、哈伊马角酋长国、阿治曼酋长国和富查伊拉酋长国通过在当地设立的地方分支机构或教育区间

[1] 资料来源于阿联酋政府官网。

[2] 资料来源于阿联酋教育部官网。

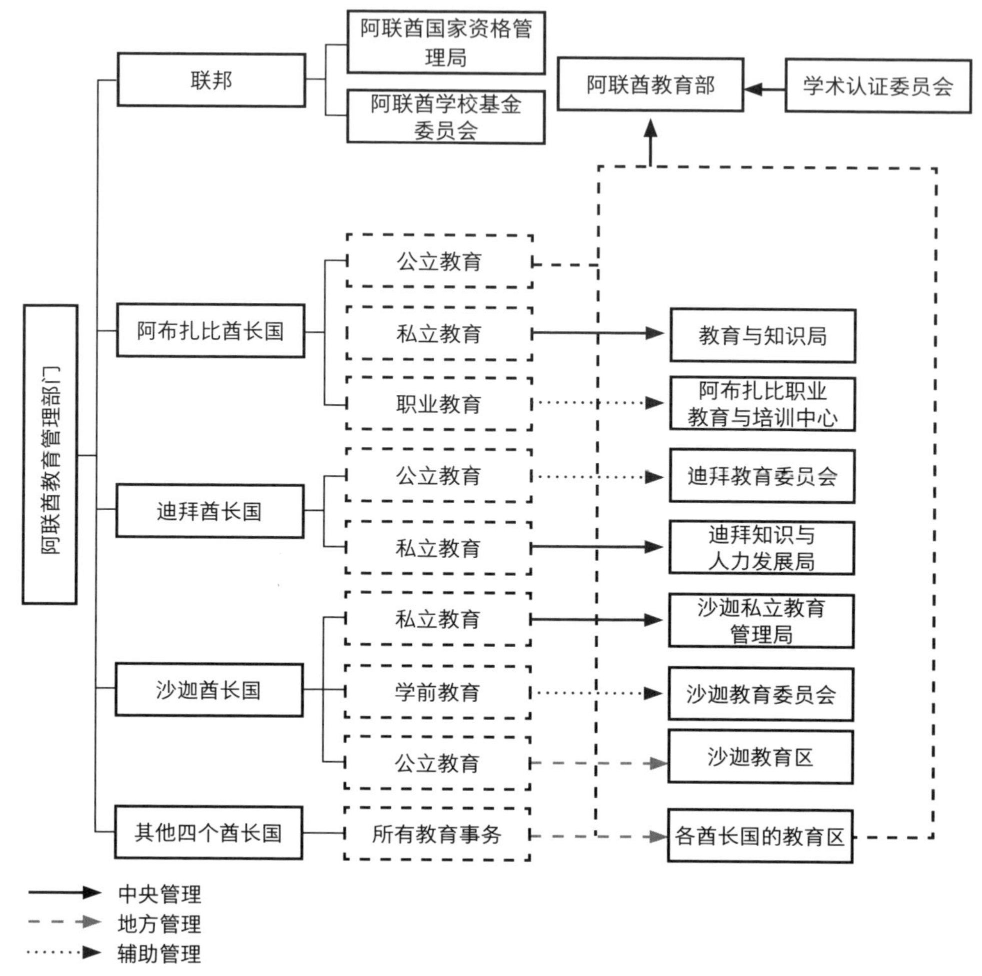

图 11.1 阿联酋教育管理部门

接管理。在私立教育管理上，阿联酋教育部对阿拉伯语、阿拉伯社会研究和伊斯兰研究以外的学科不直接进行管理，而是制定相关的规范和准则以要求私立教育机构遵守执行的前提下自行运作。在阿布扎比酋长国、迪拜酋长国和沙迦酋长国，地方的阿布扎比教育与知识局、迪拜知识与人力发展局和沙迦私立教育管理局与中央的阿联酋教育部共同管理当地的私立教育；在乌姆盖万酋长国、哈伊马角酋长国、阿治曼酋长国和富查伊拉酋长国，私立教育则由阿联酋教育部通过在当地设立的地方分支机构或教育区进行管理。

2. 学术认证委员会[1]

学术认证委员会是隶属于阿联酋教育部的下级部门，负责在联邦标准和规定下开展全国高等教育机构的资格审查认证工作和学科评估工作。该委员会定期通过材料审核和校园实地调查等方式对高等教育机构的每个学科进行单独评估和认证，以确保其符合联邦学术课程标准和国际标准。如果某一院校或院校内的某个学科没有通过评估，将被立即取消招生资格。

3. 阿联酋国家资格管理局[2]

阿联酋国家资格管理局于 2010 年成立，其主要职责是协调建立和发展阿联酋国家职业教育培训系统，确保职业教育培训质量。具体来说，其主要工作包括制定全国职业教育和基础到高等教育阶段中涉及职业教育部分的职业培训和资格管理政策与标准；制定与国际标准接轨的全国职业培训证书考评机制并负责证书颁发工作；建立国家职业教育机构和职业技术从业人员数据库；对地方职业资格管理机构进行监管等。2020 年 7 月 5 日，阿联酋宣布把阿联酋国家资格管理局并入教育部。

4. 阿联酋学校基金委员会

阿联酋学校基金委员会于 2016 年成立，是联邦一级的独立教育部门。

[1] 资料来源于阿联酋学术认证委员会官网。

[2] 资料来源于阿联酋国家资格管理局官网。

该委员会的职责主要为提高主管基础教育、高等教育、职业教育和综合成人教育的联邦政府教育部门的工作效率，制定教育部门的相关政策、战略、标准和管理办法。

（二）教育管理部门的改革

阿联酋分别于20世纪70年代末和90年代末对全国教育管理部门进行过两次较大的改革，2016年进行了一次大整合。这三次改革、调整的主要目的各不相同。第一次改革正值阿联酋建国初期，政府希望通过教育改革快速建立起一套完整的教育系统和课程体系；第二次改革时，完整的教育系统和课程体系已经基本建成，政府希望通过改善教育质量，提高本国教育水平和全球竞争力；2016年部门整合时，阿联酋的教育模式日渐成熟，政府希望通过整合全国教育资源，打造“阿联酋模式”的教育行政管理体系。

1. 20世纪70年代末开始的第一次教育改革

建国初期，阿联酋面临着基础教育薄弱、高等教育缺失的困境。虽然政府在建国不久后成立了教育部，以期在基础教育阶段建立全国统一的课程体系，然而在成立后的五年时间里，该部未能成功建立起一套阿联酋自己的完整课程体系，阿联酋基础教育仍然严重依赖周边国家。[1] 此外，七个酋长国均没有高等院校，学生在完成基础教育阶段的学习后无法在阿联酋国内继续接受高等教育，只能到国外深造或直接放弃深造想法。因此，20世纪70年代末开始的第一次教育改革主要关注基础教育课程体系的建立和高等教育体系的建立。

---

[1] 1976年，阿联酋青年与运动部与阿联酋教育部合并为阿联酋教育与青年部；1999年阿联酋成立青年与体育福利总局，其局长由教育与青年部部长兼任；2003年教育与青年部更名为教育部，2006年青年与体育福利总局局长开始由文化部部长兼任。本书以教育部统称。

在基础教育课程体系建立方面，1979 年教育部宣布开展“国家课程工程”，努力实现建立本国完整课程体系的目标。1985 年，该工程初显成效，阿联酋打破了此前基于阿拉伯语的埃及教育模式，建立了一套基于英语的英国教育模式，形成覆盖小学、初中和高中阶段的完整课程体系，并开始在全国的公立学校推行。[1]1992 年，阿联酋成立了阿联酋幼儿园发展中心，该中心在成立后与教育部和联合国儿童基金会保持紧密合作，于 1999 年建立了全国幼儿园课程体系。自此，阿联酋政府建立起了一套覆盖全年龄段的学前和基础教育课程体系，并于 2001 年将这套课程体系命名为“成熟的课程体系”（Developed Curriculum）。

在高等教育体系建立方面，1976 年阿联酋开国总统谢赫·扎耶德·本·苏尔坦·阿勒纳哈扬在距离迪拜市区 120 多千米的阿联酋第四大城市艾因建立了阿联酋的第一所大学——阿联酋大学（United Arab Emirates University），改变了阿联酋没有高等学府的情况。1988 年，阿联酋高等技术学院（Higher Colleges of Technology）成立，在阿联酋全境设立了 17 个校区，约有 20 000 名学生和 2 000 名教师，是阿联酋最大的高等教育机构，其阿布扎比校区和迪拜校区于 1998 年发展成为扎耶德大学（Zayed University）。扎耶德大学完整地引入了美国大学的行政系统，下设 17 个学院，共有 20 000 余名教师。为了给高等教育的发展提供专门的政府支持，1992 年阿联酋成立了高等教育与科学研究部（The Ministry of Higher Education and Scientific Research），专门负责全国的高等教育和科学研究发展工作，具体包括制定有关政策和规划，管理和监督私立高等教育机构准入，监管高等教育机构的科学研究项目，确保高等教育机构的发展符合国家整体规划，为政府建立高等教育和科研领域的联邦法律提供草案，协调公立高等教育机构的预算、专业领域和学位分配，根据阿联酋社会发展需

[1] RIDGE N, KIPPELS S, FARAH S. Curriculum development in the United Arab Emirates (policy paper, No. 18) [M]. Ras Al Khaimah, UAE: Sheikh Saud bin Saqr Al Qasimi Foundation for Policy Research, 2017: 18.

要制定学生的毕业考核标准，完成高等教育机构间证书的等效认证工作，管理和调配阿联酋国内的高等教育奖学金和出国留学奖学金，建立新的科研机构和实验室、将科研成果转化为社会需要的成果，以及在高等教育机构和基础教育机构间进行协调等。1996 年高等教育与科学研究部成立了全国招生与入学办公室，在全国范围内帮助更多的人进入高等院校学习。

2. 20 世纪 90 年代末至 21 世纪初的第二次教育改革

20 世纪 90 年代末，阿联酋教育改革的步伐明显加快，改革重心也发生了明显变化。在经历了近 30 年的快速发展后，阿联酋的教育普及度较建国时已经实现了巨大飞跃，15—24 岁青年的文盲率不到 15%，但是教育质量不高。阿联酋的小学教育质量勉强达到国际平均水平，中学教育质量与国际平均水平还有一定差距，不能满足劳动力市场对人才的需要和高等院校对于中学毕业学生的技能要求。因此，劳动力市场不得不对新入职的员工进行大量的能力培训，大学则普遍会在学生入学时对所有学生开展预科教育。与此同时，随着私立教育的快速兴起，阿联酋面临着越来越严重的教育不平等问题，阿联酋的公立教育水平逐渐落后于私立教育，接受公立教育的学生的表现往往比同期接受私立教育的学生表现更差，私立学校毕业的学生更受市场的青睐。[1] 时任阿联酋教育部的高级顾问毛古德（Mawgood）曾在 1999 年提出："教育改革应该既关注数量又关注质量，阿联酋在教育发展中取得的显著成就是人尽皆知的，但是低效率教育、无效教育和教育资源浪费的问题已经深深植根于阿联酋的教育系统中。阿联酋当前面临的教育问题不是通过一两个新政策就能解决的，阿联酋需要一场教育系统的革

[1] SOTO R. The economy of Dubai[M]. London: Oxford University Press, 2017: 213.

命。"[1] 因此，于世纪之交开始的第二次教育改革主要关注教育质量的提高和公立、私立教育的平衡发展。

在政府的统一部署下，一方面，教育部、高等教育与科学研究部在全国进行统筹规划，对未来 20 年教育的发展进行整体安排。2000 年，教育部宣布了"2020 年愿景"，以 5 年为周期对教育发展进行规划，并提出了到 2020 年要实现的 14 个目标。2001 年教育部又对"2020 年愿景"进行了补充，增加了九大新目标。这 23 个目标包括了对于教师队伍、学校基础设施建设、教学设备引进、入学率、教育体系开放程度、教育平等、教育观念转变、教育创新、心理教育等方面的具体要求并列出了量化指标或解决方案，如大学教师必须全体拥有本科及以上学历；教师和管理人员队伍中要有 90% 以上的阿联酋人；每 10 个幼儿园学生、每 4 个小学生、每 2 个初中学生、每个高中学生必须配备至少 1 台计算机等，这些目标体现了阿联酋政府谋求教育质变的决心。[2] 2004 年，高等教育与科学研究部成立了高等教育政策与规划办公室，负责高等教育战略规划、教育计划在高校中的落实和协调工作。2006 年，教育部提出"教育阿联酋化"计划，通过合作办学、收购等方式，在 2020 年之前实现阿联酋学校在全国所有学校中占比大于 90% 的目标 [3]，保证伊斯兰传统文化在阿联酋的传承。

另一方面，相关教育部门在地方开展试点工作，探索提高教育质量、推进教育平等的新途径。2003 年，在教育部和迪拜政府的主导下，第一个教育自由区——迪拜知识村在迪拜建立。该教育自由区引进了伍伦贡大学、不列颠大学等超过 400 个国际教育机构和跨国企业，并给予教育自由区内的机构、公司和个人免税的政策优惠。此举在阿联酋打造了一个国际化的区域人才培养中心，有效地提高了阿联酋教育国际化水平，为阿联酋学生更

[1] EZZAT M. United Arab Emirates education 'vision 2020: an overview.' first international conference on educational reform in the UAE, April 13-15, 1999[C]. Dubai: Ministry of Education and Youth, 1999.

[2] 资料来源于阿联酋政府官网。

[3] 除阿联酋学校外，阿联酋还有许多专为外来人口设立的学校，如英国学校、巴基斯坦学校等。

好地适应国际劳动力市场需求提供了有效的国内深造途径，大大减少了出国留学的学生数量。2012 年，高等教育与科学研究部提出了“智能移动终端进高校”倡议，在全国 17 个校园分配发放了 14 800 个特定品牌的智能移动终端设备用于教学和研究工作。

阿联酋政府还在阿布扎比进行试点，成立阿布扎比教育委员会，负责管理包括艾因市在内的阿布扎比酋长国的教育事务。随后，该委员会在教育行政管理中的地位逐渐升高，教育部将许多地方管理事务都交给了该委员会，而教育部在阿布扎比的实际职能逐渐减少。这一举措使阿布扎比的教育发展有了更高的自由度，该委员会出台了许多本地化的教育发展政策，制定了阿布扎比独立的教育改革计划，开展了一批教育创新试点工程。

3．2016 年开始的教育部门整合

为了提高政府决策效率，整合全国教育资源，打造教育管理体系的“阿联酋模式”，阿联酋政府从 2016 年开始将一些教育部门先后并入教育部。2016 年，高等教育与科学研究部并入教育部，自此，教育部的职能范围覆盖学前到高等教育全阶段；2017 年，阿布扎比教育委员会并入教育部，自此，教育部的职能范围真正覆盖了全国各地区；2020 年，阿联酋政府决定合并全国 50% 的政府部门，其中，阿联酋国家资格管理局合并入教育部，于是教育部的职能范围覆盖了普通教育和职业教育。这些机构整合一方面意味着教育部的职能范畴进一步扩大、完善、明晰，教育部成为负责统筹规划、协调管理全国教育事业的主要职能部门；另一方面意味着，教育部内部的职能划分也将趋于合理，方便实现对管理资源的统一调动和部署，更有利于相关政策和决议的执行。

如图 11.2 所示，整合后的教育部设立一名部长为其最高行政长官，两名国务部长和一名负责监察与服务事务的次长，国务部长和该次长直接

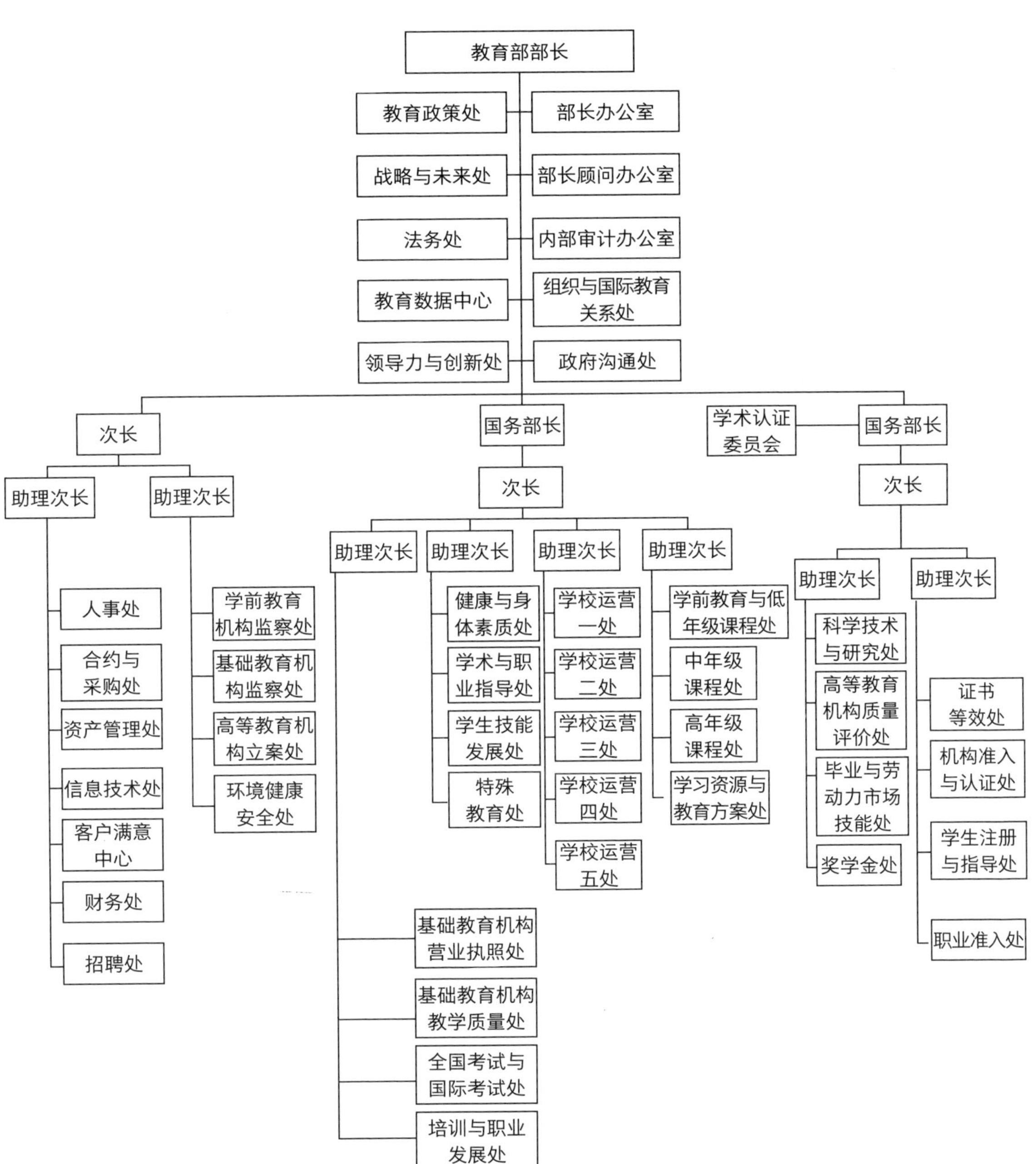

图 11.2 改革后的阿联酋教育部组织架构

对教育部部长负责。除此之外，还有7个处级部门直接向教育部部长负责。两位国务部长分别负责学前与基础教育事务和高等教育事务，分别下设国务部长办公室、国务部长顾问办公室以及负责具体事务的次长。除此之外，学术认证委员会（CAA）也直接对负责高等教育事务的国务部长负责。

总体来说，此次教育部门整合将全国的学前教育、基础教育、高等教育全部收归于教育部的组织架构之下，教育部的行政范围进一步扩大，完成了相关管理资源和管理部门的整合，建立起了覆盖学前教育、小学、初中、高中、大学全阶段，涉及公立教育和私立教育两种教育系统，包含普通教育、职业教育、成人教育和特殊教育全体系，覆盖中央、重点地区和地方酋长国的完整的教育行政管理模式，在很大程度上缓解了政府机构冗杂、职能重复的问题，有利于教育部在国家发展战略的框架下全面、系统、有效地落实各项要求。阿联酋的教育行政管理模式在短短的50年间，从无到有、从繁入简，给阿拉伯世界乃至全球提供了一条可参考的发展道路。

第二节 地方教育行政

受到经济因素影响，各酋长国教育相关的部门设置及其发展教育的方式有很大不同。

受益于建国以来石油经济的快速发展，阿布扎比通过大量出口石油天然气资源换来了丰厚的收入，在20世纪完成了资本积累。2008年全球金融危机虽导致石油价格快速下跌，但阿布扎比政府积极推行财政改革和收入多元化改革，使得其财政收入一直远远高于其他六个酋长国，并通过承担阿联酋联邦政府八成左右的财政预算而获得了国家预算制定的主导权。在这种背景下，阿布扎比教育发展计划往往与联邦教育发展计划密不可分，且能够获得联邦政府的大力支持和政策倾斜。

迪拜虽然没有像阿布扎比一样丰厚的石油收入，却有发达的国际贸易和房地产业，其财政收入也处于较高水平。但迪拜的财政收入相对不稳定，所以迪拜政府在发展教育的过程中更加重视吸引外国的教育机构和资金，发展私立教育，以此弥补地方财政收入上的不足。

在历史上，沙迦是阿联酋最早发展现代化教育的地区，其历代酋长尤其重视教育事业。但沙迦的经济水平严重制约了本地教育的发展高度，其教育发展虽然有一定的自主性，但仍以执行联邦政府的教育发展计划为主。

其余四个酋长国的经济水平与阿布扎比、迪拜和沙迦相比差距较大，在财政上经常需要联邦政府的援助。因此，其教育的发展也基本依靠联邦政府，地方政府拥有较低的自主权，教育管理多通过教育部在地方设立的教育区与联邦政府协调、沟通和落实相关事宜。

一、阿布扎比的地方教育行政改革

（一）阿布扎比教育与知识局

阿布扎比教育与知识局前身是成立于2005年的阿布扎比教育委员会[1]，2018年重组为阿布扎比教育与知识局。该机构自成立起就得到了阿联酋第二任总统谢赫·哈利法·本·扎耶德·阿勒纳哈扬的大力支持，起初只负责阿布扎比公立学校的行政事务，后来职责逐渐扩大，开始负责阿布扎比教育规范和管理规定的制定和执行、学校监管等事务，越来越多的私立学

[1] 本文统称为阿布扎比教育与知识局。

校和高等教育院校也逐渐划归到该机构的管理范围之内。2018 年机构重组后，其职责得到了进一步明确，包括管理、指导、采用和实施阿布扎比酋长国的各种教育发展战略和计划。与此同时，它也是个人、机构和团体在阿布扎比酋长国从事基础教育和高等教育领域相关活动的发牌机构。

该机构管理阿布扎比酋长国内的公立学校、私立学校和高等教育院校，并将这些学校根据地理位置划分为三个主要的区域。阿布扎比区包括了阿布扎比市区和周边沿海地区，东至哈特姆市，北至阿布扎比和迪拜的分界线。艾因区包括艾因市区及其北部地区，南至与沙特的边界，西至哈特姆市。西区包含了阿布扎比市区以西的地区和部分岛屿，西区虽是三个区域中地理面积最大的，但其人口却是三个区域中最少的。

阿布扎比教育与知识局设有一个局长和一个副局长，副局长分管五个部门，分别是：负责制定学前教育到高中教育发展计划、标准和课程体系的 P–12[1] 政策处；负责监管私立学校运营的私立学校与质量保证处；负责公立学校运营、教师队伍建设和学生就业工作等事务的学校运营处；负责制定高等教育发展战略、促进学术研究发展和加快研究成果与经济发展结合等事务的高等教育处；负责行政、财政、校园服务的服务支持处。这五个部门分别下设了数量不等的下级部门，分管具体事务。除此之外，该机构还设立了三个区域局长，负责各区域内的相关事务并直接向副局长负责。

（二）阿布扎比战略计划与新型学校

21 世纪初期，阿布扎比的教育面临着来自内部和外部的双重挑战。一方面，阿布扎比的教育亟须在多元文化中寻找本国文化和外来文化的平衡。由于学校制度和校园文化的巨大差异，那些在采纳西方教学制度的私立学

[1] P–12 指学前教育至高中教育阶段。

校就读的阿联酋学生正困惑于不加选择的西方价值观和思想文化，而在公立学校就读的学生往往过于保守，较难适应阿联酋的多元文化，在与不同文化背景的人打交道时处于弱势。另一方面，阿布扎比现有课程体系的教育质量不高。家长普遍对于教育不够重视，对孩子教育的参与度不高，和学校之间也鲜有互动。与此同时，阿布扎比教育行政管理机构和学校对于学生的鼓励不足，缺少对学生学习的激励机制。[1] 基于这样的背景，阿布扎比教育与知识局进行了教育改革。

1. 教育战略计划

2009 年，阿布扎比教育与知识局推出了阿布扎比 P–12 教育十年发展战略计划。该计划以广泛的研究为基础，对阿布扎比学校的有效和持续改革制定了长期、短期的教育目标和具体措施，其目的是对公立学校进行根本性的长期改革和效果立竿见影的短期干预，确保为整个酋长国的学生提供高质量的 P–12 教育。

该战略中明确了 P–12 教育的四个优先发展方向：（1）将阿布扎比的学校质量提升到国际标准；（2）增加适龄儿童获得 P–12 教育的机会；（3）为学生提供负担得起的优质私立教育；（4）保护阿联酋的文化和遗产，帮助学生在未来职业生涯实现价值。

该战略采取了双管齐下的策略，既制定一个长期发展战略，确保教育发展具有连续性和稳定性，又采取一系列短期措施，对如今阿布扎比教育系统中的问题和痛点进行及时而有效的干预。

[1] 资料来源于阿联酋学术认证委员会官网。

2. 新型学校

阿布扎比新型学校是为酋长国内所有公立学校设计的新的学校模式，是 P-12 教育十年发展战略计划的核心，它与传统学校模式最大的区别在于工作中心的转变。传统的学校模式以行政管理为中心，强调学生对于学校教学管理的绝对服从，课程学习方式主要以记忆和背诵书本内容等为主；而新型学校强调以学生为中心，引入澳大利亚、英国等国成熟的课堂模式和教学方法，力图提高学生的人际沟通能力、思考能力和解决问题的能力。这种新型学校模式更加重视学生个体的学习方式和需求，为学生提供一流的教学和生活设施、营造优质的学习环境，来适应不同学生的学习风格，使学生能够自发组织和参加各种各样的学习和社会活动，发挥学生主观能动性。该项目以阿布扎比政府为主导，政府为项目顺利开展提供指导、宏观规划、信息服务和财政支持。

二、迪拜的教育行政改革

（一）迪拜知识与人力发展局

迪拜知识与人力发展局成立于 2007 年，是迪拜私立教育的政府监管机构。它负责监督迪拜各学段、各类型的私立教育机构，包括幼儿园、小学、中学、高等教育院校和培训辅导中心等。该局的工作重点在于提升教育质量、增加在高质量私立学校就读的外国学生和阿联酋学生的数量，以及在所有私立中小学和高等院校中推行积极的、高质量的教育等。

该机构设有一名局长、一名副局长，副局长下设有一些职能部门，分管政策制定、学生教育项目、学校监督、机构准入等事务。除此之外，该机构下属具体负责迪拜私立教育某一领域事务的机构。例如，学校监察局负责制定迪拜私立教育的质量标准和监察程序，定期检查和监督迪拜私立学校包括科学、数学、伊斯兰教育和阿拉伯语在内的13个教学科目的教学质量情况；学校教育机构负责监督私立教育领域机构的整体发展情况。

（二）迪拜自由区内的高等教育改革

迪拜自由区是迪拜政府于1980年提出的概念，旨在打造出一个免税、100%外国资金所有制[1]、政府监管度低的贸易自由区。随着自由区的快速发展，迪拜政府又将自由区的概念从贸易领域延伸到了媒体、教育、科技等领域。2003年，迪拜教育自由区正式成立，吸引了大量的外国教育机构，使得迪拜的外国教育机构数量逐步增长。[2]

1. 特殊政策

教育自由区内的学校享有独立的监管体系和自由的学术认证方式。自由区内的外国教育机构不需要接受阿联酋教育部的监管，只受到迪拜知识与人力发展局的单独监管，学位颁发也不需要遵循阿联酋教育部学术认证委员会的体系要求，可以按照机构来源国的学术认证方式颁发学位。比如，迪拜美国大学的学位是按照美国南部院校协会（Southern Association of Colleges and Schools）的标准发放学士和硕士学位，且受到该协会的认证和国际认可。此外，自由区内的外国教育机构的教育质量只受迪拜知识与人力发展局高等教育质量保证系统的监督，不受其他教育部门监督。（见图11.3）

[1] 中东地区的企业多为担保人制度，政府常常规定本国资本要占到一定比例。

[2] Knowledge & Human Development Authority. Higher education in Dubai[R]. Dubai Government, 2017: 14.

<table>
<tr><th>机构类型</th><th>地点</th><th>准入初审</th><th>准入终审</th><th>监管方</th><th>质量保证监督</th><th>学术认证方式</th></tr>
<tr><td>联邦教育机构</td><td>无限制</td><td>阿联酋教育部</td><td>阿联酋教育部</td><td>阿联酋教育部</td><td>多机构</td><td>阿联酋教育部学术认证委员会</td></tr>
<tr><td rowspan="2">本地教育机构</td><td>自由区内</td><td rowspan="2">迪拜知识与人力发展局</td><td>迪拜知识与人力发展局</td><td rowspan="2">阿联酋教育部</td><td rowspan="2">多机构</td><td rowspan="2">阿联酋教育部学术认证委员会</td></tr>
<tr><td>自由区外</td><td>阿联酋教育部</td></tr>
<tr><td rowspan="2">外国教育机构</td><td>自由区内</td><td rowspan="2">迪拜知识与人力发展局</td><td>迪拜知识与人力发展局</td><td>迪拜知识与人力发展局</td><td rowspan="2">迪拜知识与人力发展局高等教育质量保证系统</td><td>遵循来源国的学术认证方式</td></tr>
<tr><td>自由区外</td><td>阿联酋教育部</td><td>阿联酋教育部</td><td>阿联酋教育部学术认证委员会</td></tr>
</table>

图 11.3 迪拜教育自由区机构一览

2. 迪拜知识与人力发展局高等教育质量保证系统

迪拜知识与人力发展局高等教育质量保证系统于 2008 年建立。该系统由来自世界各地的高等教育专家管理，其运行参照了国际标准，符合国际高等教育质量保障组织制定的《良好行为准则》和经济合作与发展组织与联合国教科文组织于 2005 年制定的《跨境高等教育质量准则》，并获得了国际高等教育质量保障组织的认证。为了避免额外的监管，该系统认可外国教育机构来源国的教育质量监管机制和监督程序，承认这些机构在原国家已经发布的质量监测报告。但是，该系统保留了对这些学校进行单独审计的权力，在现有的报告不够明确或不符合标准时启动特别审计流程。

该系统还包含学术授权的年检机制，所有在自由区内的教育机构必须每年向迪拜知识与人力发展局申请学术授权，每次学术授权的有效期为12个月。如果机构的学术授权没有在规定时间内续期，将不能开展任何新课程。与此同时，在学术授权期内开展的所有课程都必须在迪拜知识与人力发展局注册，每次注册的有效期为12个月，注册后的课程方案和质量保证都会在迪拜知识与人力发展局的官方网站和手机客户端上公布。

第十二章 中阿教育交流

第一节 交流历史

自 1984 年 11 月 1 日中阿建交以来，两国关系顺利发展，各级别人员互访不断，双方在各领域的友好合作不断深化。阿联酋是同中国合作程度最深、领域最广、成果最丰的中东国家之一，也是中国同阿拉伯伊斯兰国家的合作典范。作为共建“一带一路”的合作伙伴，阿联酋不仅与中国在经贸合作方面有着重要的成果，在教育交流方面也硕果累累。

一、背景

阿拉伯联合酋长国于 1971 年正式成立。在宣布独立的当天，阿联酋总统谢赫·扎耶德·本·苏尔坦·阿勒纳哈扬便告知周恩来总理阿联酋的成立，中方回复表示承认阿联酋并致贺词。这为日后中阿外交关系的建立创造了良好条件。[1]

中国和阿联酋于 1984 年 11 月 1 日正式建立外交关系，自建交以来，两

[1] 刘思悦. 阿联酋媒体：600 年了，我们与中国的关系愈发坚韧 [EB/OL]. [2020-06-08]. https://baijiahao.baidu.com/s?id=1606135777576218057&wfr=spider&for=pc.

国友好合作关系发展顺利。双方高层互访频繁，成果丰硕。1989 年中国国家主席杨尚昆出访阿联酋，这是中国国家主席首次出访阿联酋。次年，阿联酋总统访问中国，这是海湾阿拉伯国家联合会国家领导人首次访华。[1] 中阿双方以此为契机，推进两国政治、经济、文化等领域的迅速发展。

近年来，中阿关系呈现全面、快速、深入发展的势头。两国各级别往来不断，在国际和地区事务中相互支持与配合。2018 年 7 月，习近平主席对阿联酋进行国事访问，两国建立全面战略伙伴关系。2019 年 4 月，阿联酋副总统兼总理、迪拜酋长穆罕默德来华出席第二届“一带一路”国际合作高峰论坛。同年 7 月，阿联酋阿布扎比王储穆罕默德对中国进行国事访问。[2] 目前，中阿双方已建立了包括政治、经济、金融、教育、科技等九个领域的全面战略合作伙伴关系，各领域合作不断巩固和深化，双边关系水平不断提升。

二、从建交至提出“一带一路”倡议

自中阿建立外交关系以来，两国高层往来逐渐增多，两国的教育交流也经历了从无到有、从少到多、由浅入深的发展过程。中阿之间最早的教育交流可追溯到 20 世纪 80 年代，以阿联酋出现中文教育为标志，但其形式大多为兴趣活动或文化讲座，缺少系统的、规范的中文教育。进入 21 世纪后，在两国政府的支持下，双边教育交流进一步深化。

1990 年扎耶德总统访华期间，签署 65 万美元支票赠送给北京外国语大学（简称北外）阿拉伯语系，以建设阿拉伯伊斯兰研究资料中心（后更名为“扎耶德阿拉伯语与伊斯兰研究中心”）。该中心于 1994 年建成，次年正式投

[1] 中国日报中文网. 阿联酋和中国 35 年来蓬勃发展的伙伴关系 [EB/OL]. [2020-06-09]. http://world.chinadaily.com.cn/a/201907/24/WS5d37cf3ba3106bab40a023cd.html.

[2] 中华人民共和国外交部. 中国同阿联酋的关系 [EB/OL]. [2020-06-08]. https://www.fmprc.gov.cn/web/gjhdq_676201/gj_676203/yz_676205/1206_676234/sbgx_676238/.

入使用。为表达感谢与敬意，中心以扎耶德总统的名字命名。2009 年，阿联酋阿布扎比王储穆罕默德访华，决定出资 280 万美元对该研究中心进行全面修缮。三年后，研究中心修葺一新，阿联酋阿布扎比王储穆罕默德率团出席了竣工仪式。[1] 修缮后的中心共有 5 层，使用面积达 4 100 平方米，楼内设有高质量高科技语言学习教室，含 1 个电脑实验室、2 个语言实验室、1 个视听实验室、2 个图书阅览室，以及可供研究生实习使用的国际会议红外线同声传译系统。[2] 阿联酋政府对该研究中心的资助极大地促进了北外阿拉伯语系的教学与科研工作，为北外阿拉伯语专业的建设提供了有力的硬件支持。北外阿拉伯语专业于 2002 年被评为北京市重点学科，2007 年被评为北京市优秀重点学科及教育部高等学校特色专业建设点，阿拉伯语系于 2008 年被评为北京市优秀教学团队。北外阿拉伯语系于 2015 年更名为阿拉伯学院，于 2019 年入选“国家级一流本科专业建设点”和“北京高校重点建设一流专业”，其下设的“海湾阿拉伯国家研究中心”于 2018 年入选“中国智库索引”来源智库。目前，该学院已成为国内外公认的阿拉伯语高级人才的摇篮和阿拉伯学研究的重镇，是促进中阿人民友谊的重要桥梁。

这一时期中阿教育交流的另一重要成果是始建于 2006 年的阿布扎比中文学校。该学校是在中阿两国政府共同努力下，由阿布扎比王储穆罕默德提议创建的。该学校原名为阿布扎比中英文双语学校，2010 年更名为阿布扎比中文学校。学校内设有幼儿部中班、大班和小学部一、二年级，在校学生共 75 人，学校的中文教师全部来自中国，由中方择优选派。这些中文教师除了教授中文外，还根据学校的教学计划组织具有中国特色的文体活动，讲授相

[1] 李远，曹毅．阿布扎比王储出席北外阿拉伯语与伊斯兰研究中心开幕仪式 [EB/OL]. [2020-06-10]. http://news.163.com/12/0328/18/7TN3339R00014JB5.html.

[2] 北京外国语大学公众号．小金顶——围观最帅气的阿语楼 [EB/OL].（2016-06-22）[2020-06-11]. https://mp.weixin.qq.com/s/K5uyEOKv-cCDN472pezh0w.

关文化常识。[1] 同年 5 月，学校举办了第一届中国文化日活动，全校师生参加了中文朗诵、武术、歌舞、服装秀等极具中国特色的文艺表演。[2]

中国教育部中外语言交流合作中心和中国国际中文教育基金会在促进中阿教育交流中发挥了重要作用。2010 年以前，波斯湾地区未开设孔子学院，而中阿在中文教育领域的合作打破了这一局面。近年来，在中国教育部中外语言交流合作中心和中国国际中文教育基金会的支持下，在阿联酋已先后成立了两所孔子学院：迪拜大学孔子学院和扎耶德大学孔子学院。迪拜大学孔子学院和扎耶德大学孔子学院已成为中阿教育交流的重要平台，是这一时期中阿两国教育合作的主要成果之一。

迪拜大学孔子学院由迪拜大学和宁夏大学合作建立。自 2010 年创立至 2013 年，迪拜大学孔子学院举办或参与完成了诸多重点项目和工作，例如，将中国文化课融入迪拜大学课程体系、参与中东地区国际高等教育（沙迦）交流展，完成宁夏回族自治区阿拉伯语人才境外培训项目等。迪拜大学孔子学院还在创新中文教学和文化传播的方式方法上做出了贡献，学院根据学生中文水平，开设了面向迪拜海关、警察等公务员队伍的 5 个级别中文课程，系统教授中文和中华文化常识。至 2013 年，学院为迪拜警察学院开设的中文培训班已由 2 期增加到 4 期，由最初的 1 个教学点发展到迪拜大学、警察学院和迪拜舒鲁克中学共计 3 个教学点，所开设中文教学班随之增加到近 20 个，注册学员累计 120 多人，100 多位中文爱好者获得了中文培训结业证书。[3]

经过近十年的发展，迪拜大学孔子学院师资力量不断壮大，注册学员数量不断增长，教学水平和影响力不断提高，在汉语水平考试、课堂教学、项目培训、文化活动、推广中文和中国文化等方面取得了丰硕的成果。截

[1] 中华人民共和国国务院新闻办公室．阿联酋阿布扎比王储视察阿布扎比中文学校 [EB/OL]. [2021-03-10]. http://www.scio.gov.cn/hzjl/zxbd/wz/Document/534143/534143.htm.

[2] 经凯．阿布扎比中文学校举办中国文化日 [EB/OL]. [2021-03-10]. http://intl.ce.cn/specials/zxgjzh/201005/01/t20100501_21349894.shtml.

[3] 阿联酋迪拜大学孔子学院．学院简介 [EB/OL]. [2020-06-11]. http://ciud.ae.chinesecio.com/zh-hans/node/48.

至 2017 年年底，学院共有教职员工 8 人，注册学员达 277 人，开设了商务中文分级课程、中文选修课程初级和中级课程等多项课程。[1] 从学院成立至 2017 年年底，学院共举办中国汉语水平考试（HSK）24 次，总计举办或参与各类文化交流活动近 40 次，多次为重要中文考试和比赛提供培训。迪拜大学孔子学院因其在中文教育和中国文化传播方面的独特作用，赢得了阿联酋当地的广泛关注和认可。[2]

扎耶德大学孔子学院由扎耶德大学和北京外国语大学合作建立。学院于 2010 年 8 月开设中文课程并正式运行。2012 年 3 月，位于阿布扎比扎耶德大学新址的孔子学院揭牌。学院建成后，学生人数逐年增加，教学点和合作机构日益增多，文化交流活动多样，为当地民众学习中文、了解中国文化提供了途径。扎耶德大学孔子学院自成立以来，与阿联酋教育部、卫生部、阿布扎比石油总局、阿布扎比港务局等部门开展多项合作，在培养中文人才的同时，利用各类活动宣传书法、水墨画、曲艺等中国传统文化，为讲好中国故事、促进中华文化走出去做出了积极贡献。[3] 截至 2016 年年底，扎耶德大学孔子学院学员人数发展到 552 名，拥有各类书籍近 1 500 册，同 1 个语言中心和 4 位个人建立了合作关系，提供教学参考书，支持中国汉语水平考试等。[4]

三、从提出“一带一路”倡议至今

2013 年，习近平主席提出共建“丝绸之路经济带”和共建“21 世纪海

[1] 阿联酋迪拜大学孔子学院．迪拜大学孔子学院 2017 年度大事记 [EB/OL].（2018-03-20）[2020-08-18]. http://ciud.ae.chinesecio.com/zh-hans/node/663.

[2] 据迪拜大学孔子学院官网整理。

[3] 据扎耶德大学孔子学院官网整理。

[4] 北京外国语大学孔子学院工作处．阿联酋扎耶德大学孔子学院 [EB/OL].（2016-12-15）[2020-08-19]. https://oci.bfsu.edu.cn/info/1199/6152.htm.

上丝绸之路”重大倡议。倡议提出后，阿联酋与中国就此达成共识，两国对教育领域交流合作的关注度不断提高，合作内容不断拓展深化。2015年12月，阿联酋阿布扎比酋长国王储穆罕默德·本·扎耶德·阿勒纳哈扬访华。此次访问促进了中阿两国战略伙伴关系的持续发展，进一步推动了共建“一带一路”取得更多成果。中阿签署的《关于建立全面战略伙伴关系的联合声明》和《关于加强全面战略伙伴关系的联合声明》都包含了教育交流、文化合作与对话方面的内容。阿联酋的学校开设了更多的中文课程和中国文化课程，越来越多的阿联酋学生将中国作为留学目的地。

1. 学生交流

在“一带一路”倡议框架下，中阿合作不断深化和拓展。阿联酋的两所孔子学院使两国学生的交流不断向多层次、宽领域的方向发展。中阿双方于2015年签署了一份有关高等教育领域合作的谅解备忘录，旨在促进两国在科学领域的合作，保证两国高等教育机构和科研中心的教育质量，并规定双方每年互相颁发大学奖学金。备忘录还规定，双方应鼓励高等教育领域的官员、教职员工和研究人员之间进行互访，以促进所有共同关心领域的双边合作。阿联酋哈利法科学技术大学马斯达尔研究所和清华大学签署了一项协议，旨在通过教职员工和博士生之间的交流，加强双方学术和研究合作。根据有关协议，中国国家留学基金委员会每年选派最多30名研究生赴哈利法大学[1]攻读博士学位，时长为48个月，选派专业主要为工程、科学、数学等领域的相关学科。[2]阿方则于2017年公布新举措，通过发放奖学金等措施鼓励阿联酋青年赴中国进行本科及研究生阶段的学习交流。短期的交流活动和

[1] 哈利法大学于2019年2月由原哈利法科技大学及其他两个学院合并而成。

[2] 石哲．陈旭访问阿联酋教育部和哈利法大学，推进两国高等教育与科研交流合作 [EB/OL]. [2021-03-10]. https://news.tsinghua.edu.cn/info/1006/51080.htm.

项目也越来越多，如短期访问、学术调研、志愿活动等。其中，阿方来华交流活动中最常见的形式就是阿方孔子学院学生来华参加夏令营，这培养了阿联酋学生学习中文和中国文化的兴趣。扎耶德大学孔子学院于 2013 年开始举办这类夏令营活动，至今已有 80 余人次参与。[1] 夏令营内容包括中文课程、文化体验课程、外出参观等，由此帮助阿方学生更加全面、立体地了解中国和感知中国，增进两国学生和青年一代的相互了解。迪拜大学孔子学院也在 2016 年举行了“银川—西安行”夏令营活动，夏令营主要以文化游览、生活体验、友谊竞赛等形式开展。此外，短期的访问活动也是交流的重要形式之一。例如，2017 年 3 月，阿联酋外交学院科研部主任柯克尔教授率领阿联酋青年外交官及外交学院学生代表团，到北京外国语大学进行了交流访问；2018 年 7 月，在阿联酋扎耶德大学孔子学院中方院长杜伟和阿联酋阿布扎比投资局官员顾问穆罕默德先生的带领下，来自阿联酋的 12 名高中生访问了广东外语外贸大学，与中国学生进行了交流。[2] 中方学生访阿的活动主要有：2018 年 1 月清华大学组织学生赴“一带一路”沿线国家进行社会调研，在阿联酋进行了以“‘一带一路’上的企业跨文化传播”为主题的寒假实践学习；2020 年 2 月，西北工业大学 29 名师生前往阿联酋沙迦大学，参加讲座报告、走访实验室、参观博物馆。[3]

2. 中文教育

2018 年，阿联酋宣布在国内 100 所学校开设中文课程，次年阿联酋教育部发布了 2019 年度中小学中文教师招聘简章，面向全球紧急招聘 150 名

[1] 据北京外国语大学孔子学院工作处官网、外语教学与研究出版社官网、北京外国语大学新闻网整理。

[2] 广东外语外贸大学留学生教育学院．阿联酋高中生代表团来访我院 [EB/OL].(2018-08-02)[2020-08-19]. https://iie.gdufs.edu.cn/info/1090/3411.htm.

[3] 于洋，杨牧．“我对一带一路有了更深刻和真切的理解”——记中国大学生赴阿联酋短期学习调研活动 [EB/OL]. [2020-06-13]. http://world.people.com.cn/n1/2020/0201/c1002-31566555.html.

中文教师。此外，阿联酋还计划在已有 14 所开设中文课程的公立学校基础上，再在 10 所高中开设中文课程，并计划投入 22 名教师和 2 名专家为这些高中十年级以上的学生制定统一的教学计划和培养方案。[1]

“汉语桥”系列中文比赛是中文国际教育领域颇具影响力的配套性活动，是中国教育部中外语言交流合作中心和中国国际中文基金会举办的全球性外国人中文比赛，自 2002 年起每年举办一届，至今已成功举办 18 届。近年来，随着阿联酋中文教育规模的扩大和教学水平的提高，阿联酋青年的参与度不断提升，取得的成绩引人瞩目。2017 年，“汉语桥”比赛首次走进阿联酋，其选手参加了第 10 届“汉语桥”世界中学生中文比赛和第 16 届“汉语桥”世界大学生中文比赛。来自阿布扎比哈姆丹・本・扎耶德学校的 2 位选手在中学生比赛决赛中获一等奖，来自扎耶德大学、哈利法大学、纽约大学阿布扎比分校等高校的 9 名选手参加了大学生比赛。[2] 之后，阿联酋还举办了第 11 届、12 届“汉语桥”世界中学生中文比赛，和第 17 届、18 届“汉语桥”世界大学生中文比赛阿联酋赛区比赛。在刚刚落幕的 2020 年第 13 届“汉语桥”世界中学生中文比赛阿联酋赛区比赛中，阿联酋 43 所学校的 368 名中小学生报名参加。“汉语桥”活动自 2017 年首次在阿联酋举办以来，在当地引起了热烈反响，掀起一股中文学习的热潮。开设中文课的公立学校从最初的 11 所增至 60 所，覆盖幼儿园、小学、初中和高中，分布于各个酋长国。2020 年“汉语桥”比赛打破了参赛学生的年龄限制，鼓励低龄学习者参与进来，为当地学生提供了展示中文水平、相互交流学习的平台，搭起了一座中阿人文交流的桥梁。[3]

---

[1] 廖静．阿拉伯海湾地区的汉语教育政策变迁与汉语教育的发展 [J]. 云南师范大学学报（对外汉语教学与研究版），2019，17（5）：15-16.

[2] 中华人民共和国外交部．驻阿联酋使馆临时代办林亚多出席“汉语桥”中文比赛阿联酋赛区决赛 [EB/OL]. [2021-03-10]. http://newyork.fmprc.gov.cn/web/zwbd_673032/gzhd_673042/t1598011.shtml.

[3] 北京外国语大学孔子学院工作处．阿联酋 2020 年“汉语桥”中文比赛暨第十三届“汉语桥”世界中学生中文比赛阿联酋赛区决赛落幕 [EB/OL]. (2020-08-02) [2020-08-19]. https://oci.bfsu.edu.cn/info/1129/6347.htm.

3．展会与论坛

中阿两国为留学生创造了良好条件，双方教育资源的供应与学生留学的需求不断增长。在这一背景下，以教育为主题的展会与论坛日益增多。

中国国际教育展创立于2000年，由中国教育国际交流协会主办，每年秋季举办。展会期间，海外国家教育机构、使领馆教育处以及知名院校会在现场组织多场留学专场讲座并在综合区互动，推介所在国的正规院校、签证要求、教育质量认证制度以及优质国际课程等。[1]阿联酋于2016年开始参展。展会最初吸引了迪拜美国大学、沙迦美国大学和阿联酋航空大学3所学校参展并推介教育资源。经过几年的发展，2019年阿联酋的参展学校已经达到了10所，4年间总计17所学校参加了该展会。[2]其中，比较知名的大学有阿联酋大学、哈利法大学、迪拜美国大学、沙迦美国大学等，推介专业涉及航空、医药、工业、金融等多个领域。中方参与的阿联酋教育展会主要有中东迪拜国际教育展和在沙迦举办的阿联酋国际教育展。中东迪拜国际教育展自2008年起每年举办一届，得到了阿联酋教育部的全力支持。经过多年的发展和积累，该展会已成为中东地区最重要的教育产品展。中方从2009年开始参加该展会。几年来，中国学校、企业与相关机构对该展会的认可度逐年提升，参展数量和参展面积也逐年增加。2019年，共有350家机构参加中东迪拜国际教育展，其中有31家来自中国，参展面积达500平方米。[3]而阿联酋国际教育展则是阿联酋领先的教育平台，提供全球范围内本科、研究生和更高层次的学习机会。

在教育论坛方面，2019年3月北京大学外国语学院阿拉伯语系、北京

[1] 中国国际教育展．展会概况 [EB/OL]. [2020-06-13]. https://www.chinaeducationexpo.com/chinese/exhibition/about_cee.html.

[2] 中国国际教育展．展会回顾 [EB/OL]. [2020-06-13].https://www.chinaeducationexpo.com/chinese/exhibition/event_report.html.

[3] 资料来源于中东迪拜国际教育装备展览会 Gess Dubai 官网。

大学中东研究中心、阿联酋驻华大使馆、沙迦美国大学联合主办了中国–阿联酋高等教育论坛。阿联酋驻华大使等多位中东国家驻华大使和外交官、两国大学教授、中国知名教育集团负责人等出席了本次论坛。此次论坛设立了“培育国际教育”和“体验国际教育”两个分论坛，与会嘉宾对高等教育国际化发展、建立国际化教育标准等问题进行了交流和探讨。本次论坛提供了一次全面考察中、阿高等教育的机会，探讨了各国名校重构国际教育的愿景和规划。[1] 此外，在阿联酋方面，还有由联合国教科文组织、英联邦商业委员会、阿联酋政府和环球教育集团联合举办的全球教育与技能论坛，该论坛自 2013 年起每年举办一次，致力于在全球和地方层面上为教育系统带来真正可持续、可推广的改革。全球教育与技能论坛涵盖教育行业各类主题，包括技术革新、技能与职业教育、教育公平等分会场。这一多边教育论坛同样为中国和阿联酋的教育交流互动搭建了平台。

第二节 现状、模式与原则

一、两国教育交流现状

习近平主席在 2014 年访问联合国教科文组织总部时说：“对待不同文明，我们需要比天空更宽阔的胸怀。文明如水，润物无声。我们应该推动不同文明相互尊重、和谐共处，让文明交流互鉴成为增进各国人民友谊的桥梁、推动人类社会进步的动力、维护世界和平的纽带。”[2] 经过 30 余年的

[1] 北京大学国际合作部．中国–阿联酋高等教育论坛在北京大学召开 [EB/OL].（2019-03-27）[2020-06-13]. http://www.oir.pku.edu.cn/info/1035/4349.htm.

[2] 人民网．习近平在联合国教科文组织总部的演讲（全文）[EB/OL].（2014-03-28）[2020-07-15]. http://world.people.com.cn/n/2014/0328/c1002-24761811.html.

实践与探索，中阿之间的教育交流已经由点到面全面展开，双方合作基础不断巩固，合作意愿进一步加强，合作成果持续显现。在这样的背景下，中阿两国的教育交流形成了“政府搭台，学校唱戏，师生受益”的多层次、宽领域蓬勃发展局面。

二、两国教育交流模式

目前，中阿教育交流呈现出“外交关系发展为引领、语言教育为主线、院校为主平台、学生为主角、社会力量为补充”的交流模式，各方相互联系，相互支持。

（一）外交关系发展为引领

中阿两国关系的良好发展，以及两国高层之间的频繁互动，为当前两国包括教育在内的各领域交流合作创造了有利条件，提供了良好机遇和广阔平台。《中华人民共和国和阿拉伯联合酋长国关于建立全面战略伙伴关系的联合声明》中提到：“在教育领域鼓励各阶段教育机构间设立教育合作项目。”[1] 中阿双方在关于加强全面战略伙伴关系的联合声明中提到：“双方支持两国互设文化中心，促进文化合作。中方赞赏阿联酋阿布扎比王储、武装部队副总司令穆罕默德殿下提出的在阿学校开展中文教学的倡议，双方鼓励两国官方和民间加强文化交往。双方欢迎在访问期间举办文化和青年活动，这有助于促进相互理解和文明对话。”[2] 双方对于加强各领域合作的政治

[1] 中国一带一路网．中华人民共和国和阿拉伯联合酋长国关于建立全面战略伙伴关系的联合声明（全文）[EB/OL].（2018-07-21）[2020-07-15]. https://www.yidaiyilu.gov.cn/zchj/sbwj/60655.htm.

[2] 中国一带一路网．中华人民共和国和阿拉伯联合酋长国关于加强全面战略伙伴关系的联合声明 [EB/OL].（2019-07-24）[2020-07-15]. https://www.yidaiyilu.gov.cn/zchj/sbwj/97881.htm.

意愿是两国教育交流不断深化的重要驱动力。

（二）语言教育为主线

中阿教育交流活动的主线是开展中文和阿拉伯语教育，主要体现为中阿双方彼此支持在对方国家建设语言学校，并提供资金、教师等方面的协助。

中阿支持对方语言教育的主要形式不同。中国对阿联酋中文教育的支持主要表现为在阿设立孔子学院。由于很长一段时间以来，阿联酋中文教育缺乏专业性和系统性，而中文人才需求却急剧增长，因此，阿方主动提出在阿建立孔子学院，中方主要提供师资力量支持。2019年，阿联酋面向全球紧急招聘中文教师，这说明阿联酋本国的中文师资力量仍存在缺口，需求量较大。在这一交流合作形式中，资金主要由阿方承担，用于建设教学场所、支付教职员工的薪酬等。可见阿联酋政府希望借助其资金优势吸引大量中文教育人才，快速建立起中文教育体系，并且逐步培养本国的中文教育师资队伍。

阿联酋对中国阿拉伯语教育的支持主要体现为提供必要的资金支持。改革开放以来，中国外语教育水平持续提高，2019年全国外语专业本科在校生数量达到901 378人，毕业生人数达193 387人。[1] 其中，阿拉伯语学科建设已取得诸多重要成果。目前，国内开设阿拉伯语专业的高校近40所，2018年全国招收阿拉伯语专业本科生约2 000人，研究生约140人。各高校教学水平不断提高，课程设置日臻完善，办学特色突出，且重视复合型人才培养和国际合作办学。自20世纪90年代以来，阿联酋政府对包括北京外国语大学在内的中国多所高校进行了资金支持，这些资金主要用于教学硬件设备的改善和更新，以及组织和开展部分学术活动和科研工作。

[1] 中华人民共和国教育部．2019年普通本科分学科学生数 [EB/OL].（2020-06-11）[2020-07-15]. http://www.moe.gov.cn/s78/A03/moe_560/jytjsj_2019/qg/202006/t20200611_464767.html.

中阿在语言教育方面的交流合作是双方教育交流的重要组成部分。双方各取所需，各展所长，互相支持，有效地增进了双方学校和师生对彼此的了解，加深了相互的好感。

（三）院校为主平台

中阿教育交流活动的开展，以双方的相关院校为主要平台。中文和阿拉伯语教学由学校开展，留学访学等活动由学校举办，进行交流互访的学者、教授、学生绝大部分都来自相关院校，可以说，教育交流离不开学校的参与。

目前与阿联酋教育交流密切的国内院校主要有北京外国语大学、北京大学、上海外国语大学、对外经贸大学、宁夏大学等。阿方院校主要有阿联酋大学、扎耶德大学、迪拜美国大学、阿治曼大学等。

（四）学生为主角

“国之交在于民相亲。”2013 年 10 月，习近平主席在欧美同学会成立 100 周年庆祝大会上的讲话中指出：“希望广大留学人员充分发挥自身优势，加强内引外联、牵线搭桥，当好促进中外友好交流的民间大使，多用外国民众听得到、听得懂、听得进的途径和方式，讲述好中国故事，传播好中国声音，让世界对中国多一分理解、多一分支持。”[1] 我国外出留学人员数量大，留学频率高，留学人员是实现民心相通的重要参与群体。与此同时，我国国内也有数量庞大的外国留学生群体，他们同样为中外交流互鉴、和谐包容做出了重要贡献。

[1] 中央纪委国家监委．关于讲好中国故事，习近平总书记这样说 [EB/OL].（2017-11-17）[2020-07-15]. http://www.ccdi.gov.cn/toutiao/201711/t20171113_126275.html.

中国和阿联酋两国政府、各大高校以及有关社会团体和企业为中阿双方学生交流提供了便利与支持。总体来看，中阿学生交流的形式兼有长期和短期活动，如留学、访学、夏令营等。阿联酋凭借稳定的社会环境、良好的基础设施、高水平的大学教育，以及兼具国际化与包容性的城市氛围而受到越来越多中国学生的青睐，阿联酋逐步成为中国学生的热门留学目的地之一。而中国对于阿联酋学生的吸引力仍有待增强。据统计，2014 年阿联酋出国留学的学生中有 80.24% 选择了英语教学国家，排名最靠前的留学目的国依次是英国、美国、澳大利亚和印度。[1]

（五）社会力量为补充

在促进中阿教育交流方面，企业、社会团体等社会力量也发挥了积极作用。中阿两国的留学活动类型多样，一些社会力量尤其是国际教育公司在这方面扮演了重要角色，为双方学生了解对方国家国情、教育情况和留学资源起到了一定的宣传和推动作用，并提供了短期或长期的留学机会。

中国伊斯兰教协会也在中阿教育交流方面做出了积极贡献。中国向阿拉伯国家派遣宗教学习留学生已经成为固定机制，并纳入国家对外文化交流协议中。协会曾选派人员参加在阿联酋举办的《古兰经》国际诵读比赛。

[1] 张依依.“一带一路”——阿联酋文化特性及开展人文交流可行性研究 [J]. 阿拉伯研究丛论，2017（2）：41.

三、两国教育交流原则

（一）平等自愿，相互尊重

平等自愿，相互尊重是中阿开展教育交流的首要原则。正是因为两国在交流过程中始终秉持这样的原则，双方的教育交流活动才得以顺利开展。“平等”是指双方参与交流的有关主体，包括政府部门、学校、教师、学生等在交流过程中处于同等地位，享有同等和相对应的机会和权利。“自愿”是指双方在交流过程中不将自身的意愿强加于对方，策划活动时多使用提议、建议等形式。“相互尊重”是指两国相互尊重对方国家主权、国情、文化、宗教、传统等，在此基础上开展交流活动。

（二）因地制宜，实事求是

中国和阿联酋有各自的国情、文化和教育体系，两国教育交流的顺利开展得益于“因地制宜、实事求是”这一原则的指导。双方在交流过程中根据各自条件和特点以及国际环境的变化，确定交流的具体内容和形式。双方发挥自身优势，扬长避短，精准施策。交流活动的具体操作具有灵活性和有效性。

（三）适应发展，服务大局

中国和阿联酋的教育交流基于两国关系的发展，双边关系发展大局为教育交流提供了牢固基础和重要保障。各方面的密切交流和深化合作是与不断发展的双边关系相适应、相衔接的，教育交流超前或滞后都会造成这种对应关系的错位。相应地，作为双边交往的重要组成部分，加强和深化教育交流也会对双边关系的整体发展和水平提升产生积极影响。服务于中阿双边关系大局，同样也是教育交流的重要目的和原则之一。

（四）以人为本，互利双赢

教育的宗旨在于立德树人，这就决定了教育的交流应以“人”为中心，把重视“人”的地位、发挥“人”的作用作为交流活动的出发点和落脚点。“以人为本”是中阿教育交流的重要原则，主要体现在教师和学生两方面。双方的交流活动注重发挥和提升教师在教学研究、教学实践中的重要作用，双方还注重维护教师权益，提升其参与积极性。学生是教育交流活动的主要受益群体，中阿双方以使学生受益作为交流活动的重要出发点，逐步扩大学生参与范围，发掘和创新学生在交流活动中的作用和参与方式。

第三节 案例与思考

一、案例：阿联酋将中文纳入国民教育体系

2019 年 9 月，阿联酋境内从幼儿园到高中的约 60 所公立学校启动了中文课程，标志着中文正式被纳入阿联酋国民教育体系。为此，阿联酋教育部在 2019 年 3 月对外发布了招聘简章，计划在 2019—2020 年招收 150 名中文教师，并将中文教学推广至 200 所公立学校。[1] 中国有关方面根据双方合作协议，对阿联酋在华招聘中国籍中文教师、教材编写等方面进行了协助。

[1] 央视网．阿联酋将汉语纳入国民教育体系 [EB/OL]. (2019-09-13) [2020-08-23]. http://m.news.cctv.com/2019/09/13/ARTIXdvbD7koETtnWQDdOQGI190913.shtml.

中阿在中文教育方面的交流合作取得了积极成效，这是“一带一路”背景下双方开展教育交流的成功案例。

（一）背景

首先，自“一带一路”倡议提出以来，中阿两国交往日益密切，两国各级别互动频繁，在政治、经济、金融、教育、科技等领域合作密切，双边关系朝更高水平迈进。中国已经成为波斯湾沿岸国家最主要的贸易国之一。在此背景下，阿联酋对于中文人才的需求量剧增。

其次，中阿两国各领域交往的日益密切为阿联酋民众提供了更多就业、交流、学习的机会，掌握中文有助于阿联酋民众获得这些工作和学习机会。民众对于中国和中国文化的了解以及好感度随着双边关系的升温逐步提升，阿联酋民众对于中国文化作品的需求也在不断扩大，这都促进了阿联酋民众对中文学习兴趣的提高。

再次，阿联酋中文教育拥有良好的历史基础和可借鉴的成功经验。在将中文纳入国民教育体系前，阿联酋在开展中文教育方面已经进行了卓有成效的实践。2006 年，阿联酋境内第一所中文学校——阿布扎比中文学校建立。截至 2019 年，已有 855 名学生在该校进行了中文学习。[1] 此外，阿联酋还有部分学校开设了中文课程。阿联酋境内两所孔子学院也对阿联酋中文教育的推广做出了巨大贡献。阿联酋大学孔子学院和扎耶德大学孔子学院自建立以来，扎根当地社会，在中文教育领域不断耕耘、不断积累，是阿联酋推广中文教育的重要依托，为中文教育纳入阿联酋国民教育体系奠定了良好基础。截至 2018 年年底，两所学院累计注册学生人数达到 8 031 人。[2]

[1] 资料来源于《宣言报》官网。

[2] 资料来源于阿联酋通讯社官网。

（二）过程与成果

1. 2017 年：前期准备

2017 年年初，阿联酋教育部官员访华，与中方商讨将中文纳入国民教育体系的相关合作事宜。阿联酋教育部次长哈马德·叶海亚和马塔尔·哈迈利访问中国，与中方讨论了中文课程在阿联酋学校的推广事宜。同年 7 月，中方学者朱志平、范晓明向阿联酋教育部提供了一份有关中文教育项目进展的报告。两个月后，经过严格的选拔和培训，共有 20 名中国籍中文教师入职阿联酋 11 所公立学校，向十年级学生教授中文。[1]

2. 2018 年：稳步推进

2018 年 7 月，习近平主席对阿联酋进行国事访问，双方建立全面战略伙伴关系。阿联酋教育部部长侯赛因·哈马迪发表声明，表示在未来几年内，阿联酋将推广阿布扎比中文学校的成功经验，并计划在 100 所中学中，以学生社团为具体实践依托，向九至十二年级的学生开展中文教育。侯赛因·哈马迪还表示，中文教学将有助于提升阿联酋的国民教育水平，有利于阿联酋《2021 年愿景》的实现。[2]

3. 2019—2020 年：成功落地

2019 年 3 月，阿联酋教育部发布 2019 年度中小学中文教师招聘简章。

[1] 资料来源于阿联酋通讯社官网。

[2] 廖静．阿拉伯海湾地区的汉语教育政策变迁与汉语教育的发展 [J]. 云南师范大学学报（对外汉语教学与研究版），2019，17（5）：15-16.

同年 9 月，阿联酋已完成 150 名中文教师的招聘工作。从 2019 年 9 月，阿联酋从幼儿园到高中多所公立学校正式启动中文课程。

学生们使用的教材《穿越丝绸之路》由中阿双方一起编写完成。该系列教材分为 6 个级别，每个级别中包含 3 本教材，学生可以借助该教材全面提升中文听力、口语、阅读和写作技能。该系列教材的主要目标是帮助学生打下扎实的中文词汇基础，并通过对中国文化的学习和研究增进对中国的了解，增强中文交际能力。阿联酋教育部还与中方继续合作，以开发一套能帮助阿联酋学生更好了解中国社会各方面的文化类教材。此外，阿联酋教育部还与中国的出版社合作，着手开展更多中文教材的编写工作，从数学、地理、历史、文学、音乐与戏剧、艺术与设计、体育与社会等多个方面帮助阿联酋学生更好地了解中国社会与文化。阿联酋教育部的一份报告指出，中文教育正式纳入国民教育体系后，阿联酋教育部将进行持续的监测与评估，以确保教学工作的有效性。报告称，阿联酋教育部正在筹备设立一个中文中心，并邀请中方专家对学校的中文教学情况进行评测，同时强调，中阿双方的持续支持对阿联酋学校中文教学工作的可持续发展至关重要。[1]

2020 年年初，阿联酋教育部表示，计划在下个学年再增加 45 所开展中文教育的公立学校，涉及幼儿园、一年级、五年级和八年级四个学段，届时，教授中文的学校数量将达到 105 所。根据阿联酋教育部的相关统计，截至 2020 年年初，共有 16 170 名阿联酋学生学习中文，阿联酋的中文教师人数已达到 247 名，学生平均每周有两节课共 90 分钟学习中文，学生在课上会练习中文会话以及学习中国传统文化。越来越多的阿联酋家长希望他们的孩子学习第二外语，并出现了将孩子送往开设中文课的学校的趋势。[2]

在阿联酋政府的大力推动和中方的全力支持下，阿联酋将中文纳入国

[1] 资料来源于阿联酋通讯社官网。

[2] 资料来源于《宣言报》官网。

民教育体系已经取得了初步成果。一批学校开设了中文课程，初步组建了中文教师队伍，学习中文的社会氛围正在形成。可以预见，将有越来越多的阿联酋学生学习中文，随着这些学生毕业、就业，会有更多的阿联酋语言人才参与到当地的中文教学工作和中阿交流中来，中阿两国双边合作将更加密切，友谊将更加深厚。

二、思考

（一）经验总结

1．抓住机遇，顺势而为

中阿双边关系的不断发展是双方教育交流最坚实的基础，为交流的顺利展开提供了绝佳的机会。中阿双方的各级别互动频繁，这直接促进了双方教育领域合作内容的商签。在这样的背景下，阿联酋决定将中文纳入国民教育体系，双方在教师培训、教材编写和出版等方面的合作可以顺畅地获得政策支持。同时，双方关系的提升也为教育交流合作提供了良好的社会氛围和民意基础，促进了中文教育在阿联酋的顺利推广。

2．立足优秀传统文化，坚定文化自信

中阿教育交流是双方文化交流的一种主要形式，对外教育交流的开展应立足中华优秀传统文化，坚定文化自信。中华传统文化自身具有独特的魅力，受到越来越多国家人民的关注和喜爱，阿联酋将中文纳入国民教育体系就是很好的证明。在对外交流过程中，中方应在充分考虑阿联酋当地

社会文化特点的基础上，对中国传统文化进行有效传播。阿联酋推广中文教育是一个开展教育交流、传播中国优秀传统文化的绝佳机会，具体体现在师资储备、教材编写开发等相关环节中。在合作过程中，中阿双方教育交流机会增多，参与交流的主体增多，涉及的文化元素也更加多元，这需要各方以开放、自信、平等的态度参与到交流中去。

3．以点带面，发挥各自优势

中阿教育交流形式多样，而中阿双方在中文教育方面的合作则具有特别之处。中方协助阿方将中文纳入国民教育体系作为双方交流的重点，带动了更多交流活动的开展。阿联酋推广中文教育这一举措一方面增加了中国教师访阿的需求，另一方面也刺激了阿联酋学生访华的需求。中文既是交流的主题，也是交流的桥梁。双方应善于发现交流中的重点，善于把握重点，以点带面，助推更深入的教育交流。

中阿双方国情不同，各具特色。在协助阿联酋推广中文教育过程中，中方充分发挥了教育力量上的优势，阿联酋则展现了其国际化的教育环境、雄厚的资金力量和独特的地缘优势，各展所长是双方重要的交流经验之一。

（二）建议

1．建立和完善交流机制

机制的建立可以确保中阿双方教育互动的持续性，也有利于增强交流的规范性。目前，两国政府和相关学校可以在已有的交流合作基础上，发掘更深入的合作空间，进行更高水平的机制建设。交流机制的内容可涉及学生留学、短期访问、教师研讨、合作科研等。

2. 加强专业人才储备

教育领域的对外交流具有一定的专业性和特殊性，往往要求相关工作人员具备外语、外国文化等方面的知识储备和技能特长。就中方参与中阿教育交流的相关人才来说，需要掌握英语或阿拉伯语，了解阿拉伯伊斯兰文化和阿联酋国情，若同时还能掌握其他学科的专业知识则更有利于深入开展交流。阿联酋的国际化程度较高，常住的外国人比例高，参与教育交流的教师和学生可能来自不同国家，所以在具备专业知识与技能的基础上，相关人才还需具有良好的跨文化交际能力和国际视野。因此，双方应注重长期培养具有相关素质和能力的教师与学生，做好充足的人才储备，以满足开展更广泛、更深入交流的需求。

3. 拓展交流层次和范围

由于中阿教育系统的交流合作起步较晚，加之文化、社会、地缘等多方面因素的影响，教育交流规模相对较小，交流的范围和内容存在一定的局限性。近年来，双方关系日益密切，各领域合作不断强化。在这样的背景下，双方可以从增加参与学校、涉及学科、交流主体等具体方面入手，拓展交流层次和范围。双方学校，尤其是高校可以通过学科对接寻找更多共同语言，建立更多校际联系。目前，中阿双方主要是以语言学科为桥梁展开交流，如果有更多以其他学科见长的学校参与进来，双方的交流水平一定会有更大的提升。此外，互联网技术的快速发展为中阿教育交流的进一步拓展提供了良好条件，充分利用互联网也能帮助拓展中阿教育交流。

结　语

虽然地处热点问题频发的中东地区，阿联酋政局却一直稳定。尽管受2008年全球金融危机影响，但近年来阿联酋经济稳步复苏。同时，多元文化也在阿联酋和谐共存、相互交融。阿联酋政府一直积极推动社会经济发展和现代化建设，重视发展不同阶段、不同领域的教育事业，培养本国优秀人才。在2071年建国百年计划中，阿联酋政府明确指出，教育在培育具备最高知识水平、最专业、最有价值、最具道德水平的新青年方面扮演着不可替代的作用，阿联酋的教育制度、教育政策、教育机构将在传授面向未来创新需求的知识与价值观过程中发挥重要作用。同时，阿联酋致力于创新和使用最佳教育方法，关注学生个体的长处与兴趣，并使用最先进的科学技术，以便为不同年龄、不同需求的学生随时随地地提供教育服务与知识获取平台。

在学前教育和基础教育方面，阿联酋政府认为，为儿童提供尽早的、具有创新性的教育是使其获得面向新世纪发展所需技能的重要路径，而想象力、实践力、创新力则是衡量此类教育效能的重要标准。同时，实现知识水平、智力水平、情感与心理水平、身体素质水平之间的有机平衡和协同提升，是阿联酋未来在教学内容设计、体制机制改革、政策法规优化方面对学前教育和基础教育关注的重点。在高等教育方面，阿联酋在延续国际联合办学传统、引入发达国家教育经验的同时，大力发展本土高校，致力于打造世界一流高校，使阿联酋成为持续学习和终身学习的全球榜样。

同时，阿联酋高校将聚焦生物工程、遗传医学、算法学、人工智能等学科的发展，阿联酋政府也将加大对高校科研工作的支持力度，为本国和国际知名科学家和研究人员提供丰厚的资金支持，使阿联酋高校成为国家科技创新的主要平台。在职业教育和成人教育方面，阿联酋政府将培养更多高素质职业技术和具备终身学习意识的专业性人才，为阿联酋在“后石油”时代实现可持续、高质量发展提供人才保障，并把提升社会对于职业教育和成人教育的关注度、加大资金支持力度、优化教学内容视为未来重点关注问题。此外，在推进本国教育行政改革的过程中，阿联酋政府将秉持全面性、包容性、创新性、公平性、科学性等原则，提高高校行政管理效率，采取有效的“赋权策略”，继续下放权力，给予教育机构更多的独立性和自由度，使之能够根据学生的不同学习需求，提供灵活的教学内容，实现教育活动集中化与个性化的有机融合。在此基础上，阿联酋将大力优化各类别教育机构教师职业晋升制度，减少教师担负的行政管理事务工作量，使之有更多时间专注于提升自身教学质量，并借助网络技术，打造更多互动与交流平台，使政府、机构、教师、学生等教育活动主要参与者实现有效沟通，使教育成为全社会的共同财富。

阿联酋成立以来，在教育领域进行了积极探索，积累了其他许多国家发展教育时可借鉴的宝贵经验。例如，阿联酋高度重视参考教育领域的国际经验，坚持推进各类教育机构在办学理念、课程设计、标准建设等方面的国际化进程，大力引进国外优质教育资源和教学人才，倡导双语教学并为学生提供广泛参与国际交流活动的机会与平台。同时，阿联酋能够超越政治制度、意识形态、宗教信仰等方面的差异，积极同其他国家开展教育合作，汲取他国教育领域的成功经验，加速推进自身教育事业的现代化。此外，阿联酋政府将科技创新视为推动国家教育发展的重要驱动力，构建具有本土特色的智能教育体系，高效使用计算机、智能手机、平板电脑已成为阿联酋学生课堂的普遍现象。阿联酋政府要求教育部门自上而下推进智能教育建设进程，使教育领域的政府官员、管理和教学人员、潜在师资等群体学习新技术与新理念，并将区块链、大数据、云计算、人工智能等视为提升教育能效、塑造具备卓越技能和广阔视野的新一代阿联酋青年所必须依靠的科技。2020年新冠肺炎疫情暴发后，阿联酋政府推出的“远程学习”项目有效保证了各类别教学机构教学活动的延续性，推出了大量免费的音视频课程，助力打造了一系列国际网络课程品牌项目，使阿拉伯世界超过3 000万名学生因此受益。此外，阿联酋政府对于教育效能的评估也给予高度重视。各酋长国政府积极参与和有效介入教育认证和评估工作，保障了教育认证制度的法制化发展，而各层级教育行业专业认证与评估制度的建设与优化则为持续提高教学活动质量奠定了坚实基础。阿联酋政府建有完善的教学管理体系，在教育立法和政策执行方面设立多方监管机制，对于教育机构的资格认证和教师的能力素质考核也与国际接轨，强调多次认证和后续评估的必要性和重要性。在进行认证和评估的过程中，阿联酋政府将教学活动是否能够有效体现国家在构建“幸福国家”“包容社会”等方面的倡议与愿景视为重要标准，使教学机构成为彰显价值观念、弘扬优秀文化、传播正确理念的平台。

习近平主席多次强调，应加强同包括阿联酋在内的广大阿拉伯国家在教育领域的合作，做互学互鉴的交往伙伴。“一带一路”倡议是中阿深化教育合作的重要抓手，同时，中阿教育合作则为“一带一路”建设的深入推进提供人才支撑，并肩负着促进民心相通，实现共同发展的重要责任。现阶段，中阿两国在教育领域的互利合作发展稳定向好。中国在阿联酋设立的扎耶德大学孔子学院和迪拜大学孔子学院，在满足阿联酋本国青年日益增长的中文学习需求、促进其对中国语言文化的认知与了解，以及搭建中阿教育文化合作桥梁等方面发挥着积极作用。两国依托中阿产能合作示范园等项目，推动双方在油气、金融、加工业、制造业等多个领域的职业教育合作，同时积极开展人工智能教育合作，利用先进技术助力职业教育发展，积极推进在课程设置、师资培训、人工智能实验室建设等方面的互利合作。在学前教育领域，越来越多的中国机构正在尝试以特许经营的方式进入阿联酋，打造独具特色、服务本土需求的学前教育品牌。在基础教育领域，迪拜中国学校成为中国教育“走出去”的第一所海外基础教育中国国际学校，在根据中国基础教育学制和课程设置开展教育实践的同时，开设本土特色课程，教授阿拉伯语、伊斯兰知识等内容，为在阿华人和当地民众提供优质的基础教育服务。在高等教育领域，阿联酋在全国范围内大力推广中文学习计划，并为阿联酋学生赴中国高校深造提供支持，同时，得益于中国与阿联酋贸易及旅游业蓬勃发展等良好经济趋势的推动和两国高等教育机构的共同努力，两国互派留学生数量也稳定增加。

习近平主席围绕教育事业发展这一主题曾发表一系列重要论述，强调教育是提高人民综合素质、促进人的全面发展的重要途径，是民族振兴、社会进步的重要基石，是对中华民族伟大复兴具有决定性意义的事业，同时，更是人类传承文明和知识、培养年轻一代、创造美好生活的根本途径，教育决定着人类的今天，也决定着人类的未来。同样，阿联酋多位领导人也对教育的重要性进行了阐述，强调教育是国家发展的核心资源，优质教育是实现国家进步与繁荣的唯一路径。随着中阿战略伙伴关系的推进，两国势必将共同努力，进一步拓展教育合作渠道，丰富教育合作内容，提升教育合作质量。2018 年 7 月，在对阿联酋进行国事访问前，习近平主席在阿联酋《联邦报》《国民报》发表署名文章，明确指出中阿两国均敢为人先、追求卓越，中方正在实施创新驱动发展战略，阿方则在深入推进国家创新战略。而实现国家创新则需要教育提供稳定的知识积累和源源不断的人才资源，中阿教育合作为双方的人才培养搭建起有效平台，为科技发展提供不竭动力。未来，中阿双方应在合作办学、网络教学、互派留学生、教师交流与培训、优势学科与专业互补、学历学位认证等方面加强交流合作，进一步深化双方在中文教学、阿拉伯语教学、专业教学资源共享、专业考核认证、教育文化交流活动等方面的合作，从而助力中阿教育事业共同进步，为两国社会经济发展培养更多素质过硬的国际化高端人才。

附　录

一、阿联酋法律法规中关于教育的内容

自阿联酋成立以来，《宪法》保障了每个阿联酋公民的受教育权。《宪法》规定，阿联酋义务教育从小学持续至中学阶段，在此阶段中，全国公民学习均免费，以确保所有男孩女孩在基础教育阶段（在本书叙述中含中学教育）中接受高质量的免费教育。《宪法》第 17 条强调了教育在社会进步中的重要作用，同时也强调了政府在制定必要计划来推广教育和消除文盲方面的作用。

《阿联酋儿童权利法》关于儿童受教育权的规定主要表现为以下三点。（1）每个儿童都有受教育的权利，国家根据现行法律致力于为所有儿童争取平等的教育机会。（2）在教育领域，国家采取措施以防止儿童辍学；促进儿童和父母参与涉及儿童的决定；杜绝教育机构中任何形式的暴力行为，并在制定决策或计划时维护儿童的尊严；发展包括幼儿园在内的教育系统，以实现儿童在生理、心理、情感、社会和道德领域的发展目标；设定系统明确的公示和投诉机制，以确保能够对过激行为和侵犯教育权利的行为进行调查。（3）监护人须对儿童指引教导，不得剥夺儿童入学教育机构的权力，不得令义务教育适龄儿童无故辍学。

义务教育法规定教育是每位阿联酋公民的权利，由国家来承担义务教育方面的开支。政府在 1972 年颁布了第 11 号联邦法律，要求父母或法定监护人送子女上学。

2012 年，部长委员会通过了新的义务教育改革法案，取代了之前的法律。新的联邦义务教育法对义务教育年龄进行了修改，建立了确保义务教育在国内实施的具体机制，并施加了适当的惩罚以确保法律得以落实。该法律规定，义务教育是国家给予所有公民在公立学校免费学习的权利，包括中学教育及之前的所有阶段，完成义务教育阶段的学习是每个公民的义务。该义务一直持续到教育结束或直至 18 岁为止。该法律还规定，儿童监护人必须按照教育部的规定对孩子的教育予以关注。

二、《国家议程 2021 年愿景》与教育

在《国家议程 2021 年愿景》中，阿联酋政府明确提出要构建高水平教育体系，强调科学是民族进步的基础，也是对于后代人最重要的投资，未来，教育体系将彻底改变。因此，该愿景旨在为所有的学校配备完备的设施，为所有学生配备智能设备，促使所有的课程、项目及研究都能借助智能系统进行。未来几年，阿联酋将追加更多投资，以提高学前教育入学率，这对于学生的性格塑造和未来发展都至关重要。同时，该愿景还希望学生能够在阅读、数学和科学的知识技能评估测试中跻身世界一流之列，将高中毕业率提高到世界平均水平，并要求所有学校的领导和教师依据国际标准获得相关教学许可，学生们也要熟练掌握阿拉伯语。

三、2030 年国家高等教育战略

阿联酋教育部提出 2030 年国家高等教育战略并将其作为阿联酋政府年度会议成果的一部分。教育部部长侯赛因·哈马迪指出，教育是引领方向的头等大事，在过去的几年，阿联酋教育经历了多个发展阶段。而如今，借助 2030 年国家高等教育战略，阿联酋将建成第一个以学生配备智能工具作为教学基础的全球典范。教育部部长表示，该战略有助于创新教育体系的发展和学生技能的提高。该战略使私有成分参与到持续发展和现代化过程中，聚焦研究，助力创新学术项目的发展以增加阿联酋在全球范围的竞争力。阿联酋领导人对教育部门给予高度重视，力图提高学生科学方面的技能和知识，并将其视为重中之重。

阿联酋政府认为，需吸取全球经验并与行业领先者建立合作伙伴关系，以优化教育方法和工具，培养新时代创新型人才为社会服务。

2030 年国家高等教育战略强调培养学生实践技能的必要性，使他们在政府和私有企业都能成为推动经济迈进的价值创造者。该战略还希望培养重要产业领域的专家和职业人士，使他们成为知识经济的基石，在学术研究、创业、劳动力市场中发挥效用。此外，该战略确定了 33 项具体举措来促进战略实施，其中包括国家质量框架举措，该举措旨在发展能够灵活适应当地需求的国家标准和能被有效落实的质量控制体系。

四、教育部 2017—2021 年战略计划

（一）愿景：发展创新型教育，构建知识型社会。

（二）使命：通过保障教育部服务质量，管理具有国际竞争力的创新教育，完善涵盖所有年龄段的教育，以满足未来劳动力市场的需求。

（三）价值:（1）公民身份和责任——增强民族认同感和社会责任感;（2）伊斯兰原则和价值观——确保对话、宽容、均衡、和平，在志愿活动中维护人文主义价值观;（3）义务职责和透明度——坚持专业精神，恪守专业准则;（4）参与和问责——在教育过程和问责机制中构建社会伙伴关系;（5）平等和公平——人人享有平等的教育机会;（6）科学、技术和创新——激励各团体和机构重视科学、技术和创新。

（四）教育部的战略目标:（1）确保平等的教育;（2）提升教育机构领导力;（3）确保教育机构教学活动和管理行为的质量、效率;（4）确保安全、可持续发展和激励性的教学环境;（5）适应劳动力市场需求，吸引学生加入国内外高等教育机构;（6）适应并参与国际竞争，提高科研和创新能力;（7）确保按照质量、效率和透明度标准提供相关行政服务;（8）在教育部的工作中融入创新意识。

五、2030 年阿拉伯世界的《扫盲挑战倡议》

阿联酋副总统、总理、迪拜酋长谢赫·穆罕默德·本·拉希德·阿勒马克图姆于 2017 年在谢赫·穆罕默德·本·拉希德·阿勒马克图姆知识基金会组织的第四届知识峰会开幕式上发起《扫盲挑战倡议》。该倡议由谢赫·穆罕默德·本·拉希德·阿勒马克图姆知识基金会、联合国教科文组织和联合国开发计划署合作颁布，其面向对象是 3 000 万阿拉伯青年和儿童，倡议规划直至 2030 年。

六、教育部的举措

教育部发起了几项举措，旨在根据国际上推荐的方法发展阿拉伯联合酋长国的教育事业。这些举措包括：学校领导者计划；学校奥运项目；学校健康教育项目；学校健康检查；教师和学校领导批准机制；阿联酋量化测试；2013年部长级单独会议和阿联酋头脑风暴等。其中，专门举行的部长级单独会议讨论了教育部门的五个职责，即发展和提高教师的能力、优化教学方法、培养学生的基本技能、提高毕业率、使教育成果与国民经济需求保持一致。

七、中学教育的培养路径

在2015年之前，阿联酋的中等教育有两条路径供学生选择：科学路径和文学路径，但近年来，教育部实施了几项根本性变革，目的是发展通识教育以适应知识经济的需求，于是，中等教育被分为四条路径：常规班、职业班、高级班和精英班。从一年级开始，所有学生都将学习通识教育课程，根据本人意愿和学习成绩，学生有权在特定年级加入其中一个班级路径。无论选择哪种班级路径，所有学生的培养方案都符合国家的教育政策及其目标，符合高等教育和劳动力市场的要求，符合可持续发展要求。

职业班路径从九年级开始，学生完成九到十二年级课程并在中学毕业时获得与中学技术证书相当的中学应用证书。职业班采用实践的教学方法，并以知识的应用以及学生技能的发展和完善为基础。从十年级开始，学生可根据相关规章制度，自身意愿和学习成绩，选择就读高级班。高级班的学生学习科学方面的、更难的内容。高级班和常规班的主要区别在于学生所学习的科学学科的强度，高级班的学生可以在数学、物理和化学学科方面进行更充分的研究。

在六年级的时候，具有科研能力的学生可以选择参加精英班的进阶科学计划，该计划专门为六到十二年级在学术方面表现出众的学生设计。精英班课程侧重数学和科学，着重提高学生实践分析能力、逻辑推理能力和问题解决能力。

八、教学语言和教学课程

公立学校实施教育部批准的国家课程。除英语外，阿拉伯语是主要的教学语言，英语广泛用于科学和技术课程的教学中。私立学校提供多种课程来满足公民的需求，包括国际文凭课程，教育部要求课程和英语、法语、印地语和菲律宾语等语言课程。必修科目包括阿拉伯语、伊斯兰教育和社会研究，非阿拉伯语学习者也可以学习此类课程。

九、公立学校的招生原则

就招生对象而言，阿联酋为以下学生提供从幼儿园到高中的免费教育机会：身份为阿联酋公民的学生，持阿联酋护照的学生，海湾阿拉伯国家合作委员会成员国的公民，国家元首或副总统发布的相关法令中涉及的教育对象。

在留学生招生方面，自 2001 年以来，阿联酋规定录取的公立学校留学生人数不得超过学校和年级学生总数的 20%。持有阿联酋签证的学生可以在满足以下条件后支付一定的费用入读公立学校，即合法居留且成绩优异。在决定是否入读公立学校之前，非阿拉伯语使用者的学生应考虑到公立学校所有学科的教学语言都是阿拉伯语，而英语仅作为教学的第二语言帮助理解和熟悉的情况。

十、关于男女分校与合校的规定

除了学前教育阶段，阿联酋的公立学校在各个教学阶段将男生和女生分开授课，一些私立学校则采用混合授课环境。2018 年，教育部决定在公立学校的一到四年级也采用男女混合教育的方法。教育部决定逐步实施这一新制度，首先只针对 2018—2019 学年的一年级进行改革，然后在未来几年中将其逐步应用到所有教育阶段的入学年级。

十一、幼儿园和一年级招生年龄

根据教育部规定，若学生在招生当年的 12 月 31 日之前年满 4 岁，则可以入学幼儿园，以助于发展儿童的技能并为他们提供幼儿保育和早期教育，为儿童做好初等教育的准备。如果学生已满 6 岁，并且在入学年份的 12 月 31 日之前未超过 8 岁，则入学一年级。在一些 4 月开学的私立学校中，录取年龄是按照录取年的 7 月 31 日之前截止计算的。

十二、学年日历

从 2010—2011 学年起，教育部将公立和私立学校的一学年分为三个学期，同时将一学年的天数规定在 180 个上学日以上，学校必须遵守教育部规定的最短教学天数。

2018年5月，部长级发展理事会根据2018年第9/4 T号决议批准了适用于教育部课程的公立学校和私立学校的学年日历，以及未来三年（2018—2021年）在国内采用外国课程教学的私立学校学年日历。根据该决定，在获得酋长国教育主管部门批准后，采用外国课程的私立学校可以灵活地减少或增加不超过一周的教学时长。2018—2019学年从2018年8月26日开始，至2019年7月11日结束。该学年包括三个假期，第一个假期在2018年的12月，第二个假期在2019年3月，第三个假期始于2019年7月。一般来说，阿联酋的所有学校在7月和8月都将关闭，所有公立和私立学校在星期五和星期六都放假，阿联酋所有私立学校必须给予学生和员工由阿联酋政府公布的公共假期。

十三、关于终身学习的项目与倡议

电信监管局开设了一个“电信监管局学院”，前称为“智能政府虚拟学院”，提供商务、信息技术和特殊技能领域的50多种免费的线上线下培训和教育课程。

迪拜智能组织启动了为期五个月的“预备”项目，以提高国内大学应届毕业生的实践能力和创造力。该项目教授数据结构、项目管理、业务分析等方面的基础知识和社交能力、演讲技能、团队合作能力等实践能力，从而使学生能高效地从事智能领域相关工作，同时提高相关领域的生产力、创新能力和创造力。

2017年，阿联酋副总统兼总理、迪拜酋长谢赫·穆罕默德·本·拉希德·阿勒马克图姆发起了“百万阿拉伯程序员”倡议。该倡议是阿拉伯世界规模最大的一项倡议，旨在提升青少年学习编程的兴趣，为有兴趣提升数字技能的个人提供免费培训，从而使一百万阿拉伯青年拥有就业市场所需的基本技能。该倡议包括四个方面：网页设计、数据分析、网站开发和安卓应用程序开发。这四个方面各向 1 000 名学生提供奖学金，奖学金最高可达 100 万美元。

十四、关于智能网络教学和远程教育的项目

“学校”在线教育平台。“学校”是一个阿拉伯语在线教育平台，在谢赫·穆罕默德·本·拉希德·阿勒马克图姆的倡议下于 2017 年发起，该项目旨在改善阿拉伯世界的教育现状并缩小阿拉伯世界与发达世界之间的教育鸿沟。2018 年 10 月，阿联酋启动了“学校”计划，免费为一到十二年级的所有学生提供关于数学、物理、化学、生物等学科的 5 000 个教学视频。

学生可以通过计算机或其他电子设备上的电子应用程序使用“学校”平台。该平台包括“1 000 × 1 000 每日竞赛”项目，即 1 000 天内回答 1 000 个问题，回答全部正确者将获得 1 000 美元，1 000 天的竞赛奖金总计一百万美元。

“学校”平台的其他目标包括以下五点：（1）根据最新的科学和数学国际课程提供针对性教学，使成千上万的阿拉伯学生可以免费使用，并拓展他们的知识视野；（2）在不与传统教育机构对立的情况下，建立一套独立的、系统的学习体系；（3）在基础教育到大学预科教育阶段，通过提供有吸引力的科学和数学学科教育内容，改善阿拉伯学生不愿学习科学的情况；（4）培养新一代阿拉伯研究人员、科学家和创新者，以解决发展中最突出的人才障碍；（5）提高阿拉伯青年的综合能力，在现代技术支持的基础上建立一个以知识经济为导向的社会。

穆罕默德·本·拉希德智能学习项目。该项目在谢赫·穆罕默德

德·本·拉希德·阿勒马克图姆的赞助下于2012年启动，该项目倡导增强以知识为基础的经济发展并将先进技术融入教育过程。该项目由教育部、电信监管局和部长委员会办公室共同负责，由电信监管局提供资金资助。该项目涵盖所有联邦学校项目的准备阶段，在各项目启动的初始五年内提供必要的支持。该项目旨在借助全球先进的教育手段，为教室配备先进技术设备，使学生在交互式和参与性的环境中学习，从而改善国家教育质量。

参考文献

一、中文文献

奥恩．教育的未来：人工智能时代的教育变革 [M]．李海燕，王秦辉，译．北京：机械工业出版社，2018．

鲍里奇．有效教学方法 [M]．杨鲁新，译．9 版．上海：华东师范大学出版社，2021．

本书编写组．习近平总书记教育重要论述讲义 [M]．北京：高等教育出版社，2020．

杜威．我的教育信条——杜威论教育 [M]．彭正梅，译．上海：上海人民出版社，2017．

方汉文．比较文化学新编 [M]．北京：北京师范大学出版社，2011．

冯增俊，陈时见，项贤明．当代比较教育学 [M]．2 版．北京：人民教育出版社，2015．

格利克曼．教育督导学：一种发展性视角 [M]．任文，译．10 版．上海：华东师范大学出版社，2021．

顾明远．顾明远教育演讲录 [M]．北京：人民教育出版社，2014．

国际 21 世纪教育委员会．教育——财富蕴藏其中 [M]．北京：教育科学出版社，2015.
国家信息中心“一带一路”大数据中心.“一带一路”大数据报告（2017）[M]. 北京：商务印书馆，2017.
赫尔巴特. 普通教育学 [M]. 李其龙，译. 北京：人民教育出版社，2015.
贺国庆，朱文富，等. 外国职业教育通史 [M]. 北京：人民教育出版社，2014.
胡德海. 教育学原理 [M]. 3 版. 北京：人民教育出版社，2013.
怀特海. 教育的目的 [M]. 庄莲平，王立忠，译. 上海：文汇出版社，2012.
教育部课题组. 深入学习习近平关于教育的重要论述 [M]. 北京：人民出版社，2019.
康德. 康德论教育 [M]. 李其龙，彭正梅，译. 北京：人民教育出版社，2017.
李春生. 比较教育管理 [M]. 南京：江苏教育出版社，2008.
李政涛. 教育常识 [M]. 上海：华东师范大学出版社，2016.
联合国教科文组织. 反思教育：向“全球共同利益”的理念转变 [M]. 北京：教育科学出版社，2018.
林崇德. 教育的智慧 [M]. 杭州：浙江教育出版社，2019.
刘捷，谢维和. 栅栏内外：中国高等师范教育百年省思 [M]. 北京：北京师范大学出版社，2002.
刘捷. 教育的追问与求索 [M]. 北京：人民出版社，2021.
刘捷. 专业化：挑战 21 世纪的教师 [M]. 北京：教育科学出版社，2002.
刘进.“一带一路”学生流动与教育国际化 [M]. 北京：北京理工大学出版社，2020.
刘儒德. 教育中的心理效应 [M]. 上海：华东师范大学出版社，2013.
刘生全. 教育成层研究 [M]. 北京：教育科学出版社，2011.
刘伟. 阿联酋经贸文化 [M]. 北京：社会科学文献出版社，2018.

卢晓中．比较教育学 [M]．北京：人民教育出版社，2020．

陆有铨．教育的哲思与审视 [M]．北京：人民教育出版社，2016．

马健生．比较教育 [M]．北京：高等教育出版社，2010．

南怀瑾．南怀瑾谈教育与人性 [M]．上海：上海人民出版社，2019．

尼采．教育何为？[M]．周国平，译．北京：北京十月文艺出版社，2019．

宁虹．教育研究导论 [M]．北京：北京师范大学出版社，2010．

诺丁斯．教育哲学 [M]．许立新，译．北京：北京师范大学出版社，2017．

裴娣娜．教育研究方法导论 [M]．合肥：安徽教育出版社，2018．

秦惠民，王名扬．高等教育与家庭流动 [M]．北京：科学出版社，2019．

任钟印．东西方教育的覃思 [M]．北京：人民教育出版社，2017．

桑戴克．世界文化史 [M]．陈廷璠，译．上海：上海三联书店，2005．

沈祖芸．让教育真实地发生 [M]．北京：中国人民大学出版社，2016．

石筠弢．学前教育课程论 [M]．2 版．北京：北京师范大学出版社，2014．

孙培清．中国教育史 [M]．上海：华东师范大学出版社，2019．

孙有中．跨文化研究论丛 [M]．北京：外语教学与研究出版社，2019．

陶行知．教育的真谛 [M]．武汉：长江文艺出版社，2013．

滕大春．教育史研究与教育规律探索 [M]．北京：人民教育出版社，2019．

滕大春．美国教育史 [M]．2 版．北京：人民教育出版社，2001．

仝菲．阿拉伯联合酋长国现代化进程研究 [M]．北京：社会科学文献出版社，2013．

万作芳．谁是好学生：关于学校评优标准的社会学研究 [M]．长春：吉林人民出版社，2006．

王承绪，顾明远．比较教育 [M]．5 版．北京：人民教育出版社，2015．

王道俊，郭文安．教育学 [M]．北京：人民教育出版社，2016．

王定华，秦惠民．北外教育评论：第 1 辑 [M]．北京：外语教学与研究出版社，2019．

王定华，杨丹．人类命运的回响——中国共产党外语教育 100 年 [M]．北京：外语教学与研究出版社，2021.

王定华，曾天山．民族复兴的强音——新中国外语教育 70 年 [M]．北京：外语教学与研究出版社，2019.

王定华．教育路上行与思 [M]．北京：人民出版社，2020.

王定华．美国高等教育：观察与研究 [M]．2 版．北京：人民教育出版社，2021.

王定华．美国基础教育：观察与研究 [M]．2 版．北京：人民教育出版社，2021.

王定华．中国基础教育：观察与研究 [M]．北京：人民教育出版社，2021.

王定华．中国教师教育：观察与研究 [M]．北京：人民教育出版社，2020.

王辉．“一带一路”国家语言状况与语言政策：第 1 卷 [M]．北京：社会科学文献出版社，2015.

王晓辉．比较教育政策 [M]．南京：江苏教育出版社，2009.

乌本．校长创新领导力：引领学校走向卓越 [M]．8 版．王定华，译．上海：华东师范大学出版社，2021.

吴式颖，李明德．外国教育史教程 [M]．3 版．北京：人民教育出版社，2015.

希提．阿拉伯通史：下 [M]．马坚，译．北京：新世界出版社，2008.

习近平．论坚持推动构建人类命运共同体 [M]．北京：中央文献出版社，2018.

习近平．习近平谈“一带一路”[M]．北京：中央文献出版社，2018.

谢维和．教育活动的社会学分析：一种教育社会学研究 [M]．修订版．北京：教育科学出版社，2007.

谢维和．我的教育觉悟 [M]．北京：人民教育出版社，2016.

徐辉．国际教育初探——比较教育的新进展 [M]．2 版．成都：四川教育出版社，2005.
杨汉清. 比较教育学 [M]. 3 版. 北京：人民教育出版社，2015.
叶澜. 教育学原理 [M]. 北京：人民教育出版社，2007.
叶澜. 教育研究方法初探 [M]. 上海：上海教育出版社，2018.
于漪. 教育魅力 [M]. 上海：华东师范大学出版社，2013.
苑大勇. 终身学习视角下英国高等教育扩大参与政策研究 [M]. 北京：高等教育出版社，2013.
约翰逊，克里斯滕森. 教育研究：定量、定性和混合方法 [M]. 马健生，译. 重庆：重庆大学出版社，2015.
曾天山，王定华. 改革开放的先声——中国外语教育实践探索 [M]. 2 版. 北京：外语教学与研究出版社，2019.
张斌贤. 外国教育史 [M]. 北京：教育科学出版社，2015.
周国平. 让教育回归人性 [M]. 武汉：长江文艺出版社，2017.
朱永通. 教育的细节 [M]. 上海：华东师范大学出版社，2015.

二、外文文献

ABED I, HELLYER P. United Arab Emirates: a new perspective[M]. London: Trident Press, 2001.
AL-ABEDI I, VINE P, HELLYER P. United Arab Emirates yearbook 2009[M]. London: Trident Press, 2009.
ALNABAH N. Education in the United Arab Emirates[M]. Abu Dhabi, UAE: Alflah, 1996.
ANDREAS S. Preparing teachers and developing school leaders for the 21st century[M]. Paris: OECD Publishing, 2012.

ANYON J. Theory and educational research[M]. New York: Taylor and Francis, 2008.

BAILEY K M, CURTIS A, NUNAN D. Pursuing professional development: the self as source[M]. Beijing: Foreign Language Teaching and Research Press, 2004.

BI T. Research of modern higher education based on practice and development evaluation[M]. New York: Springer, 2013.

Commonwealth Secretariat. The analysis of education systems of developing countries[M]. Commonwealth Secretariat, 1973.

DAVIDSON C M. The United Arab Emirates: a study in survival[M]. Boulder, Colorado: Lynne Rienner, 2005.

DEARDORFF D K. Theories of cultural and educational exchange, intercultural competence, conflict resolution, and peace education[M]. Singapore: Springer, 2018.

DONN G, AL MANTHRI Y. Globalization and higher education in the Arab gulf states[M]. Oxford: Symposium Books, 2010.

FLEMING W G. The expansion of the educational system[M]. Toronto: University of Toronto Press, 1971.

FOX W H, SHAMISI S A. United Arab Emirates' education hub: a decade of development[M]. Netherlands: International Education Hubs, Springer, 2014.

HACKER D J, DUNLOSKY J, GRAESSER A C. Metacognition in educational theory and practice[M]. Philadelphia: Lawrence Erlbaum Assoc Inc, 1998.

HIRST P H. Educational theory and its foundation disciplines (RLE Edu K)[M]. London: Taylor and Francis, 2012.

HOWARD P, SAEVI T, FORAN A, et al. Phenomenology and educational theory in conversation[M]. Philadelphia: Taylor and Francis, 2020.

KIRP D. Shakespeare, Einstein, and the bottom line: the marketing of higher education Cambridge[M]. MA: Harvard University Press, 2003.

KNIGHT J. Higher education in turmoil: the changing world of internationalization[M]. Rotterdam, Netherlands: Sense, 2008.

KRANE J. Dubai, the story of the world's fastest city[M]. New York: St. Martin's Press, 2009.

ODIN J K, MANCIAS P T. Globalization and higher education[M]. Honolulu: University of Hawaii Press, 2004.

RAIMUNDO S. The economy of Dubai[M]. London: Oxford University Press, 2017.

RIDGE N, KIPPELS S, FARAH S. Curriculum development in the United Arab Emirates (policy paper, No. 18)[M]. Ras Al Khaimah, UAE: Sheikh Saud bin Saqr Al Qasimi Foundation for Policy Research, 2017.

SCHLEICHER A. Preparing teachers and developing school leaders for 21 century[M]. Paris: OECD Publishing, 2012.

SOTO R. The Economy of Dubai[M]. London: Oxford University Press, 2017.

VINCENT-LANCRIN S. Cross-border tertiary education: a way towards capacity development[M]. Paris: OECD, World Bank, and NUFFIC, 2007.

أبو صيام سماح أحمد محمد. معتقدات معلمي الرياضيات للمرحلة الإعدادية في إمارة أبو ظبي حول التعلم والتعليم وبيئة التعلم الصفية وعلاقتها بتأهيلهم وجنسهم[M]. عمّان: الجامعة الأردنية، عام 2012.

الأحمدي فؤاد بن لافي بن مسفر. نظام التعليم في فنلندا والإمارات العربية المتحدة[M]. عمّان: جامعة عمان العربية، عام 2018.

الجاغوب محمد عبد الرحمن غنام. فاعلية برنامج تعليمي قائم على نظرية النظم للجرجاني في تنمية مهارات استيعاب المعنى والتذوق الأدبي لدى طلبة المرحلة الثانوية في دولة الإمارات العربية المتحدة[M]. عمّان: الجامعة الأردنية، عام 2008.

الزعابي سليمان عبد الله سليمان سرحان. تقييم الأداء المؤسسي في المدارس الثانوية الرسمية لوزارة التربية والتعليم بدولة الإمارات العربية المتحدة[M]. عمّان: الجامعة الأردنية، عام 2006.

الصوافطة فاطمة عقل. تصورات معلمي الفيزياء للمرحلة الثانوية في الإمارات العربية المتحدة عن البيئة التعليمية المستندة إلى أبحاث الدماغ[M]. عمّان: الجامعة الأردنية، عام 2010.

الطنيجي سالم زايد خليفة. أنموذج مقترح لتطوير أداء العاملين في وزارة التعليم العالي والبحث العلمي في دولة الإمارات العربية المتحدة في ضوء منهجية إعادة هندسة العمليات الإداري[M]. عمّان: الجامعة الأردنية، عام 2008.

الظنحاني راشد أحمد محمد عبد الله. فاعلية برنامج تعليمي لغوي في تنمية مهارات الاستيعاب القرائي والاستماعي لدى طلبة المرحلة الأساسية في دولة الإمارات العربية المتحدة[M]. عمّان: الجامعة الأردنية، عام 2008.

المسلماني مصباح محمود. درجة ممارسة مديري المدارس الحكومية في إمارة أبو ظبي للإدارة الإلكترونية[M]. عمّان: جامعة عمان العربية، عام 2010.

حمد، منال محمود علي. أثر إستراتيجية التعليم من أجل الفهم في الدافعية للتعلم ومهارات التفكير العملي لدى طلبة المرحلة الأساسية في دولة الإمارات العربية المتحدة[M]. عمّان: الجامعة الأردنية، عام 2008.

سيد، رفعت عيد. قانون الأحكام العرفية في دولة الإمارات العربية المتحدة: رؤية قانونية تحليلية[M]. الشارقة: مكتبة الفكر الشرطي، عام 2010.

عبد الوهاب محبب. تطوير تعليم مهارة الكتابة: تجربة قسم تعليم اللغة العربية كلية التربية والتعليم[M]. جاكرتا: جامعة شريف هداية الله الإسلامية الحكومية بجاكرتا، عام 2014.

عريف هنية بو جملين. المداخل الحديثة في تعليم اللغة العربية: من تعليم اللغة إلى تعليم التواصل باللغة[M]. طرابلس: دار الأثر، عام 2015.

فاطمة الزهراء. تبني نظم إدارة التعليم لضمان الجودة والتميز الأكاديمي في منظومة التعليم العالي العربي: رؤية استطلاعية لجامعة محمد الشريف مساعدية[M]. الجزائر: دار أهراس الجزائر، عام 2014.

مريم عبيد محمد. اتجاهات المعلمين والطلبة نحو تجربة مدارس الغد في دولة الإمارات العربية المتحدة[M]. عمّان: جامعة عمان العربية، عام 2009.